（第2版）

初中三年全知道

翟鸿珍 / 编著

中国纺织出版社

内 容 提 要

初中对孩子的一生有着至关重要的影响，这一阶段家庭教育的好坏，直接关系着孩子未来的成就。家长早点了解这一阶段孩子的心理、生理和初中学习等各方面的知识，积极引导，才能帮助孩子快乐成长，科学成才。

本书是家长必备的教子宝典，书中以简洁的语言，配以丰富、真实的案例，条分缕析，从帮助孩子全面认识新的阶段，快速进入角色；应对孩子青春期的烦恼和叛逆，化解自己与孩子之间的矛盾；帮助孩子科学地辅导功课，提升学习成绩；开发孩子的智商、情商，提升孩子的全方面能力；弄清中考的关键点，准备好多种策略等诸多方面，提出问题，详尽分析，给予解决问题的建议，帮助家长科学教子，培养精英。

图书在版编目（CIP）数据

初中三年全知道/ 翟鸿珍编著. —2 版. —北京：中国纺织出版社，2015.3（2022.3 重印）

ISBN 978-7-5180-1367-8

Ⅰ. ①初… Ⅱ. ①翟… Ⅲ. ①初中生—家庭教育 Ⅳ. ①G78

中国版本图书馆 CIP 数据核字（2015）第 025531 号

责任编辑：闫 星　　　　责任印制：储志伟

中国纺织出版社出版发行

地址：北京市朝阳区百子湾东里 A407 号楼　邮政编码：100124

销售电话：010—67004422　传真：010—87155801

http://www.c-textilep.com

E-mail:faxing@c-textilep.com

中国纺织出版社天猫旗舰店

官方微博 http://weibo.com/2119887771

佳兴达印刷（天津）有限公司印刷　各地新华书店经销

2012 年 1 月第 1 版　2022 年 3 月第 2 版第 5 次印刷

开本：710×1000　1/16　印张：16.25

字数：212 千字　定价：49.00 元

前言

第1版

当您的孩子进入初中后，您是否注意到孩子的变化：小学时候的他们乖巧、听话、努力学习，可是现在他们变得脾气捉摸不透、暴躁、易怒，他们不愿意听从老师和您的谆谆教导，甚至有时候还会与长辈们对着干？他们的成绩有时似乎也波动很大？

当您发现后，您可能会产生这样的疑问：我的孩子怎么了？

其实，孩子进入初中后，产生这些变化是正常的，这些变化和他们所处的这个特殊年龄阶段有关。

初中的孩子，已经或者即将进入青春期，面对身体上的变化，他们在感受成长快乐的同时也产生了很多烦恼：他们要求独立，却摆脱不了家长和老师的管束；他们渴望结交挚友，却偶尔会因为一些鸡毛蒜皮的事和朋友产生矛盾；他们和异性同学交朋友，却被父母、老师误认为是“早恋”；他们也想成为成绩优异者，可学习方法的不当让他们不能如愿……

这些矛盾始终纠结着这些不成熟的孩子们，而作为家长，您是否理解孩子呢？恐怕您在关注孩子成绩的同时，却忽视了孩子也需要理解。

可怜天下父母心，为人父母，谁都望子成龙、望女成凤，谁都希望自己的孩子在学业上成为佼佼者，谁都希望自己的孩子健健康康、快快乐乐地成长。因此，在了解了初中孩子的这些心理状况后，留给您的就是要理解孩子、去引导孩子。然而，很多家长又会产生疑惑，我到底该怎么做呢？这也正是本书要阐述的重点。我们深知“道理千千条，不如一策良方更实用”这一道理，所以，本书并没有那些繁复的大道理，而是从家长的角度，为家长提供最实用、科学、更具操作性的教育方法，让家长全面认识初中阶段的孩子在成长中遇到的问题，并提供切实有效的解决方案。本书主要介绍以下几个方面的内容：

1. 走进初中，全面认识孩子成长的新阶段；

2. 解除困扰，做初中孩子的心理医生；

3. 沟通感情，做初中孩子的知心朋友；

4. 辅导功课，做初中孩子的家庭教师；

5. 提升情商，做初中孩子的辛勤园丁；

6. 决胜中考，做初中孩子的学习参谋。

没有教不好的孩子，只有不正确的教育方法。每个孩子都是天才，相信您的孩子，一定可以快乐、健康地度过他的初中三年！

编著者

2011年3月

前言

第2版

人们常说："可怜天下父母心。"身为父母，我们无时无刻不在操心着孩子的成长，从孩子呱呱坠地、牙牙学语再到他们走路、进入学校学习，我们的心也随时被他们牵绊着。如今，我们的孩子十几岁了，也从小学进入初中了，然而，此时的我们又产生了一些家庭教育中的困惑；孩子好像一下子变了很多，开始变得闷闷不乐，不再像以前那么听话了，也不再像从前那样总对我们说一些小秘密，好像他们突然与我们疏远了。可能你会问，我们的孩子到底是怎么了？

其实，初中的孩子有这样一些行为和心理是很正常的，因为此时的他们已经逐步进入了青春期。那么，什么是青春期呢？心理医生认为，孩子在10岁之前是对父母的崇拜，而12～16岁是孩子的"心理断乳期"，孩子进入这个年龄段，随着身体的发育、所学知识的增加和阅历的增加，他们的自我意识增强，他们渴望和脱离对父母的依赖，因此，极易对父母产生"逆反心理"而不服父母的管教。为此，很多父母操碎了心。一方面，孩子正处在青春期，会面临成长中的烦恼，需要有个倾诉的对象，而孩子似乎已经对自己锁上了心门：另一方面，青春期是个特殊的时期，孩子一不小心，就可能走上错误的人生道路……

在未来社会，我们的孩子都必须面临激烈的社会竞争，初中阶段的他们正是积累知识和阅历的阶段，因此，很多父母都致力于培养优秀的孩子，然而，如何培养优秀的孩子？一些父母认为，初中阶段是孩子问题多发的阶段，为此，他们对孩子的规划越来越多，甚至日常生活都要严加管理，时时刻刻看管、监视和提防，这使得父母自己耗尽时间、心机和精力，可他们并没有培养出真正出类拔萃的好孩子。

实际上，我们也应该把父母当成终生学习的一项职业来经营，我们更要懂得与时俱进地教育孩子，初中阶段的孩子的心理是独特的，他们在成长中也会出现这样或那样的困惑，这需要我们父母加以理解和引导。

然而，很多家长又会产生疑惑，我到底该怎么做呢？这也正是本书中我们即将阐述的，本书并没有阐述繁复的大道理，而是从父母的角度，为他们提供了最具实用性和可操作性的教育初中孩子的方法。要知道，没有教不好的孩，只有不会教育孩子的父母，只要方法得当，每个孩子都是天才。

总之，初中孩子的家庭教育不是一门简单的学问，敏感、复杂，需要认真对待地。家庭教育的关键在家长，家长的方法和态度直接决定了能否和孩子融洽相处，能否使孩子顺利、健康、快乐地度过自己人生中的特殊时期。

本书在修订再版的过程中，针对家长关心的初中生的新问题，进行了进一步探讨，对文字进行了进一步润色和提升，以使读者更加受益。

编著者
2014 年 10 月

目 录

目录

CONTENTS

第一章

走进初中，全面认识孩子成长的新阶段

孩子进入初中，就已经告别了“黄金童年”的阶段，同时，孩子也即将或者已经进入了青春期。这是一个向成熟、独立过渡的重要阶段。可以说，这一时期的孩子是最让父母操心、担心和伤脑筋的，因为无论是生理还是心理上，这个阶段的孩子都在经历着翻天覆地的变化。

表面上看，孩子升入初中并不是什么大不了的事，但对于孩子来说，这却是一个重要的转折阶段，他们即将面临学习环境的变动，学习内容的不同，教、学方法的不同，另外，自身生理、心理也发生了变化，而这些都需要父母加以引导和帮助。作为家长，我们要顺应孩子的生理和心理的成长。当孩子进入初中时，就要在教育方法、态度等各方面及时地调整，让孩子做好上初中的心理、生理和物质上的准备。同时也要求父母了解孩子，了解初中阶段孩子在成长中的常见问题，以便解决好孩子遇到的新问题。只有这样，孩子才有可能越学越好，再接再厉，顺利适应初中的学习和生活！

一、初中阶段的孩子有新的变化

初中三年是孩子身体发育的关键时期

两个月的暑假时间眨眼就过去了，13 岁的彤彤终于要跨进初中的校门了。开学的前几天，彤彤妈妈就为女儿准备了一套全新的“装备”：书包、文具、自行车等。开学前的一天晚上，彤彤激动得都睡不着觉，因为第二天她将会接触到新的老师、新的同学，以及新的学习环境。在新的学期，彤彤还有个新的目标，就是一定要瘦十斤，不能再让班上的同学喊她“小胖妹”了。

9 月 1 号是开学的第一天，这天早上，彤彤早早地起床了，收拾好东西就准备上学。彤彤看见妈妈在厨房做早饭，就打了个招呼：“妈，我先去学校了，早饭就不吃了。”彤彤妈妈一听，将女儿拦在门口，非得让彤彤吃完早饭再走。这时候，彤彤爸爸从卧室走出来说：“孩子不想吃早饭，你就别勉强她了。”

彤彤妈妈一听，一下子就生气了，对丈夫说：“你怎么能这么说呢？孩子现在正是长身体的时候，不吃早餐对身体发育很不好。”

“彤彤不是正在减肥吗？”彤彤爸爸辩驳道。

“其实，不吃早饭才更容易长胖呢。彤彤，别听你爸爸的，过来吃点东西再走，一会妈妈送你。”彤彤听后，只好乖乖地吃起了早餐。

教育支招：

进入初中之后，很多孩子也步入了青春期，初中三年，是孩子身体发育的关键时期，他们每天需要摄入充足的能量和营养，才能保证身体发育的需要，因此，早餐必不可少。但那些爱美的少男少女则认为，只要吃得少就可以减肥。美国明尼苏达大学研究人员在美国《儿科学》杂志上发表报告说，常吃早餐的青少年体重超标和患肥胖症的概率低于习惯不吃早餐的同龄人。

佩雷拉博士等人历时5年，跟踪调查了2200多名十多岁美国孩子的饮食习惯，发现常吃早餐的青少年比不吃早餐的同龄人每天摄入更多热量、碳水化合物和纤维，但平均体重要比后者低约2.3公斤。研究人员指出，习惯吃早餐的青少年通常“体育锻炼较多，饮食习惯也比较健康，他们摄入较少脂肪和胆固醇，而摄入较多纤维”。同时，这项研究证实了此前其他研究得出的结论：不吃早餐的青少年较易发胖。该项研究还发现，大约四分之一的美国青少年没有每天吃早餐的习惯。据官方统计，过去20年，美国体重超标的青少年人数增加了两倍。

因此，早餐对青少年身体发育有很重要的作用，不是人们想的那样，多吃就会长胖，体重就会上升。

父母应该告知孩子，进入初中以后，不仅学习压力重，而且身体发育会逐渐成熟，活动量大，对能量和营养素的需求均超过成年人，充足的青春期营养是体格及性征迅速生长发育、体魄增强的基础。那么，作为父母，怎样才能让进入初中的孩子有个好身体呢？

方法一：指导孩子科学饮食。

(1)让孩子多吃谷类食物。因为谷类食物能补充足够的能量，同时，谷类食物含膳食纤维比较丰富，保留的B族维生素也比较多。

(2)监督孩子每天摄入适当的肉、蛋、奶。这些食物中含蛋白质比较丰富。蛋白质是组织器官生长及调节生长发育和性成熟的各种激素的原料，而且由于生长发育的机体对所需氨基酸的要求较高，因此，来源于动物和大豆的优质蛋白质应多补充些。

(3)让孩子每天补充矿物质。矿物质是人体生理活动必不可少的营养素。进入初中的孩子，由于身体发育的需要，对矿物质的需求加大。矿物质补充不足，很容易导致骨骼发育不健全和贫血等。一般来说，奶、豆制品中含钙丰富，动物肝脏、蛋黄、黑木耳中含有丰富的铁。

(4)保证孩子摄入充足的维生素。新鲜的蔬菜和水果中维生素含量较多。升入初中的孩子每日蔬菜和水果的总摄入量要不低于500克。

(5)让孩子每天多喝水。水的摄入量不足,会影响机体代谢及体内有害物质及废物的排出。每天除了饮食中摄入的水分外,还要让孩子额外补充至少1500毫升水。

方法二:教育孩子坚持体育锻炼。

体育锻炼可以使升入初中的孩子发育得更好、体型更健美。这个阶段的孩子在神经系统方面的可塑性、灵活性都比较好,家长可以根据孩子的爱好让其选择一些体育项目。比如:

(1)有氧运动。游泳、慢跑、快步行走、滑冰、骑车、球类运动等有氧运动,有助于加速血液循环,促进新陈代谢和生长激素的分泌。一般来说,这些运动最好每周做3~5次,每次30~60分钟,每天不超过2小时,可分2~3次进行。

(2)弹跳运动。这类运动有助于促进初中孩子身体高度的发育,比如跳绳、跳皮筋等。弹跳运动以每天1~3次,每次5~10分钟为宜。

(3)伸展运动。这类运动可以增加身体的柔韧性,使体型变得优美,比如引体向上、韵律操、太极拳、踢腿、压腿、芭蕾练习等。每周进行3~5次。

在进行这些运动的时候,家长一定要教导孩子注意安全。因为初中生正处在青春期的开始阶段,这一时期骨骼的发育、身高的增长都较快,骨组织中软骨成分较多,富于弹性,不易骨折,但是抗压、抗扭曲能力差。所以在进行力量练习时,负荷重量不能太大,尤其要注意保护脊柱。

方法三:帮助孩子保持身心愉快。

初中阶段的孩子要想拥有一个强健的体魄,除坚持适当的体育锻炼和注意营养卫生外,还要注意保持心情愉快、精神舒畅,要培养多种爱好,热情与人交往,努力充实自己的精神生活。因为,心理健康与身体健康是相辅相成的,家长在关注孩子身体发育的同时,不可忽视孩子的心理健康。

作为家长,面对刚跨入初中的孩子,若能从这些方面教育孩子,他一定会成长为一个身心健康、优秀的孩子!

初中三年是孩子心理问题高发期

升入初中以后的彤彤，好像比以前孤单多了。以前那些形影不离的小姐妹们也不来找彤彤了，彤彤妈妈看着孩子一天闷闷不乐的，心里着急，就找彤彤问清楚原因。原来，这并不是彤彤的问题。

“我也不知道，小学的时候，我们几个关系最铁了，可是现在，她们几个好像都把自己封闭起来了。菲菲现在每天上学和放学都是一个人，蕾蕾也是。我有几次主动找她们说话，可是，她们都不理我。真不知道大家都怎么了？”

听着彤彤的话，妈妈大概明白了事情的原因，叹道：“这个年纪真是孩子心理问题的高发期啊。”毕竟，她是个心理医生，对于初中孩子的这些心理问题还是能把握的。这不，第二天，她就接待了一个上初二的男孩：

“我最近情绪常常不稳定，我很孤独，没人理解我，学习或者生活中遇到了任何问题我都埋在心里，从不对父母说。因为父母只会责骂我，觉得我小小的年纪怎么会有什么压力……我每天最放松的时候就是把自己锁在房间里一遍一遍地听音乐，父母根本就不理解我，只会逼迫我学习。我以前是个品学兼优的学生，可是，现在我开始厌学了。我已经把自己反锁在房间里整整几天了。”

教育支招：

可能很多家长对孩子的这些行为都束手无策，其实，初中三年，正是孩子心理问题的高发期。初中的孩子，年纪一般在11～15岁，这是儿童期向青年期过渡的时期。初中孩子随着身体发育的成熟，在生理、心理方面都发生着巨大的变化，也是心理发展上的一个重要的转变期，人们称这一时期为“心理性断乳”期，是一个半幼稚、半成熟的时期。这些孩子开始渴望长大，因此，时常把自己当成成人，在行为上也模仿成人，但生理年龄尚小的他们还处在幼稚与成熟的交接段，也就更容易产生心理问题。生活中一些并不起眼的小事，在这个年纪也可能成为不稳定的因素。

哈尔滨医科大学医学心理学教授王丽敏带领的研究团队,对当地学校3个初中班和3个高中班的251名学生进行了为期一年半的追踪式调查。王丽敏教授的这项研究表明,初中阶段的孩子可改造性强,是接受教育、指导、引导的关键时期。如果这个年龄段的孩子出现了各种心理问题,父母一定不要忽略不管或熟视无睹,应该让孩子知道,出了问题不要紧,父母会帮他。

初中的孩子容易产生心理问题,与家庭环境也是有一定关系的。做父母的都希望孩子能成人成才,于是,把所有的期望都放在孩子身上,孩子自然就有了很多无名的压力。尤其是那些看起来成绩好、优秀的孩子,承受的心理压力更大。家长一般更关心孩子的学习成绩,继而也就忽视了孩子的心理成长,忽视了他们的内心世界。其实,孩子的人格形成和心理、生理健康远比分数更重要。作为孩子成长过程中最亲近的人,父母应该淡化家长意识,不要时时都管着孩子、责骂孩子。

作为父母,可以用以下几种方法帮助孩子避免产生心理问题。

方法一:帮助孩子减轻学习上的压力。

现代社会,日益激烈的社会竞争现象也已经体现到了学校之中,初中阶段课业负担加重,父母期望的眼神也越来越让这些少不更事的孩子们感到身上的担子很重。而学习压力大会导致失眠、记忆力下降、头晕等多种症状,严重的还会厌学。

鉴于此,家长一定要帮助孩子减压。首先要了解孩子的心理出现了什么问题,要理解孩子,接纳孩子,然后做孩子的朋友,让孩子把心中的不快都说出来。父母是孩子的启蒙老师,更是孩子成长路上最坚强的依靠,孩子遇到了心理问题,父母的鼓励和帮助就显得尤为重要。

方法二:亲近孩子,与孩子多交流、沟通。

14岁前后被称为青春期的心理断乳期。这个年纪正是孩子上初中的阶段,他们已经由小学时代的对父母的依恋而逐渐转为渴望脱离父母的管教。而事实上,做父母的都希望孩子能努力学习,对孩子的管教也就更严格,亲子之间的交流越来越少、越来越困难。这一矛盾,就造成了亲子关系的恶

化。一些孩子会因此产生抑郁，部分孩子还会有强烈的叛逆心理。

家长要多与孩子沟通、交流。作为父母，对孩子要信任，无论多忙每天都要坚持留出15～20分钟的时间和孩子聊聊天、谈谈心。如果有时间，还可带孩子出去旅游、爬山、运动，尽量多亲近孩子。

方法三：帮孩子正确面对性的懵懂问题。

随着物质生活水平的提高，现在的孩子生理成熟的年纪越来越提前了，也就是说，他们的心理发育往往滞后于生理发育。青春发育期的生理剧变会带给青少年情感上的变化，尽管内心激动、高兴或苦恼，但他们不好意思向别人倾诉，表面上看起来很平静。这种情况如果得不到理解，就易出现心理问题。

父母要及早发觉，并予以正确的引导和无微不至的关怀。对待孩子的早恋问题，家长切忌态度粗暴、方法简单，要鼓励孩子和异性正常交往，并教给他们正确的方法。

方法四：鼓励孩子大方地与人交往。

这一问题在那些内向的孩子身上表现得尤为明显。在与人交往的时候，一旦他们遇到挫折，无法及时调整自己的心态，时间一长，他们在与别人交往时就会产生障碍。

对于这一心理问题，父母平时要对孩子多表扬、多鼓励，不要让孩子把所有的时间都放在学习上，要鼓励他们走出家门，树立自信心，大方地与人交往。另外，在孩子学习之余，家长可以带着孩子走近大自然，放松身心，让孩子在学习的时候踏实地学习，放松的时候也能将压力抛之脑后，让自己心情舒畅。

初中的孩子们常见的心理问题也就是这4个，家长一定要帮孩子度过这4道心理坎儿，别让孩子被这些问题绊着，影响其学习，阻碍其成长。

初中三年是孩子性成熟的关键期

升入初一后，彤彤原本以为自己会交到更多的朋友，可是，她发现新的

环境真的难以适应。班上的男女同学似乎分成了界限分明的两个“阵营”:男生好像对女生“敬而远之”,而女生更是对男生产生了“敌对”情绪。

对于彤彤来说,原先那些和自己玩得好的几个“哥们儿”,似乎也一夜之间站到了男生阵营。但更令彤彤奇怪的是,既然这样的话,为什么又有个别男生“叛变”呢?他们给女生写纸条,甚至还给女生送东西。对于这些,彤彤都觉得很奇怪。

彤彤回到家中,把这些都告诉了妈妈,妈妈笑了笑,感叹了一句:“现在的孩子,成熟得真是早啊!”妈妈的这句话更是让彤彤丈二和尚摸不着头脑。彤彤妈妈觉得,现在是时候对女儿讲解一些性知识了,只有让孩子通过正常的渠道了解人的身体发育过程和性知识,才能避免让孩子接触一些错误的和不良的性信息,从而能规避很多问题。

彤彤听完妈妈的解释后恍然大悟,原来同学们和自己一样,都开始慢慢长大了,在与人交往的过程中已经产生了性别意识。

教育支招:

彤彤妈妈的做法是正确的,但是在现实生活中,很多家长并不能正视孩子的性教育问题。当孩子对性知识产生“好奇”时,他们一般都会以各种理由搪塞过去,因为这些家长认为有关性方面的问题,孩子知道的越少越好,他们担心对孩子谈论这些问题会导致孩子过早地进行性行为的尝试。其实这种做法是不正确的。对于进入初中的孩子,你已经不能用“你是石头缝里蹦出来的”来回答孩子对自己是怎么来的这一问题的困惑了。如果他无法从家长那里得到正确的性知识,那么,他们可以从别的渠道,比如网络上的色情读物、图片、视频等其他不正当的渠道来获取。

国外一位精神病专家曾经说过:“几千年来积聚的教育、文化和禁忌,对关于生殖的知识有极为不利的影响。大多数人对遥远的月球表面上的情形了如指掌,但对在肚脐下10厘米的部分却知道的不多。”现今的少男少女在成长中的问题越来越多,由于不能从心理上、生理上科学地加以处理,导致了许多不良的后果。

有些父母经常抱怨:“我的孩子从来不主动和我们交谈,他们到底在想什么,我们根本无从得知。”事实上,这可能是由于孩子小时候曾经发问过,但是却得不到父母的回答所产生的后遗症。

现在的孩子是在一个与以往完全不同的环境下成长的,对于他们的教育也应该不同于往日的教育,其中就包括性教育。可能很多家长自己也从来没有与自己的父母谈论过有关性的话题,不知道该怎样对孩子说。因此,家长在教育孩子之前,不妨首先让自己多了解一些性知识。有了比较充足的知识准备,与孩子谈论性问题时才会有自信心。父母亲的自信心是轻松而有效地实施性教育的关键。

那么,如何对孩子实施性教育呢?下面的一些方法可供家长参考:

方法一:让孩子了解人的身体是如何发育的。

这其中包括:你要尽可能地让孩子认识自己身体的各个部位,并知道这些部位的名称,如阴茎、外阴等。告诉孩子性器官与身体的其他器官一样,都是人体的重要器官。这样做,有利于你与孩子更精确和方便地交流性方面的问题,身体上各部位的正确名称也有助于你向孩子解说什么是性侵犯,孩子也可以清楚地向你叙说是否有性侵犯发生。

当然,父母还要告诉孩子异性的身体发育情况。消除孩子对异性的困惑,不仅能避免孩子过早地尝试性行为,还能让孩子对异性产生敬重之心。

方法二:帮助孩子建立自尊,让孩子在性的问题上自信起来。

父母除了教导性器官结构及生理问题外,还要让孩子了解性器官发育的过程及个人的差异与特征,比如为什么自己的性器官稍小或者发育晚的问题。自尊是正向的自我观念,是一种对自己的尊重和喜欢。良好的自尊是心理健康的一个非常重要的部分。让孩子正确认识一些身体发育过程中的差异问题,能消除孩子自卑的观念。

方法三:预防为主,不要等待孩子发问。

初中的孩子正处于青春期的前期阶段,即使遇到了一些性的困惑,出于羞怯也不会主动找家长解开自己的疑问。

对此,家长要以预防为主,没必要等到孩子发问才开始谈论。父母可利用身边或社会上发生的事件与孩子一起进行讨论,向孩子阐述自己对一些问题的看法,为避免一些问题的发生应该采取的预防方法,以及事件发生之后应该采取的解决问题的方法。

例如,当孩子问到有关“性”的问题时,父母可以问:“那你怎么想的呢?”让孩子先回答也是方法之一,因为由此便可以看出孩子对于此类事情的态度与了解的程度,对于孩子错误的观点,父母应该予以纠正。

方法四:言传身教,让孩子学会尊重异性,培养孩子正确的婚恋观。

父母应注意孩子从大人身上得到的非语言信息,如夫妻之间的相互尊重、对家庭的爱、共同承担家务等都会通过父母的行为传递给孩子。

在家中进行的性教育,不只有教导孩子有关性方面的问题而已,为人父母者还必须以身作则,注意自己的言行,并教导孩子“辨别是非善恶”、“要以礼待人”等大道理。

方法五:充当一个与孩子共同学习的角色。

在某些问题上,当你也不知道的时候,不妨大方地承认,然后与孩子一起查资料,寻找答案,这样也可使你在孩子面前树立一种诚实的榜样。

很多专家提醒父母,虽然孩子的性教育仍然是一个陌生而敏感的话题,但研究表明,对于孩子的性教育应该越早越好。还是那句老话,作为家长,要明白真正的教育是全面的,不仅要把教育孩子的主要精力放在孩子的学习上,还要多和孩子沟通,成为孩子的朋友,才能让孩子安全度过性成熟的关键期!

初中阶段,孩子渴望交往

有一天,彤彤妈妈在心理咨询室接待了一个初二的女孩子,她似乎有一肚子话要说。她是这样介绍自己的:

“我是个两重性格的人。”彤彤妈妈听完很诧异,一个初二的女孩,怎么

会说自己是个双重性格的人呢？她认真地听着这个女孩讲的话。

“晨晨是我最好的朋友，可是有一天放学回家的路上，她一本正经地跟我说：‘我觉得你像个两重性格的人。比如说吧，在学校，你可以和我们一起疯玩，可是一出校门，你马上就会变得跟另外一个人一样，不苟言笑，连说话、走路似乎都很小心……’

晨晨说的没错，因为我知道自己在家里与在学校里的确是两个截然不同的人，而这个‘两重性格的人’的制造者就是我的父母。

可能你不明白我为什么这么说，其实，自从上了初中后，我的生活完全被父母控制住了。他们总担心我会学坏，每天上学、放学他们都给我规定了时间。就连在学校上晚自习还要偷偷跟踪我，刚开始我还以为是社会上的坏人呢，后来才知道是他们。另外，只要发现他们认为坏的同学跟我说话，那我回家就会受一顿训斥。他们不但规定我不许和男同学说笑，而且连讨论功课也不行。所以，一出校门我就跟变了一个人似的，因为我害怕爸妈回家说我，幸好他们不能一天到晚地跟着我、监视我。我把学校当成了乐园，想说就说，想笑就笑，男同学玩的活动，我照样踊跃参与，还尽情玩个痛快。让女孩子的什么文文静静统统见鬼去吧！可惜我不能永远躲在学校不回家，于是每到回家的时候，我都无可奈何地变成另外一个我，说话柔声细语，勉强戴上‘一本正经’的假面具，以乖乖女的样子出现在父母面前。可是，什么时候我才能扔掉这可憎的面具，做真实的我呢？”

教育支招：

这位女孩父母的做法很明显是错误的。初中生正处于青春期，都渴望友谊，渴望与人交往。一味地阻止孩子与人交往，不仅会导致孩子人格发展的不健全，还会让孩子产生一些更为严重的心理问题。心理专家告诫家长，初中阶段是孩子生理及心理变化最大的阶段，同时又是最容易干预的时期，应注意孩子的情绪变化，加强沟通交流。

生活中，常听到一些初中生父母抱怨说：孩子上了初中以后，就喜欢跟同学泡在一起，跟自己的父母反倒越来越疏远，由着他们这样自由交往，孩

子肯定无心学习，甚至会变坏！还有一些父母“草木皆兵”，担心孩子与异性交往会产生一些不良后果。于是他们专门为孩子制订出一套严格的作息时间，把孩子关在“笼子”里，让他“两耳不闻窗外事，一心只读圣贤书”。在他们看来，孩子在这样精心设计的环境中学习，才能免除那些不良因素的干扰，既可以免去父母的担心和烦恼，还有利于孩子的成长和成才。殊不知正是这种“封闭式”的教育方式，严重影响了少男少女身心的健康发展。

实际上，初中孩子之间的交往是单纯的、发自内心的，很多人能在初中阶段结成一生的友谊。同时，这些孩子之间的交往有利于他们适应社会，有助于他们培养坚强的品质，它能让孩子在生活和学习中鼓起战胜困难的勇气。

因此，作为父母，要抛弃担心和成见，鼓励孩子与人交往，尽力帮助并引导他们结识好的朋友，建立纯真友谊，让他们走出狭小的自我空间，在与集体的相处中感受温暖和愉悦，在心与心的交往中丰富自己的情感世界。

那么，父母应该从哪些方面帮助孩子呢？以下是专家的一些建议：

方法一：鼓励孩子走出家门，大胆地与人交往。

很多初中的孩子不敢与周围的同学接触，很大一部分原因来自于父母，父母的限制让他们没有了踏出第一步的勇气。另外，一些心理因素，比如自卑等，也会导致孩子不敢与人交往。对此，父母要鼓励你的孩子：“你是最棒的！”父母的肯定是给孩子最大的肯定。

方法二：培养孩子具备一些特长。

当孩子在某些方面有了特长，就会为他结识新朋友提供机会，就会使其在交往中增强自信心。托马斯·伯恩特说：“友谊建立在共同兴趣的基础上。如果你的孩子朋友不多，那么就努力培养他的多种兴趣。这样，在参加共同活动中，可以逐步建立朋友之间的友谊。”

方法三：告知孩子什么是真正的朋友。

“损者三友，益者三友”。作为父母，在孩子跨入中学校门的时候就要告诉孩子：要交益友，不交损友。意思就是要和正直的人、诚实的人、爱集体的

人、爱学习的人交朋友，不能与品德低劣、染有恶习的人交往。

另外，你可以通过生活中和历史中的那些交友故事来让孩子明白什么才是真正的友谊，让其认识到择友的重要和应该选择什么样的朋友。

方法四：指导孩子怎样与朋友相处。

孩子交友，主要原因还是因为他们有共同的爱好和兴趣等。但你要告诉孩子，要想让友谊长久，就需要懂得怎样与朋友相处。你应该让孩子知道：对待朋友，只有真诚坦率，以诚相待，严于律己，宽以待人，才会赢得信任；处事要宽宏大量，不计较个人得失，才会留住友谊；交友还要求同存异，毕竟每个人的性格、情趣各有不同，交往中就要尽量尊重朋友的意愿，主动寻找双方都感兴趣的事物进行交谈，不要“三句话不对头，就掉头而走”。同时，要懂得一些为人处世的道理，和朋友说话要考虑朋友的感受，不说伤害人的话，不要说大话，朋友也要面子等。

方法五：让孩子自主选择朋友，“指导”但不能“强制”。

孩子与他人交往尽管需要父母的指导，但父母也要尊重他们的意愿。让孩子自主选择朋友，然后在他们交往的过程中进行积极的引导和帮助。父母还应尊重孩子的朋友，欢迎他的朋友到家里来做客等。

总之，作为初中孩子的父母，在关注自己孩子智力发展和培养的同时，也要指导并帮助他们确立健康的人际关系，使他们的身心在交往中得到健康的发展。

初中阶段的孩子自我意识增强

彤彤班上出了一件很轰动的事情：有一个叫刘华的女同学离家出走了，无奈之下，刘华的爸爸只好报了警。

“那天一早，她向她妈要了 300 块钱，说是要交补习费。我看见她出门时往书包里装了很多东西，急匆匆地走了。晚上五点，女儿还没回家，我随后打电话到处询问女儿的去向，而且我也问了她的班主任老师，当天学校根

本没收补习费。”刘华的爸爸这样对警察说。女儿出走一天后，他收到了一封从外地某个城市寄来的信，内容是这样的：

“我很想回家，但是又不敢回家，怕被你们扫地出门，活活打死……我其实很爱你们，但是你们对我管教得太严格了。我已经不是小孩子了，我需要有自己的空间，你们把我每天的 24 小时都安排得满满的……现在我要过我自己的生活，好好地打工赚钱……”

看完这封信，刘华的爸爸才恍然大悟，他忍不住流下了眼泪，原来女儿的出走完全是自己长期以来“望女成凤”的思想造成的。女儿性格比较内向，也比较倔强，有时做错事，父母说她几句，她总是沉默不语。自己曾经打过她，但在她 10 岁以后就没有再打了。他从没想过这么乖的女儿居然会离家出走。

教育支招：

初中学生刘华离家出走这件事，给了很多家长一个警示：你的孩子已经长大，自我意识已经逐渐增强，他们渴望独立，家长不妨给孩子一个自我成长的空间！而事实上，很多父母是这样对待已经升入初中的孩子的：

在生活上：不给孩子动手的空间。孩子的饮食起居，父母全包了。他们什么都不让孩子尝试，认为如果孩子自己动手会耽误学习时间。因此，无论什么事，父母都对孩子大包大揽。

在学习上：不给孩子动脑的空间。孩子除了要完成学校规定的各项学习任务，还要参加家长给报的各种课外培训班等。

在娱乐上：不给孩子任何独处和想象的空间。似乎孩子的任何动态，父母都想了解得清清楚楚，孩子没有自己的私人空间和想象空间。

事实上，父母这样做，最终剥夺的是孩子心灵成长的空间，会造成孩子对于周围的任何事物都没有自己独立的想法和看法，他们没有机会去仔细感受身边人的那些美好的品格。诚实、爱、宽容、理解、互助、同情、谦虚、尊重……似乎成了外星人的语言。

处于初中阶段的孩子正是心理日趋成熟、自我意识增强的时期，过多地

干涉孩子的生活和学习，会无形当中增加孩子的逆反和反叛心理。福州大学人文学院社会学博士郁贝红说："青春期孩子处于叛逆期，逆反心理严重。"彤彤的同学刘华估计就是对父母不满，一心想逃离父母过紧的管束，因此才离家出走的。

孩子没有自我的空间，是十分不利于其身心健康的。这时候家长更多的是把孩子当成自己的私有财产了，认为自己为孩子想的都是正确的。其实，孩子已经长大了，很多事情能自己做主，父母把自己的观点强加在孩子的身上，忽视了孩子是作为一个独立的个体存在着，这种爱太沉重，起到的也是一个相反的作用。因为这种爱是有束缚的，这就好比用一根绳子把一头牛拴在了树上，牛儿吃到的和看到的都是树周围的东西，这样的牛怎么能够健康成长？同时牛活动的范围也就是以牛绳为半径的一个圆，会在无意之中束缚了牛的视野，这样的牛即使以后把它放开了，它也不一定能够适应外面的环境。

那么，面对自我意识增强的初中的孩子，父母该怎么教育呢？

第一，尝试倾听孩子的各种想法。

"父母要学会当孩子的听众。"郁博士指出，父母应学会很感兴趣地听取孩子的各种哪怕是很幼稚的想法，多与孩子沟通。实际上，孩子的想法哪怕是幼稚的，你以倾听的方式与之沟通，也会让孩子感受到被尊重。然后，你可以让孩子认识到他的见解还存在缺陷和不足，这样指出来孩子也更容易接受。

第二，尝试理解孩子。

面对初中孩子那些要求独立的观点，作为家长，所做的不应该是不断地向他们灌输他们是如何如何的叛逆、如何如何的不可理喻等观点，而是要理解孩子，毕竟他们正处在被称之为"困难期"的青春期。家长只有深刻认识和把握这一时期孩子的主要心理特点，才能帮助孩子顺利度过青春期。比如，这个阶段的孩子自我意识增强，自尊心格外强烈，特别重视自己的外貌体征、学习能力和学业成绩、人格特征和情绪特征，父母就要学会去呵护他们的自尊心，尽量避免对他们造成不必要的伤害。另外，父母应该正视的现实是，不能再把子女作为支配的对象，子女已经不再完全依从于父母，而是

成为独立的自己了。

第三,密切亲子关系,避免矛盾。

一般来说,处于最初反抗期的孩子与父母的矛盾在于:孩子对自己成长的认识超前,而父母对他们成长的认识滞后。因此稍有不慎,孩子就会与父母产生矛盾。随着交流的减少,这些矛盾会愈演愈烈。因此,父母只有密切与孩子的亲子关系,让孩子在成长中感受到父母的理解和关心,他们才能按照正确的方向成长。

初中阶段的学生正处于青春期,这是人生中一个特殊而且重要的时期。由于这个时期的发展是非常复杂、充满矛盾的,孩子在这个阶段都会或多或少地出现这样那样的问题,令家长、老师乃至全社会都极为头痛。一直以来,可能很多家长常常会思考,为什么孩子与自己的距离越来越远?其实,这不是单纯的孩子的过错,而是家长们错误的教育方式导致的。总之,孩子不是父母的私有财产,只有给孩子足够的成长空间,他们才会自由自在地健康成长!

初中阶段孩子对人生观开始了初步探索

一个周末,彤彤到蕾蕾家玩,吃完饭后,两人在一起看电视,恰巧遇到两人都讨厌的新闻,可蕾蕾爸爸偏爱看新闻,她们也只好硬着头皮一起看下去。新闻报道中称:某市街头冻死一名老人。蕾蕾爸爸叹道:“现在的年轻人,怎么都这么不孝顺?”

“人不为己,天诛地灭呗!”蕾蕾随口答道,说完她看了爸爸一眼,觉得自己不该说这句话。

“蕾蕾,你这孩子,怎么能有这种想法呢?你这人生观有问题啊?难道我和你妈妈老了,你也不管我们?”

“爸,我不是这个意思,我只是说现在有些人是这样想的而已。”蕾蕾赶紧辩解道。

“叔叔,什么是人生观啊?”好问的彤彤赶紧问道。

“人生观是指对人生的看法，也就是对于人类生存的目的、价值和意义的看法。明白没？”

“我不是很明白，但我妈妈跟我说，要做一个对社会有用的人，做一个有爱心、有责任心、孝顺父母的人。这是正确的人生观吗？”

“当然啊。你能知道这些，真是个好孩子。”

教育支招：

孩子升入初中以后，逐步跨入青春期，随着掌握的知识的增多，并有了自己的生活圈子，有了自己的想法，开始逐步形成自己的人生观。人生观是指对人生的看法，也就是对于人类生存的目的、价值和意义的看法。人生观是由世界观决定的，其具体表现为苦乐观、荣辱观、生死观等。人生观的形成是在人们实际生活过程中逐步产生和发展起来的，受人们世界观的制约。不同社会或阶级的人们有着不同的人生观。

当今社会的物质生活水平不断提高，再加上现在的孩子都是独生子女，他们从小受到爷爷奶奶和父母的过分溺爱，向来是饭来张口、衣来伸手，成为“小皇帝”，常常“以我为中心”、“我行我素”，甚至美丑、荣辱、好坏不分，打架斗殴事件时有发生。更为严重的是，许多青少年思想上的堕落严重，有厌学、孤僻、抑郁等心理问题，从而不能健康成长。孩子人生观的偏离和父母的教育也有关系，父母“望子成龙”、“望女成凤”，只注重孩子的成绩，忽视了对孩子进行理想主义、人生观教育。

生活中，有些家长认为：“教育是一件很简单的事情，我小时候，父母忙得没时间教育我，我不是照样上大学，找工作？”有的家长认为：“孩子能有多大事？让他自己成长就行了，就算有点小毛病、小缺点，也是难免的嘛！毕竟只是个孩子，树大自然直，没什么可担心的！”父母的这些想法都是错误的，所谓的顺其自然，其实就是一种忽视和不负责任。对于孩子那些错误的人生观，如果家长不加引导，那么对于孩子，这就是默许，就是纵容。家长认为没什么，孩子自然也会认为没什么，并认为这就是正确的，于是小时候的错误行为长大了自然会变本加厉。

那么,作为父母,我们应当如何引导孩子正确树立自己的人生观与价值观?

方法一:父母要以身作则,用积极的人生观影响孩子。

家长是孩子建立人生观的启蒙老师,一言一行都影响着孩子,家庭更是孩子成长的精神家园,家长的态度直接决定了孩子将形成怎样的人生观、价值观。孩子的人生观是在耳濡目染下形成的,如果家长自己做不到以身作则,那么,孩子又怎么能形成正确的人生观呢?因此,从现在起,作为家长,要开始重视自己的一言一行,从自身做起,用积极的人生观去影响孩子。

方法二:以实践为主,让孩子多参加一些社会公益活动。

对孩子进行人生观教育,不能光讲大道理和进行空洞的说教,只有坚持联系实际才能收到良好的效果。在实践的过程中,父母要正面引导孩子,因为社会上出现的某些消极现象不可避免地影响着初中生形成正确的人生观,只有教会孩子全面地、辨证地看待社会和人生,克服片面性,才能有效地促进孩子形成正确的人生观。

方法三:把人生观教育引入生活。

对于孩子人生观的教育并不是一朝一夕的事,因此,在生活中,家长不妨从小事着手,坚持寓人生观教育于生活中,使孩子能从不同角度受到深刻的人生观教育。比如,父母可以引用周围发生的人和事作为例子对孩子进行人生观教育。同时,当孩子对人生观有正确的认识之后,还要培养他们对人生观的评价能力,从人生观的正反面的表现进行比较,使孩子在强烈的对比和反差中产生心理震撼,从而形成对人生观的评价能力、判断能力。这样才能在日常生活中鼓励孩子实践自己对人格的认识,并进行自我评价,使他们把自己对人生观的理论认识和行为行动统一起来,逐渐完善自己的人生观。

中学生是未来社会的建设者和主力军,他们的人生观关系到他们的综合素质是否能够得到全面提高:从个体来讲,关系到孩子自身的发展;而从整体来讲,更关系到我国社会主义大业的兴衰。可见,父母对孩子价值观的教育尤为重要。

二、初中阶段应对学习任务的新挑战

了解中学和小学的不同

开学后的第三天上午，大家满怀激情地等待着进入初中以来的第一节课，这是一堂语文课。上课铃声终于响起来了，为了迎接新老师的到来，同学们谁也不说话，静静地看着教室的门。

老师终于走进教室，进行一番介绍后，老师开始步入正题："对于语文，在初中不能一味地死读书，在小学也许你把课本掌握好就能考高分，可是在初中主要学的是解题的方法。就说我们语文中考吧，除了一篇课内文言文，其他阅读题都是课外的。有的地区甚至文言文也是课外的。对于课文呢，在小学老师一般都是逐字逐段地分析，讲中心思想。到了初中，特别是初二、初三，老师教的主要都是分析文章的方法，从而锻炼学生的阅读能力。课文也不再仅仅是记叙文，初二、初三会有很多文言文和说明文、议论文。总之，用我们老师的话说，很多人在升初中后会感到很不适应。你们要调整自己的学习方法，不要过分依赖老师。"

当同学们听完老师的这一番话后，一个个都耷下了脑袋，似乎初中的学习难度真的加大了好多。"我该怎么学习呢?"很多同学都产生了这样的疑问。

教育支招：

很多刚进入初中的孩子们都有这样的疑问：初中真的和小学有很大不同吗？我该怎么学习呢？在初一年级刚刚开学的一段时间内，我们常会看到一张张稚嫩的小脸上，兴奋与忐忑并存，信心和焦躁同在。作为家长，一定要引导孩子尽快适应初中的生活。

那么，中学和小学到底有哪些不同呢？

第一，课程设置和要求不同。

从小学升入初中，孩子的功课设置从单一到繁复。小学就那么寥寥的几门课，而中学一下子增加到十几门课，老师每人授一门课。这节课刚上完，下一节课又换了老师，换了内容，门门有作业，简直是应接不暇。

对于课程要求，进入中学以后要求孩子更要主动思考、系统学习，掌握学习的主动权，及时调整自己的学习方法，才能学得好、学得快。

第二，课程安排不同。

初中的课程一下子增加了很多，孩子只有及时地巩固和预习功课，才能跟得上老师上课的节奏。而小学的时候，孩子们只要做完作业就万事大吉，并且可以考取良好的成绩。如果孩子不能尽快适应这一变化，恐怕会很快掉队。

第三，学习方式不同。

进入初中以后，要求孩子们更自主地学习。课程增多以后，每门课程在课上学习的时间自然会缩短，这就要求孩子自主、自觉地进行课下的学习，转“被动”为“主动”学习，做到三会：会预习、会听课、会复习，这样学习起来才会事半功倍。

由此可见，初中的孩子将要面临更繁重的学习任务，学习压力也会随之加大。对此，父母该怎样帮助孩子顺利度过这一转变期，让孩子适应初中的生活呢？

方法一：让孩子在小学升初中的这一暑假中做好缓冲工作。

很多家长认为，小学毕业后的这个暑假应该让孩子好好放松一下，这种想法没有错，但不能让孩子整天只有玩乐。相反，应该在这个暑假让孩子坚持有益和适度的体育锻炼，保持身体健康，否则孩子会无法适应开学初的早起，从而影响一整天的上课效率。暑假里还可以让孩子进行广泛的阅读以及加强艺术修养，这对孩子各方面的发展与提高都会有所裨益。

方法二：帮助孩子及时调整学习方法，以适应新的课程的学习。

初中学习非常注重自主预习、复习的过程。无论是哪个科目，课前的预习是预知知识和形成问题的重要环节，周期性复习（每天小复习、每周小整理、每月或每单元总复习、阶段性复习等）是巩固知识最重要和最有效的方法。

方法三：要教孩子培养良好的整理知识的习惯。

为此，要让孩子逐渐培养自我管理的能力，让其学会调整作息时间。因为初中阶段主课科目增多，作业量势必会跟着加大，很多孩子会在这个关键的转折期感到无所适从，有无法排解的压力感。这个阶段，孩子们最需要养成自己整理知识的习惯。家长应该对此加以引导，但不能越俎代庖，一定要让孩子自己整理知识，这样他才不至于丢三落四。

方法四：教会孩子劳逸结合。

很多家长认为，孩子进入初中后课程量多了，更要努力学习，不能放松。家长怕孩子掉队，动不动就给孩子买课外辅导书，布置课外作业，其实这样做不但不能帮孩子提高学习成绩，还很可能帮了倒忙。有些孩子原本学习效率高，老师布置的作业能迅速完成，但发现自己作业一做完家长就又要额外布置作业，于是就干脆把老师布置的作业拖拖拉拉地写，时间一长反而养成了写作业拖拉的坏习惯。孩子进入初中以后，家长要正确处理好孩子“学”与“玩”的关系，注意让孩子劳逸结合，适当地放松自己，孩子才能学习好。

方法五：承认差异，不要给孩子施加压力。

即使你的孩子在小学的时候学习成绩不是很好，你也不要急功近利，不要认为孩子一进入初中就能将以前的不足弥补起来。你要承认差异，给孩子时间，让他一步步努力，逐渐缩小与成绩好的同学的距离。另外，家长不要总是拿自己的孩子与别人的孩子做比较，要鼓励孩子不灰心，解除顾虑，刻苦勤奋学习。

方法六：帮助孩子调整好心态。

这个阶段心态的调整也非常重要。很多孩子在小学阶段的学习成绩、管理能力或其他某个方面可能是优秀的，但是到了新的学习环境，由于各种

原因,孩子这些方面的才能也许被埋没。这时候,家长应该帮助孩子及时调整自我定位。

总之,初中阶段和小学是不同的。作为父母,不管你的孩子以前的学习、生活状况如何,都要帮助孩子及时调整自己,告知孩子切勿惊慌,更不能自暴自弃。这个阶段被称为"第二次心理断乳期",其实就是告诉所有家长,要像呵护断乳期的孩子一样,从关心孩子的学习兴趣、学习方法、学习效率入手,不急于求成,不盲目制订目标,通过温和的谈话了解孩子的困惑,陪着孩子一步一步走出困境,一点一点得到提高。

初一是过渡期,打好基础

彤彤有个表哥,小时候,大人们总是夸奖彤彤的这位表哥,因为他学习成绩很好。表哥大彤彤三岁,彤彤进初中的时候,表哥刚好初中毕业,可是令彤彤不明白的是,表哥为什么没有上省重点高中,而是去外地打工了呢?

有一天表哥来学校玩,顺便来找彤彤,彤彤吞吞吐吐地问了表哥她心中的那个问题:"你为什么没有继续上学呢?"

表哥也没有隐瞒,如实地说了自己的情况:"我小学的成绩很好,那时候我是全家乃至所有亲戚们的骄傲。可是上了初中之后,我放松了自己,尤其是在初一打基础的阶段,学业完全荒废了;初二的时候,我已经跟不上同学们的节奏;初三我更是自暴自弃。就这样,我连中考都不敢参加了,我无脸再读书,就出门打工了。"

听完表哥的一番话,彤彤深深地叹了一口气,表哥反倒过来安慰她:"你不用担心,你现在刚上初一,只要在初一的时候打好基础,初二继续努力,一定可以考取一个好高中的。"

"谢谢表哥,我一定要努力!"

教育支招:

正如彤彤表哥所说的,初一所学的知识是初中三年里最基础的。如果

初一的基础知识没有学好，到初三面临中考的时候，则必须要付出很多的努力去温习初一的一些基础知识。所以只有打好基础，才可能从容应对中考。初一是小学和初中的衔接期，是人生的一个关键期，能否顺利度过，关乎孩子的前途、发展。在小学时无论学习成绩怎样的学生，都会把初一当成一个新的起点：小学时优秀的同学决心在中学仍然走在队伍前列；成绩中等的同学暗暗努力，争取做个优等生；成绩较差的同学也深信自己的潜力，发誓要打个翻身仗。

因此，作为家长一定要认识初一这个阶段的重要性，要带领孩子及时进入初中的角色；一定要让孩子在新环境里从零开始，好好努力；要让孩子上好初一年级，不能只停留在空洞的决心上，而是要让孩子切实地打好基础。那么，父母该怎样帮助孩子打好基础呢？

方法一：让孩子重视新增课程的学习。

升入初一以后，很多课程可能是新增的，孩子在小学的时候没有接触过。有些家长认为这些新增的课程都不是主课，可以适当放松一点。其实不然，很多孩子在真正参加高考的时候才发现，原来亮红灯的正是这些自认为不重要的课程。而有些家长在孩子即将升入初中的暑假中，就让孩子接触一些初中新增的课程，让他们提前了解和掌握初一的知识点，逐步适应初一的学习生活。

方法二：让孩子认识到加大学习力度和深度的必要性。

很多孩子上了初一之后，明显感到不适应这样的学习节奏，觉得跟上小学完全不一样。这是因为初中阶段和小学阶段在授课内容的强度上是有很大差别的。纵观如今初中的学习内容，课程一下子增加到八九门，学习的内容加深，要求的层次提高了。父母必须让孩子明确一点：进入初中以后要想学习好，就必须付出更多的努力，这是毋庸置疑的。跟上老师的授课步伐很关键，超越老师的教学进程又是一个更大的进步。

方法三：教育孩子要充分利用课堂时间。

最有效的学习时间是在课堂上，那些学习成绩好的学生并不是加班加

点地学习，他们最大的秘诀在于能充分利用好课堂的时间。抓住课堂上的45分钟，就意味着在课后可以少花些时间来查缺补漏。另外，课堂上要及时配合老师，做好笔记来帮助自己记住老师讲授的内容，尤其重要的是要积极地独立思考，跟上老师的教学思路。

方法四：辅导孩子做好预习和复习工作，培养其良好的学习习惯。

刚进入初一的孩子可能还不懂得如何预习和复习功课，家长可以这样告诉孩子：在你认真投入学习之前，先把要学习的内容快速浏览一遍，了解学习的大致内容及结构，以便能及时理解和消化学习内容；上课的时候一定要认真听课，做好笔记，把你能听得懂和听不懂的内容都记下；当这些问题解决后，还要懂得复习，巩固学到的知识；如果你坚持定期复习笔记和课本，并做一些相关的习题，你定能更深刻地理解这些内容，你的记忆也会保持更久；定期复习能有效地提高你的学习成绩。

方法五：如果条件允许，尽量为孩子提供一个安静的、舒适的学习场所。

通常情况下，人们选择书房或教室或图书馆学习，是因为它具备学习氛围，安静而不受干扰。当孩子回到家中，作为父母一定不要大吵大闹，条件允许的话，可以为孩子提供单独的学习场所，让其不受外界干扰。

总之，初一是孩子初中学习的过渡期，只有打好基础，孩子才能在初二和初三阶段更好地学习！

初二是分化期，提升实力

彤彤妈妈在彤彤学校认识好几个老师，本以为彤彤能成为这几个老师的学生，可是偏巧，没有一个是彤彤班的代课老师，这几位老师代的都是初二年级的课。有一次开完家长会后，彤彤妈妈顺便看看她的这几个朋友。其中有一个朋友姓张，是教导处的主任。她对彤彤妈妈说：

“我们班自进入初中后都是我代的数学课，有好几个学生变化怎么这么大呢？他们以前在班上基础都很好，可是，怎么一到初二成绩就明显下降了

呢？每次考试如果考的是基础知识，他们就能考个好成绩，一旦题有点难度就不会做了，怎么都不愿意动脑筋呢？”

“您觉得这是为什么呢？”彤彤妈妈问道。

“这些孩子基础都很好，可是都不愿意动脑筋，稍微转换一个题型他们就不会做了。这也就是为什么在初一的时候大部分学生成绩都差不多，可到了初二就明显分出高低了！等你们家彤彤到了初二的时候，你可得让她多注意学习方式，初二是个分化期啊！懂得提升自己的实力，才会为冲刺初三做好准备！”

教育支招：

进入初中以后，由于学习课程的增加、学习压力的加大，学生的学习成绩逐渐拉开了差距，这一差异在初一还不是很明显，进入初二时这一差距才有增大的趋势，突出表现在英语和数学两门学科上。这种分化直接影响着学生在整个中学阶段的学习成绩。

作为初二孩子的家长，你的孩子在初二的学习状况如何？他有适合自己的学习计划吗？他有明确的学习目标吗？他以怎样的学习状态学习？这些你是否都疏忽了呢？如果你的孩子能在初二这个分化期不被“分化”下来，那么他在初三的学习将会很顺利，否则初三的学习将是雪上加霜。为此，家长要看到孩子初二阶段的学习在整个初中学习阶段中的地位和这一阶段学习的特点，帮助孩子安全度过这个分化期，并提升孩子的实力。

可能很多父母认为：“孩子已经上初二了，已经不是那个在初一开学的时候需要家长领着去报到的小孩子了，终于可以松一口气了，就把孩子交给老师吧！”这类家长的想法是错误的。很多教学经验丰富的教育工作者说：初二阶段的学生最难以教育和管理，这个时期需要家长很好地配合学校，加强对孩子的教育管理。前苏联著名教育家苏霍姆林斯基说过：“只有学校教育而没有家庭教育，或者只有家庭教育而无学校教育，都不能完成培养人这一极其艰巨而复杂的任务。”可见，对于初二年级的孩子的教育工作，家长也一定要做好。那么家长该怎么做呢？

方法一：让孩子认识到初二是一个特殊的阶段，以引起重视。

初二是一个平稳发展时期，孩子已经告别了初一时的那种新奇，也没有面临即将中考的压力。这一时期是孩子潜心努力学习的时期，但同时也是一个产生剧烈变化的时期，是一个爬坡时期，是一个分水岭。美国心理学家霍林沃斯称初二为“心理性断乳期”。还有人认为初二是整个中学阶段“最危险”的阶段，初二学生最难管理，被称之为“初二现象”。这个时期，他们容易产生困惑。因此，对于如何适应初二年级的学习生活，怎样学习才能为初三打好基础等，都需要家长给予帮助和指导。认识初二阶段是个特殊阶段，是家长帮助孩子做好家庭教育工作的前提。

方法二：帮助孩子调整好情绪状态。

最好的学习状态莫过于既轻松又精神集中的状态，父母在孩子情绪不好的时候，一定要帮助孩子及时调节，让孩子在学习前进入一个轻松而又专注的情绪状态，这样孩子才能保持旺盛的精力投入学习。

方法三：帮助孩子制订可行的学习目标。

有了目标才有学习的动力。盲目学习、没有目标，孩子学习起来就容易产生懈怠。为此，家长要根据孩子的自身情况，先帮孩子找到自己的人生总目标，在这个总的目标前提下，再制订出实现目标的详细执行计划，指导孩子严格按照制订的计划去执行，一步步地去达成设定的目标。当然，这个目标不能大而空。比如孩子的学习成绩在进入初二之前是班上最后一名，你就不能制订出一个让他在初二第一个月的检测中成为班上第一名的目标。

方法四：为孩子打造最适合他的学习方法。

方法是成功的工具，只有让孩子掌握最适合他的学习方法，拥有学习的利器，孩子才能在学习的道路上如鱼得水，游刃有余。

方法五：培养孩子的执行能力。

很多初二的孩子都希望在进入初三之前可以达到某某目标，可是在真正行动的时候，却因为懒散、拖延等坏习惯而没有达到。因此，作为家长一定要培养孩子积极主动、言行一致、雷厉风行、绝不拖延的行为习惯。

方法六:亲子关系的培养。

要减少初二学生学习分化严重的现象,防止孩子成绩滑坡,作为家长,首先要给孩子创造一个良好、宽松的家庭环境。要尽量保持家庭的和谐、稳定,尽量不改变生活状态。另外,家长不论多忙都不能忽略了孩子,要时刻关注孩子的身心变化,了解他们的学习、生活、交友状况,多与孩子进行亲情交流。对于那些无效的沟通模式,家长需要及时调整,加深亲子关系,了解并走进孩子的心里,体会和觉察孩子的感受。孩子在一个充满爱与关心的家庭氛围中学习,才会达到良好的学习效果。

初二是初中的转折点,也是两极分化明显的一年,父母做好这六个方面的工作,从孩子的现状着手,能有效帮助孩子在这个分化期提升自己的实力,为进入初三的决战期做足准备!

初三是冲刺期,全力以赴

彤彤妈妈被市某中学请去当心理咨询师。有一天,校长领来一个初三年级的男孩,了解了事情的经过后,彤彤妈妈决定见一下孩子的父母。

原来,这个叫小磊的男孩今年要参加中考,可是就在中考前几天,他却离家出走了。事情的经过是这样的:

6月的一天,学校放假,小磊在家没有专心复习,而是上网和同学聊天。母亲看到儿子上网就责怪了几句。当天下午小磊就带着手机离家出走了。

家人到处寻找未果,打小磊的手机要么不接,要么关机。班主任老师也连夜帮助寻找,打遍了所有同学家的电话,均无小磊的消息。后来通过小磊的朋友,经过网聊才知道小磊在一家网吧。原来,小磊很后悔自己以前没有好好学习,中考临近了,他担心自己考不好,怕对不起爸妈才离家出走的。找到儿子后,父母看到儿子担惊受怕的样子很是心疼,母亲满目泪花:“你参加考试只要尽力而为,好坏无所谓。爸妈以后再也不给你施加压力了。”可问题是中考的时间已经过了。小磊决定复读一年,明年考个好成绩。

学校请来了小磊的爸妈,希望彤彤妈妈能为这对无助的夫妻支点招。

教育支招:

初三是人生的第一道门槛,而中考是人生第一次面临淘汰的经历,对于孩子而言,很多问题都难以选择。做父母的都希望孩子能成功跨过这道人生的门槛,能进入更高的学府学习,能给孩子插上理想的翅膀。但事实上,他们在灌输给孩子这一思想的时候,却引起了孩子的反感,给孩子造成了压力,反倒让孩子产生一些厌学情绪。在北京市校园内曾经流传着一段顺口溜:"数学让我很疲惫,物理更是连连不对,学习真的让我憔悴,唯有上网不会让我掉队。"它流露出学生中的一种厌学情绪。现在全国学生中上网成瘾的人数达几百万,在北京至少有十几万。这些人荒废学业、迷恋网络,有人甚至走向犯罪道路。

初三年级是冲刺期,是对初一、初二年级知识的巩固和提高,另外,初三本身也要学习新知识。可见,初中的孩子要想在中考中取得好成绩,就得全力以赴,多付出努力,才会有成功。因此,父母一定要让孩子明白:没有付出是不会有回报的,天上绝对不会掉馅饼。那么,作为家长,该怎样帮助孩子进入全力以赴的状态呢?

第一,帮孩子建立信心。

虽然中考是一次很关键的考试,但是它并不意味着考试内容会很离奇,学生只要努力、认真复习就会取得好成绩。因此,家长在孩子复习的过程中要告诉孩子,不要去看那些难题、怪题,以免打击自己的信心。不妨回归书本,回归知识点,有什么还不太明白的地方要及时从老师那里得到解答。

另外,有些家长希望孩子把所有的书都看一遍,但这样会让孩子觉得自己还有很多没复习到的知识,便会心急,非常不利于孩子建立信心。

在备考前的一段时间,孩子可能会经历一段很低迷的时期,这个时候家长更要鼓励孩子千万不能自暴自弃,让孩子坚持自己的学习习惯和作息时间,不能急躁。在孩子产生异样情绪时,家长要及时与孩子沟通,避免孩子钻牛角尖。

第二,帮助孩子树立目标。

其实，到了初三孩子自己也知道，能不能考上理想的高中在此一搏，必须要付出更多的努力。但事实上，很多孩子却难以很快进入初三状态，这是很多初三生普遍存在的问题。导致这种现象最主要的原因是他们没有明确而具体的目标，动力不足。

这与某些家长的错误观点也是有关系的，他们认为到了初三就不能给孩子压力。实际上对于很难进入学习状态的孩子，给予适当的压力是有必要的，正所谓"有压力才有动力"。为此，家长要帮助孩子树立一个合适的目标，比如希望考上哪所学校，在这样的大目标下，还可以设定一些小目标，如这次月考要考多少分等，让孩子觉得有动力。

第三，协助孩子制订具有可行性的备考计划。

这里的"可行性"，是指应该根据孩子的实际情况制订备考计划。如果孩子现在还没法进入初三的状态，父母可以试着让他假设：如果自己现在就参加中考，能得多少分？劣势科目是什么？家长可为孩子准备一个小本子，让孩子把每天要做的事情记在本子上，每完成一件就划掉一件，这样一天下来，孩子会非常有成就感，不仅可以增强其自信心，还能防止焦虑情绪的产生。

第四，监督落实孩子的学习任务。

中学生年龄较小，自控能力差，当孩子有了目标和计划后，还需要家长的监督来保证计划能够落实，才能进入初三状态。孩子得不到父母的监督会变得懒散。这里的监督指的是：随时了解孩子学习计划的完成情况，当孩子完成一个目标时，要及时给孩子鼓励；如果孩子没有按照计划完成任务，家长要及时提醒。

当然，父母的监督并不是说要二十四小时看着孩子，让孩子失去了自己的空间，如果那样的话，很容易让孩子产生逆反和厌学的情绪。家长要尽量以主动劝导为主要教育方向，让孩子知道升学的重要性，让孩子懂得如何学会苦中作乐。另外，家长平时要多与孩子沟通，了解他们的真实想法，在孩子面对学习和生活上的困惑时，要主动多给孩子提建议，多鼓励孩子，帮助他们树立信心。

第五，做好孩子的后备军。

初三的孩子正处于身体的成长期，繁忙的学习也要求他们有充沛的体力。因此，作为家长一定要关心孩子，不仅要为孩子提供充足的营养，还要让孩子劳逸结合。适当的时候，家长可以带着孩子去运动运动，这也是一种为孩子减压的方式。

的确，初三孩子的思想工作是最难做的，但是再难做也要做好，让他们顺利度过青春萌动期和动荡期。

让孩子对课程设置有个整体的把握

一天中午，彤彤懒洋洋地看着电视，实际上，几乎暑假的每一天彤彤都是这么过的。爸妈不在家，彤彤很无聊就给蕾蕾打电话。结果是蕾蕾妈妈接的电话，说蕾蕾在学习。彤彤很纳闷儿：这不是暑假吗？好不容易小学结束了，该放松了，怎么蕾蕾还在学习呢？抱着这样好奇的心理，彤彤来到蕾蕾家。门是半掩着的，透过门缝儿，彤彤看见蕾蕾妈妈正在纸上画着什么，蕾蕾在一旁听着。

"这本书大概就是这样的几个部分，你自己回头再看看，以后预习的时候，就能从整体上把握了。"蕾蕾若有所思地点了点头，这时候，彤彤敲门进去，蕾蕾看见彤彤来了，非常高兴。

"你们在干什么呀？"彤彤问。

"我妈妈为我借来了很多初中的课本，然后将每本书的课程内容大概为我讲了一遍，这样升入初中的时候，无论是上课还是预习，我就能统筹把握了。"蕾蕾说，彤彤觉得很有道理，怎么自己没想到呢？

彤彤于是问："阿姨，我能一起和蕾蕾听您讲吗？明天我也让妈妈给我把教科书借来，这个暑假不能再浪费了。"

"当然可以了，彤彤真是乖，知道自觉学习了。"

教育支招:

蕾蕾妈妈的做法是正确的。可能很多父母认为,孩子好不容易小学毕业了,紧张的学习结束了,该让孩子好好放松了。这种想法不错,但孩子也即将要进入初中这一紧张的学习阶段,如果孩子将学习抛之脑后,荒废了暑假这一大好的学习机会,可能孩子进入初中后,会无法适应繁忙的初中生活。蕾蕾妈妈在孩子进入初中前,先对初中的课程设置进行一个整体的把握,这样做的好处有以下六个:

好处一,可培养孩子的宏观把握能力和独立思维能力。孩子对所有知识有个整体的把握后,在接受课堂学习的时候,会有的放矢而不至于云里雾里。另外,把自己心中的知识框架和老师所讲的内容结合起来,会培养孩子阅读和思考的能力,尤其是理科知识的提前把握,更会锻炼孩子的逻辑思维能力。

好处二,可以直接提高孩子的学习效率。提前把握初中的课程设置,可以发现自己在小学的一些知识缺漏,在以后的学习过程中,可以有选择性地查缺补漏。同时,也可以使自己听课时把精力很快集中到新知识上面去。

好处三,能开拓孩子的思路。经过对课程知识的把握,孩子对要学的知识已经心中有数,容易跟上老师讲课的思路,甚至可以跑到老师思路的前面去。

好处四,可提高记笔记的水平。老师讲的内容大部分在书上都有,由于做过知识的整体把握,知道哪些内容书上有、哪些没有,就可有选择地做笔记。

好处五,能增强孩子的记忆效果。当家长指导孩子进行知识的整体把握后,无论孩子对这些知识看得懂还是看不懂,他都已经经过独立思考,有了初步印象,再加上课上老师的讲解、分析和自己的进一步学习,他对知识的理解会更为深刻。理解了的知识很容易记住,特别是经过努力而掌握的知识更容易记牢。

好处六,能增强孩子的求知欲望。孩子在对知识进行整体把握的时候,难免会对那些不了解的知识产生疑问,这就能启动孩子的好奇心和求知欲,

能调动孩子学习的积极性。

可能有些家长认为,暑假时间长,孩子完全可以自己提前预习这些知识。这种想法不正确,因为初中的学习科目比小学显著增加,难度也有所增加,而孩子的知识水平还停留在小学阶段,这时的孩子固然抽象思维能力明显加强,思维的独立性与批判性也显著发展,但在理解知识的时候还是有相当难度的。如果家长不加以指导的话,孩子即使有强烈的求知欲和广泛的学习兴趣,也会因为缺乏经验和知识积累而丧失这种兴趣。那么,家长的该怎样帮助孩子整体把握初中的课程设置呢?

方法一:妥善规划暑假时间。

我们先来看一个即将进入初一的学生的暑假生活安排:

(1)语文:背诵古诗,翻译古文(1天背2首古诗,2天看1篇古文)。

用词典学认字(每天争取学会几个陌生字,主要是一些常用字)。

(2)数学:预习完整册书。

每天预习1~2节内容,争取在暑假预习完。

(3)英语:整本书的单词背一遍。

每天背1单元单词,争取暑假把整本书的单词背完。

这种暑假时间的安排就是合理的。家长要帮助孩子制订一个合理的计划,将计划付诸实践并坚持下去。在制订计划的过程中要以孩子为中心,充分发挥孩子的主动性,家长在这个过程中只是起到一个敦促孩子执行计划的辅助的作用。

方法二:明确任务。

对课程设置整体把握的目的是先感知教材,初步了解和整理一些知识点,为新课的顺利进行扫清障碍。当然,这一任务要根据不同科目、不同内容来确定。包括:

(1)初步理解概念性知识,把新概念中不明白的先记下来。

(2)初步理解新课程的框架和知识结构。

(3)找出书中重点、难点和自己感到费解的地方。

方法三：让孩子手脑并用，看、做、思结合。

看，一般是把新课通读一遍，然后用笔勾画出书上重要的内容，需要查的就查一查。做，在看的过程中需要动手做的准备工作以及做课本后的练习题。思，指看的时候要想，做到低头看书，抬头思考，手在写题，脑在思考。

对初中课程的整体把握是孩子进入初中前对知识的一次整体预习，是不可缺少的一个环节。几乎所有初中阶段学习成绩优异的学生，在进入初中前都很好地完成了这一工作，这样做的同时，还会让孩子懂得“未雨绸缪”的道理，这对于孩子养成良好的学习习惯也是有帮助的！

三、帮助孩子融入初中新生活

做好初中开学前的物质和心理准备

彤彤马上就要上中学了，全家人在高兴之余心中多少也有点忐忑不安。彤彤能不能顺利适应新的环境呢？彤彤能不能像以前一样快乐地学习呢？彤彤能不能在学校交到好朋呢？这些都萦绕在彤彤家人的心中，尤其是彤彤妈妈。为此，她准备让女儿在进入初中以前，做足各方面的准备。

首先是物质上的。开学前的一个星期，彤彤妈妈专门抽出一天时间，带着女儿来到商场把上学需要的东西全都买齐了，包括书包、文具、在学校吃饭的饭盒等。等到离开商场的时候，彤彤妈妈看女儿有点不高兴，就知道怎么回事了，她忘了给女儿买一身漂亮衣裳。知女莫若母，爱美的彤彤终于如愿以偿，妈妈给她买了一件蓝色的连衣裙。

晚上，彤彤妈妈把彤彤叫到身边，对女儿说：“马上要开学了，你做好心理准备了吗？”

“什么心理准备？”彤彤有点诧异，妈妈怎么突然说这个。

“你知道初中和小学是不同的吗？”

“知道啊，太多的不同了。放心吧，妈妈，我知道。进入初中后，我会以最短的时间适应初中的学习和生活的，您别担心了。”

听到女儿这样说，彤彤妈妈才放心了。

教育支招：

其实，无论是哪个年龄段的孩子，只要是新生就都会对新的学校充满期待，又难免对未知世界——新的学校生活忐忑不安。升入中学的新生也是如此，他们对新的老师、新的同学和新的环境也会感到陌生而不知所措。对此，不少新生家长对孩子入学也没有太多的思想准备，不清楚应该怎样当一个称职的学生家长，而是把孩子推给学校就万事大吉。事实上，孩子能否以最快的速度融入新的环境，并适应更紧张的学习生活，直接关系到孩子未来三年的学习和生活状况。

对此，作为父母要从两个方面帮助孩子做好进入初中的准备。

第一方面：物质上的准备。

1. 购置学习用品

初中的孩子已经逐渐从童年进入少年时期，在审美上也产生了一些变化。可能小学时的他们更喜欢花花绿绿的玩具型学习用具，而进入初中选择学习用具时候，父母要询问孩子的意见，让孩子自主选择。父母可以建议孩子选择那些美观实用的，尽可能地避免购买那些玩具性的学习用品，以免造成孩子学习时注意力不集中。

2. 为孩子提供一个安静的学习场所

上了初中，孩子即将进入繁忙、紧张的学习生活，如果家里有条件应该给孩子准备一间书房，或至少让孩子有一个固定的放文具、做功课的地方。购置一个小书架，使孩子在入学开始就能有序地安排学习，也有助于孩子养成良好的学习习惯。

3. 保证孩子身体发育所需的充足营养

进入初中的孩子已经进入了长身体的青春期，因此，孩子的营养状况直

接关系到孩子的身体发育和学习状况。作为家长一定要保证孩子每天能摄入充足的能量和营养。首先，要让孩子吃好早饭。有些父母对孩子的早饭不太重视，而初中的孩子脑力劳动的消耗不比体力劳动的消耗少。早饭没有吃好对孩子的学习会产生不良影响，因此家长首先要在思想上重视，并在物质上做好充分推备，确保孩子吃好早饭。同时，孩子的午饭也同样重要，根据营养专家的意见："早饭吃得好，中饭吃得饱，晚饭吃得少"。家长要保证孩子吃饱中饭，同时要教育孩子不挑食，不偏食。

第二方面：心理准备。

许多家长反映，身边有不少亲朋好友的孩子，原先在小学成绩很好，可一上初中学习成绩就出现滑坡，这该如何是好？

对此，父母要从以下几个方面入手，让孩子做好心理准备。

1. 要面对新的环境

初中与小学是完全不同的环境，新生对新的校园、陌生的环境难免会不适应。尤其是寄宿制的中学新生，会对饭菜吃不惯、环境不熟悉等，对此，父母要给孩子打好预防针，给予孩子适当的鼓励，帮助孩子勇于面对。

2. 人际关系不同

面对新的师生，面对一张张陌生的面孔，孩子难免会产生一种恐惧和惊慌感。对此，作为父母还要鼓励孩子多与人交往，尽快适应新的人际关系。

3. 学习内容和方法的变动

与小学相比，初中的学习对孩子的要求更高，学习压力更大。而专家认为，在初中阶段最明显的特点是学习习惯和方法与小学不同。有的孩子因为学习方法、思维方式跟不上，一下子很难适应初中的学习，出现成绩下滑是很正常的，这需要一个磨合期。家长们也不要给孩子太多的心理压力和负担，应该多鼓励和引导孩子根据初中教学的特点找到正确的学习方法，养成良好的学习习惯，积极探索、思考，及时预习、复习课堂知识，合理安排作息时间，制订各阶段的学习计划。

对此，家长可以让孩子利用好暑假的时间，让孩子在暑假做好热身。孩

子小学毕业后到进入初中前，往往是中小学暑假生活指导的空白阶段，因此，有些孩子认为可以趁机痛痛快快地玩一下，放松一下，这种想法是不对的。家长除了要帮助孩子做好一定的课程熟悉工作外，还可以带孩子到中学熟悉环境，了解中学的情况，结交中学生伙伴，介绍中学生的行为规范和学习情况。

让孩子做好心理准备很重要，如果家长能帮助孩子顺利地适应入学，就容易使孩子奠定稳健的心理素质，孩子也会因为热爱新学校而变得身心健康、蓬勃向上。如果家长忽视了培养孩子的入学适应能力，会使有些心理脆弱的新生难以适应新的学校生活，形成心理障碍。

总之，小学教育与初中教育之间有一个衔接的过程，家长要妥善做好孩子的入学准备，让孩子做好充足的心理准备，这样才能让孩子尽快适应初中的学习生活！

查漏补缺，做好基础知识、基本技能的准备

蕾蕾是个爱学习的孩子，小学毕业后，她并没有像其他同学一样到处玩，一有时间，她就在卧室看书。升入初中后，她更是时刻不忘学习。这不，彤彤来找她玩，她还是在看书做题。

“你在干什么呢？看啥书呢？”彤彤问蕾蕾。

“以前的课本啊。前几天，我把初一年级的数学课本预习了一遍，发现有一些知识点和小学的有点关系，而这些知识点正是我以前的弱项，我得赶紧把这些问题弄清楚，不然以后老师讲到这个问题的时候，我还是不明白，这会耽误后面的学习的，你说是不是？”

“你说得对，我怎么没有想到呢？”

“初中的课程会加大难度，如果基础知识不牢固，恐怕我们是无法学好的。所以，我们要在暑假这段时间查漏补缺，做好对初中知识的衔接工作，这样才会有扎实的基础。”

“可是，那些不懂的问题你怎么解决的呢？”

“你忘了？我们可以问爸爸妈妈啊，他们的知识储备是完全可以应付这些问题的。”

“是啊，还是你聪明！”

教育支招：

有些家长认为，孩子升入初中，把孩子交给学校就行了，终于可以松一口气了。但事实上，孩子在升入初中后的很长一段时间都处在适应阶段，家长如果不带领孩子度过这一阶段，孩子是无法尽快适应初中的学习生活的。在学习上，父母一定要帮助孩子做好查漏补缺以及基础知识、基本技能的准备工作。因为孩子毕竟是孩子，无论是在学习能力还是自我监督上都需要家长的帮助。另外，他们还非常缺乏经验，知识贫乏，分析能力、学习能力、独立思考和解决问题的能力都比较差。

那么，家长该怎样让孩子做好升入初中后的查漏补缺的工作呢？

方法一：让孩子从基础做起，做好预习和复习。

课前提前预习，课内重视听讲，课后及时复习，这些，都需要父母的监督。当孩子产生疑问时，家长要及时予以解答。作为家长，要让孩子认识到课堂学习的重要性，让孩子提高学习效率。因为新知识的接受、学习能力的培养主要在课堂上进行。这样，孩子上课时才会紧跟老师的思路，才能学好基础知识，掌握基本技能。刚开始进入初中的孩子，父母要让他做好复习工作，要及时复习、不留疑点。不要让孩子“不清楚立即翻书”和“不懂就问”，尽量让孩子自己解决问题，要以督促、传授学习方法为主。

方法二：适当做题，查漏补缺。

父母要告诉孩子，任何基础知识的巩固，都要和做题联系起来。要让孩子适当多做题，养成良好的解题习惯。父母可以告诉孩子在做题时注意以下事项：刚开始要从基础题入手，以课本上的习题为主，反复练习打好基础；再找一些课外的习题，以帮助开拓思路，提高自己的分析、解决问题的能力；对于一些易错题，可备有错题集，写出自己的解题思路和正确的解题过程，

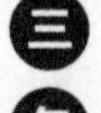

两者一起比较找出自己的错误所在,以便及时更正;做题时让自己养成精力高度集中的习惯,这样,才能使大脑兴奋,思维敏捷,也才能够进入最佳状态,在考试中便能运用自如。

方法三:摆正心态,正确对待初中的一些考试。

事实上,初一很多考试的题目绝大部分是基础性的,因此,父母要让孩子把主要精力放在基础知识、基本技能、基本方法这三个方面。当然,对于那些难题及综合性较强的题目,父母要让孩子养成认真思考的习惯,做完题后要总结归纳。当孩子能以这样的学习态度学习,掌握一些学习方法,加上考试前的正确的心态,孩子一定能考好。

总之,父母要帮助孩子尽早进入一个初中生的角色。

让孩子有明确的学习目的

有一天,彤彤妈妈遇到以前的一个老同学,聊着聊着,自然就聊到了孩子。那位同学唉声叹气地说:“我原本以为儿子到了初中就能省心了,哪想到,这孩子根本就不听话,成天不学习,就知道玩弄一些昆虫、标本什么的,玩物丧志啊。”

“我看这并不是什么坏事啊!”彤彤妈妈对这位老同学说。

“这话怎么说?”这位同学诧异地问。

“以我这么多年心理咨询的经验,你儿子可能是缺少学习的目的和动力。而事实上,他爱好昆虫标本等,这就是培养孩子学习目的的开始。其实,我认为对待孩子的那些所谓的‘热点’,家长就要实行‘热处理’。‘热处理’不仅能使孩子自觉地去学习,而且能使孩子明确为什么去学习。”

“你指的是,对于他那些爱好我不仅不需要去阻止,还应该鼓励?”

“是啊,让他找到明确的学习目的,孩子就有学习动力了,说不定你的儿子以后还是个昆虫学家呢?”彤彤妈妈开玩笑说。

“是啊,我怎么没想到呢?不过,我儿子在这方面好像还真蛮‘在行’的,

经常说出一堆古怪的理论。看样子，我是忽略了这一点啊！”

教育支招：

进入初中后，无论男孩女孩，都会产生自己的爱好，女孩子可能迷上了爱情小说，而男孩子也不再对那些玩具手枪感兴趣，转而对汽车或者历史等感兴趣。这就是孩子关注的“热点”，大部分家长都会认为孩子关注的这些“热点”会影响他们的学习，甚至认为是玩物丧志。于是，家长会千方百计地阻止孩子继续沉溺于自己的爱好，经常把孩子的这些东西锁起来、藏起来，或者干脆毁掉，并且还会很生气地教训孩子：“你怎么上了初中反倒不懂事了，哪里有那么多时间来玩这些，快去学习！”但结果是，孩子似乎根本不明白父母的苦心，反倒认为父母不了解自己，反而会怨恨家长。

孩子不好好学习，根源也就在于他没有一个明确的学习目的。毕竟，每个人做任何事都是有目的的，如果孩子没有学习目的，也就没有学习的动力了。学习目的与学习效果有很大的关系，学习目的是影响学习效果的重要变量，学习目的制约着学习效果。一般来说，学习目的正确、强烈，指向学习活动本身，则学习效果好、成绩佳。当然，两者并不是一一对应的关系。同样的学习目的可以导致不同的学习效果，不同的学习目的可以取得相同的学习效果。而作为家长如果能正视孩子的这些“热点”并加以鼓励，欣赏孩子的“热点”，并利用这种“热点”引导孩子明确学习的目的，那么，孩子就可能热衷于学习了。

家长可以这样做：

方法一：挖掘孩子的“热点”。

可能很多家长认为，孩子好像除了厌恶学习以外，对什么都感兴趣。其实，这是一个普遍现象。曾经有一项调查：在50个孩子中只有4个没有出现过对学习的厌烦情绪，同时孩子们的兴趣丰富多彩。另外还有一个调查：如果可以不按学校的课表上课，请孩子们自己给自己开一个课程表，结果是：

(1)第一节课是欧美音乐，第二节课是电影，第三节课是异国风情，第四节课是英语。

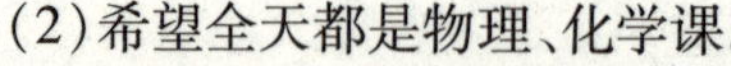

(2)希望全天都是物理、化学课。

(3)希望第一节课是自学,第二节课是体育,第三节课是英语,第四节课是班会……

从这一调查中可以发现,孩子们对于那些文化知识似乎都存在一定程度的厌烦情绪。为此,父母要在日常生活中多观察,发现孩子感兴趣的事物,从而引导其确定学习目的。在培养孩子的兴趣中,要给孩子一个机会,让他自己去品味,真正找到一种成就感,他可能就有学习的兴趣了。因为人的大脑就像一扇一扇的窗户,当你打开一扇窗户使孩子充满了兴致,他以后就会对这方面充满兴趣;如果打开一扇窗户使他充满恐惧、充满压力,窗户可能就关闭了。但是这一扇窗户和下一扇窗户是有关系的,所以兴趣的培养可以从一个方面入手,找到感觉和成就感,然后就会影响其他方面。

方法二:把孩子的"热点"和学习联系起来,让孩子产生明确的学习目的。

比如,家长可以这样问孩子:"你为什么对电脑游戏这么感兴趣呢?"

"因为我想当个游戏的开发人员啊。"

"真没想到你有这样大的抱负,但游戏开发不是一个很简单的行业,一般人是进不了这个行业的。"

"那爸爸,您觉得怎样才能进入这个行业呢?"

"只有进入高等学府去深造,掌握大量的科学知识,在前人技术的基础上有所创造。"

当孩子听完这些后就会有一种想法:我必须考上大学,然后在这个领域深造,才能进入这一行业。这样,孩子就会真正明白应该去好好学习了。

在这一过程中,家长和孩子的整个交谈氛围是很和谐的,也使得亲子之间的感情在一点点升温,孩子对父母既感激又崇拜。

方法三:培养孩子坚持不懈、独立进取的个性。

孩子的学习目的与独立进取的个性是密不可分的,个性是独立进取还是被动退缩与动机水平关系密切。如果孩子生性懦弱且不思进取,缺乏上

进心且抱负水平低，只能使学习处于被动状态，甚至产生恶性循环。那么，也就很难树立一个明确、积极的学习目的。如果孩子懂得学习的重要性，懂得积极进取，那么，家长在帮助其产生学习目的的同时，也会省心很多。

同时，当父母肯定了孩子的“热点”，引导孩子产生了明确的学习目的后，要经常给孩子敲警钟：“你要想成为游戏开发员的话，就不能这么浪费时间不学习哦！”在父母的督促下，孩子会逐渐养成坚持不懈的个性，在学习时也会更有动力。

进入初中后，孩子就告别了无忧无虑的金色童年，初中时期的孩子正处在身心从未成熟向成熟、从未定型向定型变化的青春发育期。这个过程孩子的可塑性很大，它既是孩子成才起步的黄金时节，也是孩子容易误入歧途的一个紧要关口。父母如果能帮助孩子明确学习的目的，那么，孩子可能在未来的三年都充满精力，为自己的目标而奋斗。因此，要让孩子努力学习，首先要让他拥有一个真正属于自己的梦想！

新开端，让孩子有个新面貌

彤彤家的一个邻居是中学老师。一天，彤彤妈妈看见这个邻居的儿子在楼道里写作业，很是诧异，现在的孩子居然还有这么爱学习的，真是难得。那天晚上，彤彤妈妈就来到邻居家，想请教一些教子经验。

“其实，我儿子很贪玩的，暑假的时候，他喜欢看动画片、课外书，或和其他小孩一起玩。新学期开始，彻底打乱了原来的生活规律，孩子还像过去那样玩，直到晚上睡觉时才想起作业还没写。我看了看作业说：‘孩子，你又想玩好，又想学好，就得力争在学校完成作业，不会的还可以问老师呢。实在完成不了，放学回家后趁动画片节目没开始就把作业做完，接下来的时间就可以自己支配了，两全其美。’儿子果然这样做了。你看他在楼道里写作业，其实是为了有更多时间玩才这样做的。”

“那您儿子的学习成绩怎样啊？”

"儿子在小学毕业会考中名列全校第二。我现在就在儿子的学校任职,担心儿子和我同校有优越感,所以开学前,我就让儿子放弃以前在学校的种种心理优越感,告诉他:你进入初中以后,一切都是零,不管你以前的学习成绩怎样,你现在必须以全新的面貌面对现在的学习和生活。开学的前一天,我给儿子买了一身新衣服,全新的书包、文具等,看着这些全新的装备,儿子很高兴。"

"是啊,新阶段,孩子也需要有个新面貌啊!"彤彤妈妈也感叹道。

教育支招:

良好的开端是成功的一半。对于刚升入初中的孩子来说,进入初中是一个新的起点。这是他们生命中非常重要的一件大事,孩子们既新奇、兴奋,又焦虑、不安,对学校充满了向往和憧憬。而家长也沉浸在孩子升学的紧张中,他们当然希望孩子在升入高年级的同时,各方面也能迈上一个新台阶。作为家长,要让孩子有个新面貌,不管孩子在小学阶段是人人羡慕的尖子生,还是成绩不好的学生,都应该把初一当成一个新的起点。

那么,怎样让孩子以全新的面貌去面对初中的生活呢?

方法一:为孩子准备一套全新的学习"装备"。

新学期要有新气象。孩子进入初中以后,已经不是小孩子了,他们都希望摆脱那些幼稚的玩具型文具和花花绿绿的衣服,他们希望变得深沉一点,以证明自己已经长大了。对这样的心理,家长要理解。家长不妨在孩子开学前,让他自主选择一些自己喜欢的文具盒、衣服等,满足孩子渴望改变的心理。这样会拉近和孩子间的距离,使得亲子关系更亲密。

方法二:让孩子"抛弃"过去,把初中当成新的起点。

家长要告诉孩子,无论他在小学阶段的学习情况、人际关系如何,那些都已经成为过去,现在要做的是以最快的速度融入现在的生活。如果孩子在小学阶段学习成绩不理想,那么,现在进入初中后,他应该把握好这一新起点,努力学习,争取赶上学习成绩好的同学;如果孩子学习成绩优异,也不要停留在过去的荣誉中。荣誉是过去的,只有戒骄戒躁,才能有所进步。

方法三：与孩子“约法三章”，摒弃过去不好的学习和生活习惯等。

我们来看看一个母亲与即将升入初中的女儿签订的协议：

第一条：尊敬师长，团结同学。见到教职员工主动停步、让路、问好，接受老师的教育批评要诚恳，有不同意见可与老师交流；同学之间互相尊重、团结互助、真诚相待、正常交往，发生矛盾时互相理解、宽容，多做自我批评，并积极寻求善意解决，达成谅解。

第二条：养成四个良好的习惯，即：良好的道德习惯、良好的学习习惯、良好的生活习惯、良好的健身习惯。每个习惯都具体到评价要素。譬如在“良好的生活习惯”中提到“善于自护”：“不吃街边摊贩售卖的食品，少吃零食，多吃蔬菜和水果，少喝饮料多喝白开水；不吸烟，不喝酒；不进入营业性网吧；常与别人交流，特别是情绪低落时更要主动倾诉；有困难要主动寻求家长、老师的帮助。”

第三条：把家长当成最好的朋友，任何心理问题都要寻求家长的帮助。

这位母亲的做法很明智，考虑到了女儿在新的学期可能遇到的问题，将这些问题提前提出来，从而让女儿在新学期能规避这些问题。

如何帮助孩子迅速进入状态，赢在起点，已经成为很多家长关注的问题。总之，当孩子跨入初中的校门后，孩子必须让他有个全新的面貌来面对新的环境！

是锻炼孩子自理能力的时候了

有一天，彤彤妈妈在单位遇到一个同事，那同事一看见彤彤妈妈，就开始诉苦：“昨天晚上因和同事有约，所以回家晚了一些。回到家后，看到家里乱七八糟的一切，看看应付女儿的那随随便便做的饭菜，我是又气又恨又心疼。真是不容易啊，结婚后，我哪天休息过啊？家里家外所有的家务全是我一个人料理。买菜、做饭、洗衣服、收拾房子，孩子的学习、练琴，等等，全部都是我的任务。我怎么这么累啊？”女同事叹了口气，又继续抱怨：

“不过我还是很疼爱我的女儿的，女儿从小和我在一起，是我自己一手带大的，母亲对子女的那种疼爱让我不仅对她宠爱有加，而且几乎没舍得让她做过任何家务。慢慢的，连女儿都认为妈妈就是在家里伺候她和爸爸的，于是能干的事情也不愿意去干，而我也因为看不上女儿做的事情，彻底打消了她想自己动手的念头，结果女儿的依赖心越来越重了！”

“你有没有想过，你的女儿也该学会自理了。孩子也上初一了吧？如果孩子能自理，你的任务也就轻了很多，也不会那么累了。”

“是啊，也是时候让她锻炼一下自己的自理能力了，我不能一辈子这样照顾她呀。”

教育支招：

现在的孩子大多都是独生子女，他们生活在优越的环境里，备受长辈的呵护和关爱，孩子在家里的一切都由父母包办代替，是家中的小太阳，父母的掌上珠。一切生活琐事都无需孩子自己动手，潜移默化地就养成了他们依赖别人的习惯，缺乏独立生活和艰苦生活的磨炼。而初中，是孩子各种能力形成的重要阶段。学习固然重要，但同样需要自我锻炼，如果忽视了对孩子生活自理能力的培养，那么不久的将来，孩子必将成为“饭来张口，衣来伸手”的人，怎么能接受社会的洗礼呢？

所以，家长一定要有意识地培养孩子的自理能力。那么，家长应该如何做呢？

方法一：鼓励孩子大胆尝试。

进入初一的孩子，已经不是儿童了，不必担心孩子会因为自理而伤害到自己。很多孩子始终没有自理的能力，不是因为他们做不到，而是从来没有想到要去尝试。事实上，随着年龄的增长，初中的孩子独立意识已经大大增强，他们会对一些简单的事情表示出极大的兴趣，产生想要动手一试的欲望。这时，很多家长担心影响到学习，会一手包办，而这样做，也就在无形中剥夺了孩子学习自理的机会。其实，作为父母，即使孩子做得不到位，也应鼓励孩子大胆动手尝试。这样，孩子就会逐渐培养自理能力。

方法二:要求孩子学会自理。

孩子进入初中,已经十二三岁,具备了一定的动手能力。因此,父母对孩子的懒惰行为要指出来,孩子自己的事情应要求他自己做,训练孩子的动手能力,使其尽早学会生活自理。许多孩子在家中是“小皇帝”,衣来伸手,饭来张口,习惯了让父母代办一切。对于这些孩子不能给予简单、粗暴的批评,而要进行耐心的说服教育,帮助他逐渐学会干自己的事情,并鼓励他向自理能力强的同学和朋友学习,早日提高自理能力。

方法三:引导孩子学会独立应对生活中的一些问题。

有些父母一看到孩子做不好,就会伸出援助之手。其实,这完全没有必要。对于孩子不会做的事情,要引导孩子学着做。不管做什么事,总会有一个从不会到会的过程。作为家长,还可以让孩子独立去面对一些生活中的小问题。比如,妈妈不在家,让孩子自己做饭吃;家里来了客人,让孩子学会招呼等。当孩子表现较好时,要及时表扬和鼓励,并不断提出新的、更高的要求,促使孩子不断提高动手能力,引导孩子学会独立。

方法四:让孩子从处理自己的事情开始。

父母不妨让孩子从处理自己的事情开始学习,其中包括生活自理能力,如自己的玩具自己收拾好;把脏衣服放进篮子里;妈妈晾衣服时可请孩子帮忙拿衣架;收衣服时,孩子还小,可由他负责拿自己的衣服;叠衣服时,孩子也可以学习折叠及分类放好。让孩子慢慢习惯,其实做家务也是自己分内的事情。

方法五:督促孩子坚持自理。

让孩子自理,不能心血来潮,而是要孩子坚持下去,才能起到作用。对于孩子能做的事情要督促他及时做。很多孩子做事没有坚持到底的毅力,只凭一时的新鲜感做事,不能持久,而自理能力不是一朝一夕能培养成的,需要对孩子进行反复的强化和持之以恒的引导。为此,父母可以帮助孩子制订一份计划表。

方法六:对孩子的自理能力给予正面评价。

无论孩子做得怎样，都不要对其进行负面的评价。此外，为了让孩子找到自理的乐趣，父母可以制作一份家务成绩单，逐项打分数，并给予适当的鼓励，也让孩子了解父母平时做家务的辛苦。

另外，孩子在刚开始学习自理的时候，家长还应该注意以下几个方面：

(1)考虑孩子的实际情况，不要超出孩子的能力范围，以免孩子因挫折而产生抗拒和畏惧。

(2)先要对孩子进行引导。当孩子越帮越忙、把现场搞得一塌糊涂时，要耐住性子，为孩子示范正确的方法。

(3)多容忍、少责备。在指导孩子的时候，口气要温和，不宜破口大骂，有耐心、有步骤地教导孩子学习。

(4)在让孩子学会自理的过程中，父母要一起参加，不要让孩子产生“男孩子不需要自理”的错误观念，应让孩子有正确认识，“家”是属于每个人的，所以家里的每一件事，大家都有义务去做。

(5)安全问题也不容忽视，不要让孩子接触一些危险物品。

总之，孩子到了初中以后，已经具备了学会自理的能力，家长应该适当放开你包办的手了，给他们一个锻炼自己、提高能力的机会吧！

第二章

解除困扰，做初中孩子的心理医生

生活中，很多父母感叹：初中的孩子“难管难教”。这个时期的孩子，有叛逆的，有敢和父母顶嘴的，有根本不理睬父母的，有不爱学习的，有结交不三不四朋友的，有惹是生非的，有早恋的……这种种不听话的表现，让很多初中孩子的父母伤透了脑筋。

随着孩子生理发育日趋成熟，其心理、情感、思维和意识也在发生着复杂深刻的变化，有些心理学家把孩子的这个时期称为“困难期”、“危险期”或称为“多事之秋”。如果父母能把握住这个阶段孩子的生理和心理发展的特点，积极加以引导，做孩子的心理医生，就完全可以把这个“困难期”、“危险期”转变为孩子成长发展的“黄金期”。而这就要求父母首先要了解青春期孩子常见的心理症状，然后做好“言传”和“身教”。只有做到这些，才能帮助孩子顺利度过青春发育期！

一、青春期孩子有这些心理症状

父母的话不爱听——逆反心理

彤彤妈妈的心理咨询室里，有位姓阳的女士正在诉苦：“我的儿子今年14岁，是初中二年级的学生。过去他是一个十分听话的孩子，学习成绩也不错，一直是父母的骄傲。但现在他变得非常逆反，家长说的话他偏不听，对老师也是如此，好像突然变了一个人。自己想干什么就干什么，根本就不听家长的劝导。另外，近来孩子好像添加了不少苦恼，总是为‘为什么同学老不理我’、‘同学们一起出去玩可是却不告诉我’之类的事情不开心。于是，他就迷上了网络游戏，把学习完全放在一边。我们试图强力制止，把他关在家里，把网线也拔了，可没想到，他竟然离家出走。给他打手机他不接，给他发短信，他回信说：如果能够答应今后不要管他，他才同意回家。为了能让他回来，我们答应了他的要求。可他回来第一件事就是上网。对这样的孩子我真不知道应该怎么办！”

阳女士接着说：“孩子小的时候我们当家长还算成功，从小孩子都很听话，但现在孩子大了，我们反倒越来越不知道怎么当家长了，也不知道怎样才能让他快乐。”

教育支招：

阳女士的苦恼恐怕很多初中孩子的家长都遇到过，青春期的孩子产生叛逆的情绪，是一种正常现象。

对于阳女士遇到的难题，专家建议：当家长真的是需要学习的，尤其当孩子进入初二，可谓是父母遇到的第一个巨大挑战，孩子再也不像以前那么听话了，他们会认为父母的话也不是真理。孩子在初一时，与小学阶段相比，变化还并不明显；到了初二以后，各种问题开始集中爆发，逆反、早恋、逃学，情绪也

不稳定，经常莫名其妙地发脾气，就像变了一个人。这种现象即人们常说的"初二综合症"，这当然不是一种病，只是一种现象而已，但这种现象值得家长注意。

当然，青春期孩子的叛逆期，并非仅局限在初二学年，可能会横跨12～18岁。有些孩子在刚进入初中时，就开始对父母产生对抗情绪，在这个阶段，亲子之间很容易出现问题。面对孩子进入青少年阶段后发生的变化，家长和老师非常头疼，尤其是家长，觉得孩子似乎浑身长了刺。对此专家建议：父母要努力学习，做好青春期孩子的"心理医生"，家长需要做到以下几点：

方法一：承认并理解孩子在心理和生理上的变化。

孩子进入初中后，再也不是父母眼里那个可爱的小男孩或者小女孩了，他们在生理上开始爆发式地成长、变化。面对身体快速发育的孩子，很多父母采取的是避而不谈的态度。其实，这种做法是在否定孩子已经长大的事实。小时候，他可能把你那些搪塞的话当成真理，但现在，你这种教育方法很容易引起孩子的反感，孩子对抗的情绪就是这样产生的。

其实，你不妨大方告诉孩子人的身体的成长历程，双方坦诚交谈、沟通，正迎合了孩子要求平等对待的心理。

方法二：放开双手，让孩子主动接触社会。

孩子进入初中后，要求独立的意识越来越强烈，开始不依赖父母，自我主张意识日益增强。很多家长都没有做好这个过渡，没有认识到自己对孩子的管教方式也应该改变，而是沿用以前对待幼儿、儿童的教养经验与做法，还是把上初中的孩子当做小孩子，习惯了对他们的照顾，不愿意孩子离开自己，在心理上希望孩子永远留在自己身边。

显然，对于青少年来说，这些经验与做法已经不合适了，所以双方都觉得对方不可理解，冲突不可避免。因为一方要控制、一方要反控制，孩子的叛逆情绪也就这样产生了。其实，做父母的不妨放宽心，不要认为让孩子独立去做事、去接触社会就会学坏等。尤其是在结交朋友方面，要相信孩子已

经长大，他自己有辨别能力，不要强加干涉，越是干涉越会适得其反。支持孩子走向社会，探索社会，学会与他人相处，进行各方面的探索等，孩子真正感受到父母的理解后，对抗情绪也就自然会削减。

方法三：认识到孩子的成长比分数更重要。

孩子升入初中以后，父母会认为学习任务重了，要让孩子把所有的精力放在学习上。当然，学习是学生的本职工作，但作为父母的你想过没有，孩子能健康地成长才是最重要的。

越是那些在大家看来非常优秀的孩子，承受的心理压力越大。父母对孩子寄托了很大的期望，不让孩子有任何的放松时间。事实上，这些孩子更容易产生叛逆和对抗情绪，产生极端行为。孩子心理问题的产生和家庭有着极大的关系。这些家长把对孩子的关注全部放在了学习成绩上，而忽视了孩子心理的成长，忽视了他们内心世界的需求。其实，孩子的人格形成和心理、生理健康远比分数更重要。

我们来看一个数据显示：

沈阳市某医院的心理门诊科曾对沈阳市 1740 名中小学生进行了心理健康状况的问卷调查。面对调查的结果，专家们的心情很难轻松起来：32% 的孩子情绪会突然起变化，38% 的孩子常常感到寂寞，16% 的孩子认为自己多疑，14% 的孩子常常被噩梦惊醒。

从这个触目惊心的调查结果中，作为初中生的父母应该意识到，一定要对孩子的心理健康问题引起重视，不要再把眼光局限于孩子的分数了。

方法四：主动与孩子沟通，做一个开明、开放的家长。

处于青春期的孩子很容易产生一些心理问题，很多家长把造成这些问题的原因归结为孩子。其实，这些都是孩子青春期的常见现象。对于这些问题，父母首先要对孩子持一个“开放的态度”，不要动辄就给孩子贴标签。父母要主动与孩子沟通，要让他知道这些苦恼都不算什么。然后，家长要和孩子一起讨论，看看用以往的生活经验能不能解决？或者还有没有其他的解决办法？

专家建议，父母要想与孩子进行有效沟通，让孩子不再叛逆，应做到：父

母对孩子说话要由命令式变成讨论式，与孩子进行平等对话，先允许他有自己的见解，然后父母再进行引导，不要强制孩子听从自己的意见。

做事精神不集中——青春期焦躁症

初一期末考临近了，彤彤班上好多学生出现了一些情绪问题。这些日子，到心理医生那儿咨询的人越来越多，其中有个家长带着一个男孩子来找心理医生，他是这样陈述孩子的情况的：

"刚上初中开始，这孩子好像就没法精神集中地去做一件事，尤其是到考试的时候，就紧张焦虑，还伴有较严重的睡眠障碍。慢慢地，他开始上课集中不了精神，总是开小差，考试成绩也一次比一次差。"心理医生一听，觉得孩子可能是得了青春期焦躁症。

这位家长接着说："我看身边的孩子好像很多都有这样的情况。姐姐家的女儿今年12岁了，她也很奇怪，每次到我家总是乱翻东西，而且在学校学习成绩也总是倒数第一。我听说，别的学生上课，她在一边擦玻璃，把玻璃弄得吱吱响；再不就是别的学生上课，她跑去教学楼后边捡垃圾；好不容易坐在教室里听课了，一会儿就闲不住了，不是动动这个同学，就是瞅瞅那个同学，影响同学听课和老师讲课。"

"我还有一个侄子，好像也有这样的情况，我觉得他好动，总是会欺负小孩子，动手动脚的。尤其是串门的时候，不把你家所有放东西的家具翻个遍他是不会罢休的。这些孩子到底都是怎么了？我们做家长的该怎么办呢？"

教育支招：

这几个孩子的情况属于青春期焦躁症，即通常所称的焦虑状态，全称为焦虑性神经病。焦躁症是指持续性精神紧张或发作性惊恐状态，常伴有头晕、胸闷、心悸、呼吸困难、口干、尿频、尿急、出汗、震颤和运动性不安等症状。焦躁是无明显原因的恐惧、紧张发作，并伴有植物神经功能障碍和运动性紧张。焦躁症在临床上可分为急性焦虑发作和广泛性焦虑症两种类型。

当孩子患上青春期焦躁症后,会发现难以控制自己的焦虑情绪,容易激怒,注意力无法集中,入睡困难,睡眠不稳或不踏实,因担忧而严重失眠;肌肉紧张、容易疲劳;由于过分紧张或担心影响了正常的学习、工作和生活,影响了应有的思维和决策,而且这种情况在一段时间内反复出现。这些都是焦躁症的临床表现。

孩子都会有精神不集中的时候,但如果孩子已经出现了以上的这些症状,作为家长一定要引起重视。因为,青春期焦躁症会危害孩子的身心健康,影响孩子正常的学习和生活,严重的还会诱发神经衰弱症。

从学习的角度看,孩子只有具备高品质的注意力,才会学得好,学得快。通过对世界顶尖学府哈佛、剑桥、北大、清华等优秀的学生调查显示,他们成功最大的秘诀就是拥有高品质的注意力!现代教育学的研究也表明,94%以上的孩子智力都差不多,造成孩子学习成绩差异的最根本的原因就在于孩子注意力水平的高低,其直接影响着孩子的智力发展和对知识的吸收。

所以,作为家长,要对孩子注意力的问题足够重视,任何的忽视都会造成聪明孩子考倒数几名的现象!事关孩子一生的前程,解决孩子注意力的问题刻不容缓!

对于患有青春期焦躁症的孩子,家长要及时采取措施,做孩子的心理医生,帮助孩子治疗,让孩子健康地成长。

方法一:为孩子提供一个安静的学习环境。

在安静的环境中,使孩子心灵逐渐沉静,发掘学习的兴趣,以增进孩子的专心度。此外,在孩子专注于学习时,大人不宜随便打搅,应在告一段落时,再提出要求。

方法二:创造条件,让孩子在一些静态的活动中培养注意力。

学习之余,你可以让孩子去做一些有助于培养其注意力的事情。比如,穿线、穿珠子等,以训练短时间的注意力。还可以让孩子去看一些侦探小说等,以培养孩子的耐力,增进专心度。

方法三:让孩子学会自我暗示法。

这是治疗青春期焦躁症的必要前提。作为家长，你要鼓励孩子，让孩子相信自己能做到，能战胜焦躁症，让孩子慢慢树立起信心，正确认识自己。当孩子遇到挫折时，家长不能责怪孩子，要告诉孩子，他能将各种突发事件处理好，让他相信自己可以恢复到身心健康的状态，可以战胜焦躁症。这样，通过暗示，孩子每多一点自信，焦虑程度就会降低一些，同时又反过来使自己变得更自信，这个良性循环将帮助孩子摆脱焦躁症的纠缠。

方法四：寻求医生的帮助。

如果你对孩子的焦躁症已经无法控制或者没有更好的办法了，可以寻求心理医生的帮助。

方法五：帮助孩子找到病症产生的原因，对症下药。

每种情绪的产生都是有原因的，病症也是如此。青春期焦躁症是情绪体验的一种。有些男孩成天忧心忡忡、惶惶犹如大难将至，痛苦焦虑，不知其所以然。此时，家长应分析其产生焦虑的原因，或通过心理医生的协助，把深藏于孩子潜意识中的“病根”挖出来，必要时可引导孩子用正常的方式发泄出来，这样，症状一般可消失。

方法六：教孩子学会放松。

放松恰好是与焦虑相反的一种情绪体验。如果你是急躁的父母，应该提醒自己，保持冷静，并等待孩子冷静后，再进行沟通。在生活中，不管孩子遇到什么事，尽量不要让孩子紧张。相反，你应该教会孩子一些自我放松的办法，比如深度呼吸等。这样，经过一段时间，孩子的焦躁症也会有所缓解。

方法七：培养孩子做事、学习的兴趣，让孩子明确做事的目的。

家长应当让孩子多做些力所能及的事，在做事之前，父母应让孩子懂得做事的目的，并引发他们做事的兴趣；在做事过程中，孩子遇到困难时，父母要及时给予帮助和指导，提高孩子克服困难的能力，使孩子具有一定的责任感。这样，孩子在做事时注意力就会集中，去克服一些小的困难。久而久之，他就能养成善始善终做完每一件事的良好习惯。完成一件事的时候，要及时进行鼓励评价，孩子就会产生一种满足感、快乐感。

父母从以上几个方面努力,一定能帮助孩子改掉做事注意力不集中的缺点,并能对缓解孩子的青春期焦躁症有一定的帮助!

他为什么那么优秀——嫉妒心理

彤彤妈妈有一天正走出小区,准备上班去,碰到了楼上的邻居。这个邻居的儿子也刚上初一,和彤彤在一个学校上学。

邻居对彤彤妈妈说:“现在的孩子,怎么小小年纪就有嫉妒心呢?对门张姐的女儿成绩好,我无意中夸了一句,儿子就愤愤不平地说:‘老师包庇她。’开始我也没当回事。期末考试前,那女孩的几张复习试卷丢了,来我们家向我儿子借去复印,儿子一口咬定卷子借给表妹了。可是儿子根本就没有表妹,而且,那天晚上,我看见儿子的书桌上竟然有两份一样的复习试卷。很明显,那女孩的试卷是被儿子偷了。我当时真是六神无主了,儿子怎么会这样呢?我意识到问题的严重性,焦虑万分,因为任何思想成熟的人都明白‘嫉妒是思想的暴君,灵魂的顽疾’,我想帮助儿子改掉嫉妒的陋习,可我真不知道怎么办。彤彤妈,你说我该怎么办?”

教育支招:

孩子上了初中以后,开始有了升学的压力,开始明白了竞争的重要性。同时,也会不自觉地常常喜欢与他人作比较。但当发现自己在才能、体貌或家庭条件等方面不如别人时,就会产生一种羡慕、崇拜、奋力追赶的心情,这是上进心的表现。但因为青春期心理发展尚未成熟,对自己各方面能力还认识不足,遇上比自己能力强的人时就会感到不安。他们很容易产生嫉妒心理。嫉妒是对才能、成就、地位以及条件和机遇等方面比自己好的人,产生的一种怨恨和愤怒相交织的情绪,也就是人们通常所说的“红眼病”。

黑格尔曾经说过:有嫉妒心理的人,自己不能完成伟大的事业,乃尽量低估他人的强大,通过贬低他人而使自己与之相齐。由此可以看出,嫉妒是一种不良的心理状态,对青春期孩子的健康发展同样是极为不利的。

那么，作为家长，该怎样帮助升入初中的孩子消除嫉妒的不良心理呢？

方法一：让孩子认识到嫉妒心理的危害。

只有让孩子改变认知，让孩子认识到嫉妒的危害性，他才会有意识地克服妒忌心理。那么，妒忌心的危害有哪些呢？家长不妨为孩子列出以下几条：

(1)对己来说，嫉妒只能说是一种自我折磨。因为嫉妒憎恨别人又无法启齿，这样，只会让自己在痛苦中煎熬。有人曾说过嫉妒心是不知道休息的，它具有最持久的消耗力，会直接影响到人的身体健康；不仅如此，心怀嫉妒的人，往往妒火中烧，忧心忡忡，人际关系不良。因为通常情况下，心怀嫉妒的人会把这种消极情绪转化为行动。比如，采取对被嫉妒者冷言冷语、背后说坏话、故意挑毛病等方式，设法令对方难堪，打击其自信心。

(2)对别人来说，被嫉妒者往往因挫折反而勇敢进取更显优秀。当你对那些被嫉妒者给予伤害时，只能激发对方的斗志。那么，对方便会更加进步，而你只能停留在嫉妒中不能自拔，可见嫉妒无损他人却会折磨自己。

(3)嫉妒是丑陋的。从近处说它破坏友谊。集体中大家互相学习、互相帮助、共同进步的正气令人愉快，而嫉妒者不顾同学之情、朋友之谊，为发泄情绪而干损人不利己的蠢事，结果只能被集体嘲笑和孤立。从长远看，一旦道德堕落，干出伤天害理之事，还将受到社会谴责、法律惩处。

方法二：接纳孩子的情感，帮助孩子从嫉妒中解脱出来。

任何人都有嫉妒心，这种情绪不能被消灭，只能被转化。初中孩子的这种情绪伴随青春期而来，这样的孩子需要理解。作为家长，要懂得倾听，理解孩子，不能言辞激烈地去指责他、批评他，而应该耐心地听他对这种感觉的描述，孩子感受到你的体谅后，也就能用平和的心态去接纳你的批评和指正。

方法三：培养孩子豁达的性格、宽广的胸怀，让嫉妒“无处藏心”。

进入初中的孩子，接触到的人和事相对于小学时候会有明显的增加。另外，升学的压力等，也会让孩子产生好胜心，希望自己能比别人优秀，超过别人。这无可非议，积极的上进心是孩子不断进取的动力。但是父母要引导孩子懂得，人人都有参与竞争的权利，人人都有获得成功的权利。那种只

允许自己领先、容不得别人超过自己的心理是不健康的;在人生的道路上,重要的不是超越他人,而是超越自己。

方法四:指导孩子正确认识自己和完善自己。

当孩子对某一个同学产生嫉妒心的时候,便会对这个同学充满莫名的愤恨,甚至会采取一些不当的方式来发泄。对此,父母一定要认真观察,当孩子有这一苗头的时候,就要采取措施。要与孩子沟通,让孩子明白,那位同学为什么会比自己优秀,让孩子能从对手身上发现自己的不足。这样,孩子不仅能克服嫉妒,还会不断进步,取得成功。同时父母还可以启发孩子与自己嫉妒的同学交朋友,消除妒意。

另外,孩子嫉妒心的产生,很可能也是因为没有明确的奋斗目标,因此,他们会把那些比自己优秀的人当成“假想敌”。对此,父母要帮助孩子树立目标。当然,这个目标是要在正确认识自己的基础上,不能过高,也不能过低。理想的目标是从自己现有的水平出发,略高于现有水平一些,使自己通过努力便能实现。这样,孩子才会获得应有的自信和自尊,从而减轻和消除嫉妒心。

方法五:关爱、呵护孩子,以此化解孩子的嫉妒心。

父母的爱和榜样是化解嫉妒的良药。孩子嫉妒别人时,肯定是感到自己不如别人,嫉妒腐蚀了他的自信心。为此,父母要经常鼓励和称赞你的孩子,让他认识到自己也是优秀的,让他有安全感和幸福感。这样,孩子就会拥有难能可贵的品格——大度和热情。而大度和热情最终是对嫉妒最好的抵抗剂。

进入青春期的初中孩子正处于人生的交叉口,很容易产生一些心理问题,父母必须予以关注,做好孩子的心理医生,别让孩子美好的青春期被嫉妒划伤!

虚荣心作祟,盲目追求与攀比

每次开家长会后,很多家长都会向学校和老师反馈一些教育难题。这不,就有一些初一家长和老师们交换意见了:“我女儿每到星期天,都会对我

提出各种要求，比如‘同学们都买新球鞋了，我的球鞋一点也不好看，更不是名牌，太丢人了，我要买双名牌的。’”

这位家长刚说完，其他家长也跟着附和起来了：“我儿子说‘我的电脑太旧，人家笑话我是老牛拉破车。什么时候给我买一台新的吧？’”

“女儿大了，有了攀比心理，这我理解。但是家里经济条件并不太好，孩子每次提出要求，我都很为难。请问，有什么方法可以既不伤害女儿的自尊，又能消除她的攀比心理？”

“现在的孩子怎么了，做父母的不容易啊，为他们提供这么好的学习环境，怎么还要求这要求那的呢？”

“是啊……”

这些家长们七嘴八舌地说了起来。

教育支招：

可能很多初中孩子的家长都遇到过这些问题：孩子小小年纪就虚荣心作祟，盲目追求与攀比。于是，很多家长产生了这样的疑问：该怎样正确地引导孩子，让孩子把精力放在学习上呢？

其实，初中的孩子产生虚荣心也是有原因的。首先，大的生活环境对孩子产生了影响。随着物质生活的逐渐改善，金钱和物质的熏染已经蔓延到年轻的青春期孩子身上。其次，进入初中以后，孩子的接触面广了，于是，攀比便开始无处不在、无时不有，不同年龄、不同家庭背景的孩子，都有基于自身特点的攀比之心和攀比之行。另外，孩子的攀比之心还可能来自于家庭，比如父母的虚荣心重，也会对孩子造成影响。一般情况下，这种攀比都是物质上的、盲目的。作为学生，如果过于讲究穿着、打扮，一味地追求高档、名牌效应，不是一件好事，至少会带来以下几个方面的不利影响：

(1)分散精力，影响孩子的学习。

(2)很多孩子追求名牌服装、高档手机、电脑、数码产品等，使得很多家长不堪经济重负。

(3)养成并助长孩子的虚荣心及奢侈浪费的不良生活习惯。

(4)孩子的消费观念和消费行为走进误区,发展下去容易导致违法犯罪行为。

因此,家长对孩子过于讲究穿着的现象不能掉以轻心,任其自然,更不能盲目迁就,助其发展,而应该加强对孩子进行健康的审美教育,正确引导,帮助他们克服不良的消费观念和消费行为,形成正确的消费观念和消费行为。

那么,家长应该采取什么方法呢?

方法一:以身作则,为孩子树立榜样,提高自身审美情趣。

初中的孩子虽然已经有独立的意识,但很多行为观念还是受父母耳濡目染的,尤其在审美情趣上。如果父母也盲目追求名牌或者奇装异服等,孩子自然上行下效。妈妈如果告诉女儿:“这件衣服虽然不贵,但穿在女儿身上还是很好看的!”这样,女儿就会认为,不一定衣服贵才好看。

另外,现在很多家长有炫富心理,认为现在生活条件好了,不必省吃俭用。孩子是自己的招牌,让孩子吃好、穿好,面子自然就有了。这会对孩子的思想观念的形成产生一种误导。

方法二:转变孩子的攀比兴奋点。

任何人都有争强好胜的思想,谁也不想落后,孩子也一样,尤其是已经有独立自主意识的初中孩子。他们有攀比的心理,说明他内心有竞争意识,想达到别人同样的水平或者超过别人。家长要抓住这种上进心理,改变孩子比吃、比穿的消费倾向,引导孩子在学习、才能、毅力、良好习惯等方面超越他人。

当然,家长要注意的是:改变攀比兴奋点不是一件容易的事,要重在引导,而不是生拉硬拽地让孩子转移自己的攀比兴奋点。例如,当孩子和同学比穿着的时候,有的父母生硬地说:“人家有钱,咱家没钱,有本事你就和人家比学习,将来超过他,赚大钱了自己买新衣服。”这样的话只能让孩子感到不如他人,甚至产生自卑心理。

方法三:让孩子学会自己和自己比,促进孩子进步。

人们通常都会将自己和他人比,于是,会产生自卑等情绪。事实上,如果让孩子自己和自己比,例如,让孩子今天和昨天比,这个月和上个月比,本

学期和上学期比，在比较中，孩子会看到自己的进步：原来不认识的字现在认识了，原来不会骑自行车现在也会了……这些比较可以让孩子获得自信，并在欣赏自己的过程中努力超越他人。

方法四：正面教育孩子，学生的天职是学习，把攀比变成孩子健康成长的推动力。

作为父母，应教育孩子集中精力搞好学习。要通过教育，使孩子明白自己是一名学生，而学生的主要任务是学习，应把主要精力放在学习上。孩子攀比，你可以告诉他，他应该与同学比成绩、比品德等，而不是比吃穿，以德服人才是真正的优秀。这样，孩子就会把攀比的焦点放在学习上，使之成为促进自己进步的动力。

方法五：帮助孩子充实内在，淡化虚荣心。

有些父母认为，孩子在初中的主要任务就是学习，当然，这是正确的，但初中阶段，也是孩子人生观、价值观的形成期。作为父母，不要把全部的眼光放在提高孩子的学习成绩上。只有充实孩子的内心世界，他才不会盲目与人攀比。比如，你可以为孩子购买一些能充实孩子内心的书籍，孩子爱看书，自然也就不会整天琢磨外表或其他事情了。

总之，攀比也是很正常的心态，每个人都或多或少都有攀比心，包括成人。有时候这种心态的存在可以促使人去努力、去奋斗，从一定意义上说，攀比心是促进人前进的动力，良性的攀比能使人奋发。但作为初中的学生，如果不经父母的帮助和指点，很容易盲目攀比而误入歧途。因此，家长要引导孩子，不要让孩子在物质上比，而是要比学习、比品德、比做人的本领、比对集体的奉献、比各自的理想、比自己的特长，在这样一种良性的竞争中，孩子一定会健康地成长！

盲目地讲哥们儿义气

彤彤所在的班级是初一三班，那天，彤彤班上出了一件令人惊奇的事，

用彤彤的话说，就是“震撼”。

原来，为期三个月的班干部试用期过了，班主任老师让班上的同学重新选出班干部。结果呢，对于班长的职务，班上一半的男生选择原来的代理班长，而另外一半男生却选戴晓松同学，并且选票完全一致。那天中午，班主任老师让大家再商量一下，下午做出决定。结果，就在午休的半个小时中，班上出现了一场激烈的“战斗”，要不是班主任老师及时出现，这些男孩子都开始抄“家伙”了。经过了解，原来这两位班长“候选人”，早就在班上培植了一批“小弟”了。其中有几个胆小的男孩对老师透露，其实，他们不想加入，但又怕被其他男同学们鄙视，就加入了。老师是又气又急，现在的孩子，小小年纪，就盲目讲哥们儿义气了。

后来，班主任老师请来了几位家长，共同商量怎么解决这事。结果有位家长说：“我的儿子学习非常好，这您是知道的，但就是逆反心理特强，不听爸爸妈妈的话。另外，这孩子从小就喜欢看《水浒传》，因此特别注重友谊。今年暑假的时候，他去看了他小时候的玩伴，那个男孩被社会上的人打了，结果我儿子居然买了一把很长的匕首，非要帮那玩伴报仇，要不是我们及时发现，恐怕都已经酿成大错了。老师，这种孩子我想知道他的心态是怎么样的？我们应该怎么教育呢？”

教育支招：

其实，这些现象在初中的孩子身上已经不少见，尤其是在男孩子中间。这些孩子一到初中，随着年龄的增长、视野的开阔，对外界事物所持态度的情感体验也不断丰富起来，他们渴望交友，有自己的交友圈子，有自己的几个哥们儿，于是，相互之间就称兄道弟，并盟誓要有福同享、有难同当等，这就是哥们儿义气。

“哥们儿义气”是一种比较狭隘的封建道德观念。它信奉的是“为朋友两肋插刀”、“有难同当，有富同享”，即使是错了，甚至触犯法律，也不能背叛这个“义”字。总之，它视几个人或某个小集团的利益高于一切。因而，它与同学之间的真正友谊是截然不同的。

生活中，有些父母认为，孩子有几个铁哥们儿，在学校就不会孤单了。于是，他们放宽了心，把孩子交给了学校，由老师全权管理。当孩子因为打架斗殴被学校处分的时候，父母才意识到自己的失职。孩子盲目讲哥们儿义气，很容易误入歧途。那么，作为父母，应该怎样引导孩子理智对待友谊，摒弃哥们儿义气的行事风范呢？

方法一：告诉孩子什么是真正的友谊，让他认清友谊与哥们儿义气的不同。

初中的孩子都处在青春期，涉世不深，善良单纯，注重友情，与人交往感情真挚。但毕竟，这些孩子缺乏明确的道德观念，分不清什么是真正的友谊，甚至把“江湖义气”当成交朋友的条件，而使自己误入歧途。

作为家长，应该告诉孩子，友谊应该是人与人之间的一种真挚的情感，是一种高尚的情操，友谊使你赢得朋友。当遇到困难和危险时，朋友会给予无私的帮助，如果有了烦恼和苦闷，可以向朋友倾诉。

而友谊与哥们儿义气是不同的。友谊是有原则、有界限的，友谊对于交往双方起到的都是有利的作用，因为友谊最起码的底线是不能违反法律，不能违背社会公德。而“哥们儿义气”源于江湖义气，无视道德和法律的约束，只要为了“哥们儿”，哪怕两肋插刀，这就是他们所信奉的。友谊需要互相理解和帮助，需要义气，但这种义气是要讲原则的。如果不辨是非地为“朋友”两肋插刀，甚至不顾后果、不负责任地迎合朋友的不正当需要，这不是真正的友谊，也够不上真正的义气。

方法二：理解孩子的情感，对孩子需要友谊的心情表示认同。

那些喜欢讲哥们儿义气的孩子，相对来说都缺乏师长的肯定，从而希望在同龄人身上得到别人的赞同。处于青春期的初中孩子渴望与人交往，获得友谊，对此，家长要予以理解。你可以告诉孩子：“妈妈知道你学习紧张，需要一个朋友倾诉，但你可以把妈妈当成好朋友啊！”孩子在得到父母的认同后，也就能与父母坦诚地交流了。

方法三：培养孩子的是非观念，提高辨别能力。

初中的孩子虽然有了一定的自我意识,但对于是非黑白并没有明确的概念,家长在日常生活中一定要给予培养,提高其识别能力。这样,孩子在交友的时候,就知道择益友而交了。

但对孩子是非观念的培养是需要一个过程的,家长要以鼓励为主。当孩子有所进步的时候,家长要鼓励、表扬和奖赏他,这样可以使他得到精神上的满足和感情上的愉快,巩固已有进步。孩子做错了,家长不应体罚他,而应进行必要的、严肃的批评,耐着性子和孩子说理。

方法四:教会孩子克制冲动的情绪。

有时候,孩子在朋友遇到困难或者不利时,出于义气,他们会不经过思考而做出一些冲动的行为,比如为了朋友打群架等。其实,孩子的想法并没有错,只是太过冲动,有时候好心办了坏事。对于这种情况,父母应该告诉孩子:"你这样做,并不能帮助朋友,冲动起不了任何作用,反而帮了倒忙!朋友有难,你该帮助,但是要选用正确的办法!"你不妨让他先冷静下来,找到解决问题的办法。

改正孩子哥们儿义气的行事作风,帮助孩子改正不良行为的同时,要从多方面努力。作为父母,也不可过于担心,随着年龄的增长,孩子会逐渐成熟,也自然会明白什么是真正的友谊,交到真正的朋友!

喜欢追星,有了偶像

一个周六的晚上,蕾蕾在上网,蕾蕾妈妈洗完碗以后,突然来问蕾蕾:"你能帮我找找邓丽君的歌儿吗?"

"老妈,不是吧,那么老的歌儿你还听啊?"蕾蕾一副不屑的样子。

"妈妈那时候可是邓丽君的铁杆粉丝呢,我可不喜欢什么周杰伦的歌儿,听不惯!"

"原来妈妈以前也有偶像啊!"

"有倒是有,可不像你们现在的孩子,还追星,为了一张演唱会的门票,

可以省吃俭用，甚至等个通宵也要买到票！”

“您怎么知道有人这样追星啊？我们班就有几个女孩子这样，我可没那么疯狂！”

“我们单位好多年轻人也这样啊，还是我女儿理智啊。”

“但是妈妈，我们可以有偶像，可以追星吗？”

“什么事情都有个度啊，你有偶像没错，但要看是什么偶像，为了学习他什么而把他当成偶像的。‘追星’要‘追’得有意义，不可盲目去做一些‘傻事’。就在2006年的时候，有位女士为了与刘德华拉近距离，不惜倾尽家产，而导致家败人亡！这种追星的方式就不对嘛！”

“妈妈说得对，我喜欢周杰伦的歌，也是有原因的呀。周杰伦在领金曲奖‘年度最佳专辑’奖时曾说过一句：‘好好认真读书，好好听周杰伦的音乐’。杰伦的音乐以公益歌居多，如《梯田》《听妈妈的话》《外婆》《懦夫》等，几乎每张专辑都会有！”

“女儿说得也有道理啊……”

就这样，母女俩就偶像问题聊到深夜。

教育支招：

的确，现在的中学校园里，聊得最多的话题就是明星和偶像。这些少男少女，对明星们似乎有着一种挥之不去的狂热，追星的大部分人也是这些青春期的孩子们。“追星”行为是指青少年过分崇拜迷恋影视明星和歌星的行为。中学生追星现在已经成为一种普遍现象。

现在孩子心中的偶像大多都是影视歌星，只有少数人的偶像为艺术家或商人、作家等。很多孩子因为追星已经逐渐变得疯狂起来，他们盲目地“随大流”，疯狂地收集明星资料、相片和唱片，这是非常愚蠢的做法，既浪费钱财又浪费时间。那么，这些初中学生为什么会成为追星族中的一员呢？

据心理学家分析，偶像崇拜是青少年时期重要的心理特征之一，是青春期心理需要的反映。而他们“追星”的心理主要体现在以下几个方面，即炫耀心理、从众心理、功名心理、追求成功心理。

英国一项研究表明:名人崇拜可能在个人成长过程中发挥着重要作用。研究人员认为,那些十几岁的追星族成员,通常能把他们的情绪调节得很好并且拥有较好人缘,这是因为对名人的兴趣,能在他们的青春期成长和交际过程中产生积极影响。

但盲目地追星,也会让自己的生活陷入无目的之中。对于孩子盲目"追星"的行为,家长一定要及时予以纠正,对此,家长可以采取以下方法:

方法一:帮助孩子树立明确的目标与理想。

实际上,追星现象在那些学习成绩差、没有目标的孩子身上体现得更为明显,他们是利用明星这一共同话题,另辟蹊径地在同学们心中树立形象。于是,他们刻意模仿明星们的作风,收集明星们的信息,把这些作为同学在一起交往时炫耀自己的能干、消息灵通的资本,以此提高自己的威信。我们可以发现,那些学习成绩优异的同学对明星的关注度会小很多,因为他们有树立威望的资本——学习成绩。

因此,作为家长,要帮助孩子找到学习的乐趣,让其树立学习的目标。当他为理想奋斗的时候,也就没有那么多的精力"追星"了。

方法二:让孩子"追星""追"得有意义。

父母不可否定孩子的追星行为,但要告诉孩子:"追星"要"追"得有意义,不可盲目去做一些"傻事"。如何做到"追星"追得有意义呢?就是说在"追星"的同时,也去学习明星的那些高贵品质。许多明星之所以成名,是因为他们付出了许多心血和汗水。他们的人生道路并不是一帆风顺的,许多明星的品质都值得我们学习。

你可以给孩子举一些能启发孩子的明星例子,比如郑智化,他虽然是残疾人,但他身残志不残,毅然选择了自己所喜爱的事业——演艺。他靠坚强的意志,唱出了许多好听的歌,大家都熟悉的《水手》就足以证实。

还有成龙,当初他出道时只是跑龙套,屡次遭到别人的否决,但是他始终坚守自己的信念,为自己的目标而奋斗!

当你告诉孩子这些后,他就会有选择性地树立自己心中的偶像而不至

于盲目追星，同时，他们会学习这些明星身上那些可贵的品质，这就是“追星”的意义。

方法三：培养孩子正确的审美趋向，让孩子知道什么是美。

很多初中的孩子追星，是因为他们被明星俊美的外表打动。在孩子的眼里，明星是快乐的使者，是美的化身，是最有成就的典范。这是因为，孩子还不知道什么是真正的美丑。为此，父母要对孩子进行一些价值观教育，让孩子知道，心灵美才是真正的美。当孩子对审美的标准发生改变以后，也就理智得多了。

作为初中生的家长，正确引导孩子的追星情结，才会让孩子理智地认识追星。这样，孩子就不会盲目地跟在明星后面，而是行动起来，为自己的目标奋斗，为自己的梦想努力，你的孩子也会成为建设国家的栋梁之才和耀眼之星！

二、做好“言传”，告诉孩子这样做

有了心事和朋友、父母多交流

周末的中午，彤彤妈妈在家休息，楼上的杨姐来找她谈心。毋庸置疑，肯定是因为杨姐的女儿苗苗的事。原来，她又遇到了一些教育难题。事情是这样的：

周五晚上，一家人坐在客厅看电视。这时候，电话铃响了，女儿苗苗一下子跳了起来，说了声：“我来接！”就跑进自己的房间，把门关上。这一动作让这对夫妇惊愕不已，他们“心有灵犀”地交换了一下眼神：这个电话好像是早已预约，为什么要到自己房间去听？为什么要关上门？难道是男孩子……当爸爸的望着电话，用眼神示意；当妈妈的马上拿起话筒，她听到一阵快乐的笑声。谁知她的行为被女儿发现，女儿猛然尖叫起来：“不说了，我

们家有窃听器!”然后“啪”地挂断了电话。妈妈惊恐地望着女儿的房门,但那一晚,门始终没有开。

“你说,现在的孩子是怎么回事?当家长的都不能管了?孩子一升入初中后,好像心事也就多了起来,我们都不知道她一天在干什么?”邻居杨姐继续说道。可见,孩子的教育对她来说,的确是个头疼的问题。

“其实,可能是你们多虑了。彤彤听苗苗说过这事儿,那个电话是一位女同学打来的,那位女同学被学校的一位男同学追求,希望苗苗能帮忙出出主意。其实她还准备听完电话就把那件事告诉你,可你这样做,真的伤了孩子的心啊。孩子有了心事,做父母的要以正确的方式与之交流沟通。这个阶段的孩子都是叛逆的,如果采取这种极端的方式,只能让孩子与你之间的距离越来越远。”

“你说得对呀,看样子是我做错了。”

教育支招:

苗苗妈妈的上述烦恼恐怕很多父母都经历过。心事,顾名思义,就是人们心里想的事。心事一般有两种,一种是高兴的心事,一种是不高兴的心事。大人们有心事,孩子们也有心事。初中的孩子,已经基本上进入了青春期,但心理年龄特征仍处于半幼稚、半成熟状态。他们的学习负担重了,学习内容多了,难度大了,要求高了。同时,身体发育的加快,对性的懵懂,使得他们有了更多的烦恼。于是,孩子们开始变得心事重重。他们的情绪变化快,常常处在不稳定的状态中,刚才还阳光灿烂,一会儿就晴转多云,甚至电闪雷鸣、暴雨倾盆了。而事实上,如果孩子能把这些情绪都宣泄出来,倒是好事;相反,孩子如果把这些心事闷在心里,则对孩子不利。孩子是渴望交流的,他们希望有个可以倾诉的对象,而事实上,很多父母的做法让孩子把将要说出口的话又咽了回去。和案例中的苗苗妈妈一样,他们的做法是错误的,“硬闯”孩子的“隐秘世界”会伤害孩子的自尊心,必定会引起孩子的叛逆和疏远。

可能很多家长都有这样的感触:孩子上了初中以后,在家里总爱给自己的抽屉、柜子上一把锁,似乎有什么不可告人的秘密。广州市穗港澳研究所曾做过一项关于“成人仪式”的社会调查,其中有一个问题是“18 岁时,你最

想做的事是什么?”结果有 70% 的青少年选择的是“想拥有一间独立的房间”。可见,作为孩子,是在自己的隐秘世界外围划一条“警戒线”。很显然,这条“警戒线”已经把父母排除在外了。孩子宁愿把心事写在日记中也不愿与父母透露,错并不在孩子,而在于父母的教育方式。如果父母采取正确的引导方式,可能会有完全不同的教育效果。

方法一:尊重孩子的隐私,理解孩子。

中国健康教育研究所徐岫茹教授说过:“隐私应该被尊重,一个孩子如果没有体验过被尊重的感觉,他就不懂得尊重别人。”孩子有了隐私是孩子长大的一个重要标志,如果家长不理解,往往会发生严重的亲子关系冲突。每个人都有隐私,孩子也有,尤其是进入初中的孩子。孩子长大后,并不是什么问题都要告诉父母,而现实生活中有的父母总是千方百计地窥视、猜测孩子的隐私,甚至偷看孩子日记,追查孩子的电话、短信,察看孩子上网记录,甚至盯梢、跟踪……父母如此的“关爱”,换来的又是什么呢?有调查发现,目前不少孩子为防备父母偷看日记,特意准备两本日记:一本写“假话”,一本写“真话”。父母粗暴地干涉孩子的隐私,只会让孩子对你加强防备,更别说把心事告诉你了。

作为家长,即使孩子有点隐私,也不必大惊小怪。孩子有隐私,说明孩子长大了。尊重了孩子,才会打通亲子间沟通的渠道。开明、给足孩子成长空间的家长一般都能赢得孩子的信任。

方法二:与孩子多沟通,加强亲子关系。

生活中,孩子与父母之间的一些代沟,并不仅仅是孩子不愿意与父母沟通,而是因为他们觉得父母总是把他们当孩子,并且父母工作繁忙而放弃了主动沟通,久而久之,郁结在孩子心中的心事就越来越多,而代沟也就因此产生了。于是,孩子有很多事情选择独自承受,不愿意和父母分享。因此,父母要想了解孩子的那些小小心思,不妨经常抽空与孩子主动交流,带孩子多出去走走,增进和孩子之间的关系。当孩子感受到家庭的温暖和父母的关爱后,也自然愿意打开心扉了。

方法三:放下架子,和孩子做朋友。

在中国几千年长幼有序、尊卑有序这种思想观念的影响下,父母愿意主动放下长辈的架子并与孩子做朋友,这实属不易。教育经验证明,把孩子当朋友,有助于了解孩子的内心世界,解决孩子成长中的各种问题。一般来说,孩子更愿意把自己的心事告诉同龄人,就是因为他能把同龄人当朋友。家长要想与孩子做朋友,首先就要放下架子,不要动不动摆出家长的姿态,也不要动不动就训斥孩子。

方法四:鼓励孩子积极交往。

很多时候,孩子有心事无处倾诉,是因为他们觉得孤独。而如果他们有健康的人际关系、广泛的朋友圈子,他们一般都是快乐的。因此,作为父母,不要总是干涉孩子的交友行为,可以以监督为主,让孩子大胆交往,相信孩子很快就会快乐起来。

作为初中孩子的家长,当孩子有了心事,一定要采取正确的方法,多加引导,而不是采取暴力式的干预。毕竟,孩子的承受能力是有限的,别让那些心事压垮了孩子。让孩子学会倾诉,学会沟通,心事才会随风而去,他才会快乐!

向孩子传递正确的恋爱观

有一天,彤彤和妈妈在一起看电视,播到一则新闻:某校初三男生赵强对本班一名女孩爱慕已久,暗恋三年以后,他终于鼓起勇气给那名女孩写了封情书,但却被女孩拒绝,于是,男孩因爱生恨,一气之下将女孩毁容。

看到这里,彤彤妈妈就试探性地问彤彤:“你在学校有没有喜欢男孩子啊?”

“没有,我怎么可能呢?不过这个男孩真是变态哦,怎么能这样呢?”

“是啊,这个男孩的心理扭曲了。上初中后,少男少女情窦初开,开始对异性同学产生倾慕的心理,这是很正常的,但要以正确的方法去处理这些事情。青春期恋情是不合时宜的,要学会跳出来看这份不成熟的感情。青春

期的恋爱会影响学习和目标实现，其结果是梦中的甜蜜，梦醒后的苦涩！如果能跳出这份感情，理性地分析、看待青春期恋情，就不至于盲目地糊涂地去爱了。”

“可是，青春期就真的没有真爱吗?”彤彤一脸疑惑。

“让妈妈慢慢告诉你……”

“哦，我明白，原来是这样。”

听完妈妈的一番教导后，彤彤若有所思地回了房间。妈妈知道，女儿也情窦初开了。果然，过了一段时间，彤彤的学习成绩上升了不少，妈妈估计是那番话起了作用。

教育支招：

事实上，彤彤妈妈对女儿说了这样一段话：“青春期的孩子对爱情并没有什么理性的认识，更缺乏稳定爱情观的支持，随着时间和空间的变化，他们可能就会‘爱’上别人。一般来说，青春期恋情多数是很短命的，最容易发生变化。今天看你好，明天可能就不好；今天在这个环境喜欢这个，换一个环境又会有新的恋情。所以，我不能说绝对，但基本上，青春期的爱情都是不成熟和欠考虑的，不是真正的爱。”

的确，很多升入初中的孩子，随着青春期的到来他们会很容易搭上早恋这班列车。这时，父母不能用暴力的手段去阻止孩子，否则会让父母与孩子之间的矛盾越演越烈。作为父母，应该向孩子灌输正确的恋爱观。那么，父母应该怎样向孩子灌输正确的恋爱观呢?

方法一：理解孩子，谈话式教导，引导孩子走出恋爱的误区。

我们先来看一段母亲和女儿的对话：

“孩子，其实妈妈明白你的心情。妈妈也是过来人，在你这么大的时候，也喜欢过一个人。那时候，他经常来学校找我，并对我无微不至地照顾，我发现自己爱上他了。可事实上，原来他已经有了家庭，我伤心欲绝，学习成绩更是一落千丈。”

“后来怎样呢?”女儿好奇地问。

“就在那段时间,我们学校转来了一位新同学,他开朗、乐观,成为我的同桌。我们无话不谈,一起学习、交流心得。很快,他帮助我走出了那段情感的阴影。你知道这个人是谁吗?”

“不知道。”

“他就是你爸爸啊。我们很快相爱了,但是我们并没有沉浸在爱情的幸福中,而是约定要一起考大学,一起追求梦想。后来,我们大学毕业后就结婚了……”妈妈沉浸在甜蜜的回忆中。

“爸爸太棒了!”女儿赞叹地说。

“是啊,我也这么认为。那你觉得他呢?”

女儿脸红了,“我不知道。我觉得他很帅。”

“孩子,妈妈也给你一个建议:跟他设立一个时间期限——如等考上大学。如果那个时候你还是这么认为,那么你不妨开始一段美丽的爱情。在这之前,你可以跟他做很好的朋友。”女儿点点头答应了。

并不是所有家长都能和这位母亲一样理解孩子。事实上,很多家长在知晓孩子谈恋爱后,都会火冒三丈,然后“棒打鸳鸯”。而最终结果是,孩子或产生怨恨,或为自己的行为陷入深深的自责从而产生自卑情绪,或者产生逆反心理甚至做出更加“出格”的事。而家长的理解则是孩子接受家长建议的前提。因此,作为初中生的家长,不妨放下架子,与孩子来一次促膝长谈,帮助孩子脱离早恋的苦恼,从那段青涩的爱情中走出来。

方法二:告诉孩子要正确处理情书。

作为父母,在对孩子情感理解的基础上,还要告诉孩子如何处理摆在面前的“爱情”,比如情书。情书是青春期少男少女们表达爱的方式之一,父母要告诉孩子:如果有人给你写情书,这表明你很有魅力,的确值得高兴。但是过后一定要把情书收起来,把那份美好埋在心底。

方法三:让孩子转移视线,明确初中阶段学习是主要任务。

初中是青春期的早期阶段,也是孩子长知识、长身体的黄金时段。他们的世界观还未形成,缺乏必要的社会知识与经验。如果过早地陷入爱情的

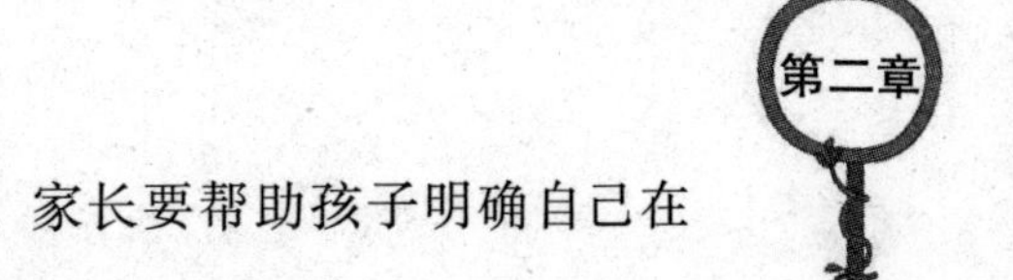

漩涡中，势必会影响自己的学业和身心健康。家长要帮助孩子明确自己在青春期的奋斗目标，把精力重新投入到学习中。

总之，进入初中后，孩子开始进入青春期，身心上的变化会让孩子对爱情产生一些懵懂的意识。这段时间的孩子经常会陷入迷茫，他们不知道自己要做什么，也不知道什么是正确的恋爱观。如果家长们能够给予他们足够的理解、支持、关心和耐心，鼓励他们说出自己的想法，然后告诉孩子该怎么做，孩子就会找到内心与外在世界的平衡，顺利地度过这段危险期！

理解家长，理解老师

一位初一的语文老师在给学生批改作文的时候，读到这样一篇文章：敬爱的王老师，希望您不要让我妈妈和我一起上学了。说句心里话，妈妈为此付出了太多太多的辛苦。妈妈天天有洗不完的衣服；中午哥哥回来前妈妈要把午饭做好，哥哥回来吃完饭就得走；下午妈妈也要早点给我们做晚饭；爸爸每天从早上 7 点上班到晚上 11 点才能回来，妈妈还要给爸爸做饭……我保证，我再也不调皮了……

当这位语文老师读到这里的时候，留下了感动的泪水，孩子终于能理解家长的苦心了。原来，事情的经过是这样的：一位叫王兴的同学，是学校初一的学生，调皮捣蛋，成绩在班上是倒数的。那次，他在学校又打伤了几个同学，作为班主任的这位语文老师只好把孩子的妈妈请到了学校，并让孩子的妈妈来学校陪读以管束孩子。为了能让孩子继续留校读书，从当日下午起，这位妈妈便开始了自己的"陪读"生涯，每天家里和学校来回跑，妈妈为此痛苦不堪，王兴看在眼里疼在心上。为此，他在作文中给班主任王老师写了一封信，乞求老师不要再让妈妈为自己陪读了……

从此，这名叫王兴的初一学生好像换了一个人，他开始认真学习，开始感激老师……

教育支招:

人说,可怜天下父母心,作为父母,无论多辛苦,都望子成龙、望女成凤,希望孩子能成人成才。可事实上,又有几个孩子能理解父母的苦心呢?尤其是当孩子进入中学后,由“小人”向“大人”过渡的他们,言行的独立性和自主性也逐渐增强,更是处处与父母对着干,以此证明自己也是个大人了。有些孩子也总是抱怨父母不理解自己。

而对待老师,这些孩子也是如此。为了证明自己的独立和自主,有的学生对老师的要求总要“逆反”一下,甚至故意去触犯一些“清规戒律”。对老师言听计从的“乖学生”常常受到同伴的嘲笑和讥讽。在他们看来,老师的谆谆教导总是不近情理,老师的苦口婆心实在是婆婆妈妈。

一次调查中发现,同学们最喜欢的老师是热爱学生、理解学生的老师。其实,理解是相互的,学生需要老师的理解,老师同样需要学生的理解。一位老师十分感慨地说:“清贫、艰辛、工作任务繁重其实算不了什么,最伤脑筋的是某些学生只要求老师理解他们,而他们却一点也不去想想该怎样理解老师。”

一位初三的老师在教师节那天接到学生的来信,心里喜滋滋的,在办公室里一次又一次地念道:“初中三年来,您在我的学习上给予了很多的帮助,在我的思想方面也给予了莫大的关心。现在想来,觉得自己真是很幸运,能够遇到像您这样的好老师……”一连几天,老师讲课都格外精神。他为自己在学生的心目中是那么称职、那么亲切、那么令人钦佩而感到由衷的愉悦,和自己的学生在一起其乐无穷。

家庭教育是孩子教育的重要部分。有些家长认为,孩子在初中三年的主要任务就是学习,这是老师的工作职责,自己终于可以松一口气了。但事实并非如此,初中三年正是孩子身心发展与巨变的时期,家长如果不做好对孩子的引导和教育工作,对孩子接下来的成长都会有巨大的影响。孩子不理解老师与家长,这已经是个很明显的征兆,作为家长,一定要引起重视。孩子在这个时期出现的种种行为,并不是说孩子变坏了,而是孩子成长过程中在生理上、心理上的变化而产生的正常现象。

孩子不理解父母、不理解老师，不仅仅影响到孩子的学习情况，严重的还会影响到孩子的成长，甚至有可能导致孩子误入迷途。那么，作为父母，该怎样做好“言传”，让孩子理解家长、理解老师呢？

方法一：主动去体察、关心、理解孩子，让孩子接受家长的关爱，做好“言传”的前期工作。

任何人都要经历成长的过程。孩子进入中学以后，他们的活动天地一下子变开阔了，学到的知识加深了，与老师、同学交往的范围扩大了，获取的信息大大增加了。于是，他们不再对家长言听计从了，开始有了自己的思维形式和做事风范，用自己的眼光来审视周围的人和事，并尝试做出自己独立的见解。尽管这些见解难免有些幼稚，但却表明了他们正在走向成熟。因此，家长对孩子的这些表现不必忧虑，反倒应该高兴并要理解孩子，这表明孩子正在长大。只有先理解孩子，才能做好“言传”，让孩子理解你。

方法二：教导孩子学会换位思考。

以理解为桥梁，建立起密切的师生、亲子关系，无论对于孩子还是教师和家长，都会产生积极的作用。作为家长，应该教会孩子换位思考。

从老师的角度思考问题：作为学生的你，不妨从老师的角度想想看，每个老师都希望自己的学生取得良好的成绩，能有一个美好的未来，老师所做的一切的出发点，都是为了学生好，可能在实现这一意愿的时候，方法上有所失误。因为老师也是人，老师并非一切皆能、一切都正确，他们也有凡人的喜怒哀乐，凡人的欲念和优、缺点，凡人的正确与错误、成功与失败。“金无足赤，人无完人”，老师也有情绪，也可能犯错，多理解老师，想对方所想，思对方所思，才能相处得更为融洽，真正地成为朋友。

从父母的角度思考问题：作为孩子，当你们要求“理解万岁”的时候，有没有想到，父母也是需要理解的，理解永远都是双向的。不错，你希望别人能认同、理解自己，但父母也需要理解。工作的辛苦、生活的压力已经不允许他们和你一样激情高昂，他们也曾年轻过，他们身上有更多的责任。你理解过父母吗？

方法三:动之以情,晓之以理,用学习、生活中的真实事例感化孩子。

父母、老师对孩子的关爱都是发自内心的,作为父母,可以用学习、生活中的真实事例来劝导孩子,让他们理解父母。

但父母在做这些"言传"工作时,一定要放低姿态、言辞诚恳地与孩子交谈,这样才能起到应有的作用。

看看自己身上的优点

蕾蕾是彤彤的好朋友,但不知为什么,上了初中以后,彤彤觉得,蕾蕾变了好多,不喜欢说话了;周末的时候,也不愿意与以前的朋友一起玩了,一有时间,就把自己锁在房间里。彤彤把这件事告诉了妈妈。

"蕾蕾很奇怪,她这是怎么了?"

"我也不知道,估计她爸妈知道,我有时间找她爸妈聊聊,你也别担心。"

几天以后,彤彤妈碰到了蕾蕾的父母,想起了这事,就顺便聊了起来。

"我也不知道这孩子怎么了,好像突然一下子自卑起来了。有一天,她还对我说:'我和以前不一样了,小学的时候我是尖子生,可是上了初中,班上优秀的人太多了,我成绩不如以前了,连人缘也不好,我都不好意思和彤彤做朋友了,我简直一无是处了!'"蕾蕾爸爸说完这些,长叹了一口气。

"开学第一周的情景我还历历在目。一下子,作业比小学时多了很多,而且做完后还要对答案、判正误,并做改正。每一项家长都要签字。如此下来,晚上十点都完成不了。蕾蕾很不习惯。看着她睡眼朦胧的样子,真是痛苦。蕾蕾甚至说:'爸爸、妈妈,我是不是变笨了?要是永远上小学多好,中学太难了,作业太多了,老师要把我们累死了,我不喜欢上学!'"

"孩子上初中了,学习环境变了,学习难度加大了,这种心态的出现是正常的。作为家长,一定要帮助孩子及时调整好,不能耽误了孩子后面的学习呀!"

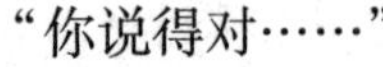

"你说得对……"

教育支招：

其实，蕾蕾这种自卑心理不仅仅是小升初这个过程中会出现，任何一次升学的过程中都会存在。进入初中后，孩子的生活环境、学习环境明显改变了；另外，小学时候被老师重视的境况也改变了，自己不再是老师关照的尖子生，周围优秀的同学太多，小学时候的玩伴也有了自己新的生活圈子。于是，这些孩子会变得心情低落并自卑起来，对学习失去了兴趣，不愿意与人交往，成绩也随着下降。家长也经常抱怨："我的孩子在小学时成绩挺好的，表现也很优秀，为啥到初中后全变样啦？"其实很简单，你的孩子需要鼓励，需要重新燃起学习的热情，找到自己身上的优点。因此，作为父母，对于孩子这种低落的情绪，一定不要听之任之，也不能采取棍棒教育，而是要做到"言传"，帮助孩子顺利度过这个心理过渡期。

那么，家长应该怎样让孩子看到自己身上的优点，从而精神饱满地投入到学习和生活中呢？

方法一：让孩子认识到学习难度加大，帮孩子找回自信。

如果你的孩子在小学时是个尖子生，各方面表现都出类拔萃，而经过选拔跨入中学后，大家竞争比较厉害，许多同学成绩不分上下、难分高低，试题难度明显增大，孩子学习分数有所下降，这是很正常的。而成绩的下降、排名的落后，会使你的孩子产生一种失去信心的情绪。此时，你可以把他小学的试卷拿出来，让他知道中学的知识和小学的比有很大差异，并不是他的能力差了。这样，孩子就能正确认识到学习成绩下降的原因了，重新树立信心。

方法二：肯定孩子的能力。

比如，孩子学习的课程一下子增加了很多，晚上做作业做到很晚，有点沉不住气了，开始有点泄气。你不能严加指责孩子，而应该说："没什么难的，老师留作业多，是把你们当中学生要求了。其实这很正常，只是新环境要适应，过几天就好了。妈妈同事家的孩子，比你完成作业的时间还晚呢！你可比他快多了！"孩子听到家长的肯定，便会精神倍增，家长的肯定是孩子最大的学习动力。在家庭教育中，父母最好不要在孩子面前发表负面意见，多以正面引导。

方法三:多寻找孩子的其他优点,转移孩子的注意力。

尽管说学习是学生的天职,但分数并不是最重要的。当孩子成绩不理想时,父母不要横加指责,更不要要求孩子必须考多少分以上,考第几名以上等,也不要在考试前说你若考多少分、多少名次以上怎么奖励,否则怎么惩罚。分数是重要的,但不是唯一和终极目标。

如果孩子没有自信,父母更不能过于注重孩子的分数,要试着在孩子身上找到他其他优点:比如孩子的动手能力强、孝顺父母、团结同学、热爱劳动等,并举出事例,这样,孩子即使成绩不好,也会有值得自豪的优点,也就不会丧失信心了。

家长可以给孩子定一个目标:快乐学习,享受生活,健康成长。孩子考得不好,只要孩子尽力了,就要肯定和鼓励,同时让他自己把不应该错的知识做总结,最终达到掌握知识的目的。

方法四:教会孩子总结学习过程中的经验教训,告诉孩子怎样做更好,避免不必要的挫折。

失败必定会让这些初中的孩子们感到受挫,尤其是学习上。作为父母,可以告诉孩子一些学习的经验。比如,可以让他把自己容易混淆的概念和容易出错的知识汇总分类进行对比,以强化理解和记忆,同时加强一些基本功的训练。这样,孩子便会一点点地进步,也就能逐渐找回自信。否则,在一次次的失败中,孩子对自己就更没有信心了。

孩子虽然上初中了,但毕竟还小,遇到一些小小的挫折,就容易产生强烈的挫败感,从此一蹶不振、自暴自弃、贬低自我等。作为父母,要帮助孩子找出他们身上那些无法代替的优点和潜能,孩子才会逐步自信起来!

面对问题,不要当逃兵

为了锻炼女儿,彤彤的爸爸和妈妈决定在国庆期间将女儿送到一个军事训练营进行为期一周的军事训练。事实上,他们都有点担心孩子能不能

吃得消。虽然在以往的长假期间，他们都会把孩子送回条件相对比较差的老家，但是爷爷奶奶还是会把孩子捧在手心里，从不让孩子受一点委屈，而军事训练营则不同。

出发那天，爸妈甚至都没有去送她。彤彤拿着自己准备的东西下了楼，搭上同学家长的车就走了。但这一走就是七天，因为训练营有规定，不能带手机，孩子一点消息也没有，彤彤妈妈心里也开始忐忑起来。太阳辐射这么厉害，孩子会不会晒坏了？吃得习惯吗？会不会生病……她几次都想打个电话过去了解情况，但最终还是忍住了。

七天后，彤彤从训练营回来了，彤彤妈妈所有的担心、顾虑、惦记一扫而光。虽然彤彤黑了、瘦了，但当她滔滔不绝、神采飞扬地向父母讲述她的训练生活，讲述自己怎样刻苦训练，怎样面对问题坚强克服，怎样成为“独立连”的标兵时，做父母的他们露出了欣慰的笑容：“女儿，你真棒！你是好样的！”

相反，彤彤妈妈表姐家也有一女儿，活动前做了“充分”的准备工作：背包要换李宁牌的，鞋子要穿耐克品牌的；担心军营没有买零食的地方，就买了很多爱吃的零食，把背包装得满满的。结果军训第二天，孩子便打来电话，哭着诉说教官太狠，烈日太晒，条件太差，说什么都要让家里接她回来。一场“军旅生涯”就此结束。

教育支招：

两个截然不同的家庭，两个截然不同的孩子，两种截然不同的过程，可能未来的某个时刻，他们也会有两种截然不同的人生。

不同的家庭教育成就不同品质和性格的孩子，这是毋庸置疑的。事实上，孩子进入初中以后，逐步或者已经进入青春期，就有了独当一面的能力。作为父母，如果还对孩子的一切大包大揽，孩子必将没有锻炼自己的机会，这样，孩子面对问题时，只能当逃兵。每个人都是在不断磨炼中成长起来的，逃避与面对结果是大不相同的。任何孩子，都不能拒绝成熟，成熟的过程是痛苦的。青春期的孩子正处于一个各种问题交织的年纪，此时如能直面问题，他们的心智就会逐渐成熟；而逃避问题，心灵就会永远停滞不前。

那么，作为父母，该怎样让孩子明白“面对问题，不要当逃兵”这一道理呢？

方法一：让孩子体会到成功克服困难后的快乐，产生“克服困难”的欲望。

比如，你可以告诉孩子这样一个故事：

三个人同去攀登高山。第一个人刚登几步，感到山陡难登，就退了下来，他说：“我还是知难而退吧！”第二个人攀登到半山腰，气喘吁吁，大汗淋漓。他望了望那险峻的山势，摇了摇头，说：“我还是适可而止吧！”于是，他也退了下来。只有第三个人勇敢攀登、知难而进，几次跌倒，几次爬起，不畏难，不气馁，终于攀上了顶峰。

几天后，三个人又见面了。第一个人说：“登上顶峰，也不过是那么回事，还是我知难而退好！”第二个人说：“登上顶峰太费力气，还是我适可而止好！”那个登上顶峰的人笑了笑，说：“顶峰上的无限风光，你们是无法领略到的。”

进入初中的孩子，肯定能明白这个故事的寓意：在困难面前，永远不要做一个逃兵。

另外，父母还可以用自己切身的事例告诉孩子克服困难后的成就，让孩子明白“勇敢面对才是勇士，当逃兵是可耻的”这一道理，孩子以后遇到问题时，也就会以此激励自己。

方法二：用事实说话，告诉孩子“当逃兵”与“勇敢面对”的不同结果。

你可以告诉孩子，如果当逃兵、回避问题，那么，问题只能搁置，并不能解决；而如果你咬咬牙，寻找解决问题的方法，可能就是不同的结果。对此，你在“言传”的同时，也可以“身教”。在生活中，有意为孩子设置一些难关，鼓励孩子勇敢面对。比如，孩子遇到一个学习问题正要放弃时，你可以告诉孩子：“你如果不把这道题算出来的话，明天还是要算，这样，这个问题始终在这儿；而你要是细心一点，再演算几遍，结果可能就出来了。妈妈相信你一定可以的！”孩子听完后，会大受鼓舞，耐下性子继续做题。

方法三：鼓励孩子，让孩子产生克服问题的信心。

信心是做任何事的基础，一个人没有信心，必将一事无成。孩子在信心受挫时，遇到问题就会退缩，而孩子如果有信心解决问题的话，自当会勇敢面对。

为此，父母可以在生活中多鼓励孩子："爸妈相信你是最棒的"、"我相信你能处理好这个问题"、"你一直是爸妈的骄傲"等，常常受到父母鼓励和积极暗示的孩子，一般都更具备解决问题的信心。

这些初中的孩子们，事实上已经可以独当一面了，只有让孩子自己去面对一些问题，孩子才能成熟。而成熟的标志之一是懂得用正确的方法处理自己的问题。孩子成长中的任何一个问题，都需要孩子自己去面对，成长是无法"代劳"的。因此，作为父母，在关心孩子学习的同时，不要忘记开发孩子与生俱来的那些美好的意志和品质！

克服浮躁，让心沉静下来

周六晚上，彤彤妈妈在小区花园散步，遇到了苗苗妈妈，急急忙忙往外走，彤彤妈妈问："您这是往哪儿赶啊？"

"去接苗苗啊，他在架子鼓班学架子鼓，大晚上的，我去接一下。"

"怎么是架子鼓？前几天听您说，苗苗在学钢琴啊？"

"哎，您就甭提这茬了。这孩子，一天一个花样，今天想学这个，明天想学那个，我都被弄糊涂了。"

"孩子到了青春期，心很浮躁，您得帮助孩子克服啊，不能孩子想学什么就让他学什么，这样没有目的地学，哪里能学得好？"

"您说得对，我原本还以为这是孩子的兴趣所在呢。晚上我去找您，我先去接苗苗了。"说完，苗苗妈就急急忙忙地走了。

教育支招：

孩子进入初中以后，开始步入青春期，而青春期的孩子处于半成熟的年纪，他们心灵深处总有一种力量促使其茫然不安、无法宁静，这种力量叫浮躁。"浮躁"指轻浮，做事无恒心，见异思迁，心绪不宁，总想不劳而获，成天

无所事事,脾气大,忧虑感强烈。浮躁是一种病态心理表现,其特点有:

焦躁易怒,情绪不稳定:在情绪上表现出急躁,急功近利。在与同学的攀比中,更显出一种焦虑不安的心情。

心神不宁:尤其在学习中,始终无法集中精神和注意力,心中恐慌,对前途毫无信心,内心充满对前途的困惑和忧虑。

做事盲从:做事没有自己的主见,容易以别人的意志为转移。另外,行动具有盲目性,缺乏理智的思考,只是盲目地学习,或者随时模仿和跟从别人学习,而不想自己到底需要什么。这种病态心理,使学习效率特别低。

那么,初中的孩子为什么会有浮躁的心理呢?

第一,自身品质问题。与艰苦学习、脚踏实地、励精图治、公平竞争相对立,浮躁是一种冲动性、情绪性、盲动性相交织的病态心理。浮躁的人一般不能对自己准确定位,常随波逐流、盲目行动,对此必须及时予以纠正。

第二,家长的影响。在市场经济大潮的冲击下,有的家长急于改变生活现状,表现出急功近利和急躁的心态,恨不得一眨眼成为"先富起来的那一部分人",这种心理也影响了子女。

第三,自我期望值过高。诚然,作为学生,谁都希望自己成为第一名,但这不是一蹴而就的,目标过高,也会使人焦躁不安。

学习是一个在新的领域中不断探求、不断进步的过程,它要求有严密的思维、踏实的行动、吃苦的精神、顽强的毅力。浮躁心态是学习的大敌,是学习失败者的亲密朋友。清华大学国学大师陈寅恪在一次演讲中送给青年人一句话:"心有浮躁,犹草置风中,欲定不定。"他告诫学生要自定心神,集中精力,清除浮躁,专注于功课。

"世界上怕就怕认真二字。"说的就是如果我们能安下心来认真做一件事情,就没有做不好的。

但很多初中的孩子无论是在学习上还是在日常生活中,在开始做事的时候是一腔热血,然后是热情消退,最后完全放弃。这就是浮躁心理的作用。为此,父母一定要帮助孩子克服这一心理,让孩子的心沉静下来。

具体来说，有以下方法：

方法一：教育孩子立长志，树立稳定的目标。

俄国伟大作家托尔斯泰说过："理想是指路的明灯。没有理想，就没有坚定的方向；没有方向，就没有生活。"

父母应让孩子明白，任何人都必须有一个长期的目标，在奋斗的时候才会有动力，才知道自己奋斗的方向，否则就像一只断了线的风筝。父母在帮助孩子树立志向的时候，还要考虑孩子的自身条件和现实状况，而不是一时心血来潮，或看到社会上什么挣大钱就想做什么工作。这种立志者多数是要受挫的。

俗话说："无志者常立志，有志者立长志。"父母要告诉孩子立志不在于多而在于"恒"的道理，要防止孩子"常立志而事未成"。正如赫伯特所说："人不论志气大小，只要尽力而为，矢志不渝，就一定能如愿以偿。"

方法二：教育孩子要有务实精神。

务实就是"实事求是，不自以为是"的精神，是革新求变的基础。对于这一点，父母要在日常生活中让孩子明白：不管做什么事，都要一步一个脚印，在学习上尤其如此。学好每一个知识点，打好基础，才能谈得上创新学习，运用技巧。

方法三：用榜样教育孩子，告诉孩子要有始有终。

在生活中，如果孩子没有耐心做事，父母就可以用榜样教育孩子，举出一些名人有恒心做事最后成功的例子来激发孩子，也可以举出孩子周围一些同学的生动、形象的优良品质的例子，来让孩子对照检查自己，督促自己改掉浮躁的毛病，教育培养其勤奋不息、坚忍不拔的优良品质。

方法四：告诉孩子自我暗示的方法，让孩子遇事冷静，克服浮躁。

例如，孩子在做事时，可以教导孩子用语言进行自我暗示，"不要急，急躁会把事情办坏"，"不要这山看着那山高，这样会一事无成"，"坚持就是胜利"。只要孩子坚持不断地进行心理上的练习，浮躁的毛病就会慢慢改掉。

方法五：要有针对性地锻炼孩子的耐性。

父母可以采取一些措施，有针对性地"磨炼"孩子。如指导孩子练习书法、学习绘画、弹琴、解乱绳结、下棋等，都有助于培养孩子的耐心和韧性。

任何人,只有拭去心灵深处的浮躁,才能找到幸福和快乐,才能一步一个脚印地朝着目标奋斗,对于初中的孩子也是这个道理。父母是孩子的心理医生,一定要告诫孩子:如果你们能够坚持,真正地静下心来,认真地去学习、生活,就可以实现梦想!

积极乐观,风雨过后有彩虹

有一天,彤彤放学回家,放下书包就准备出门,被妈妈拦住了:"啥事儿,这么急啊?"

"哎哟,我的妈妈呀,您还不知道,蕾蕾出事了,现在正在医院呢,我得赶紧去看她。"

"蕾蕾怎么了?"

"阑尾炎!"

"哦,那是有点疼,但没事儿,做个小手术就行了,我陪你一起去吧……"

彤彤和妈妈来到医院,看见做完手术的蕾蕾正躺在病床上哭,看见彤彤,她哭得更凶了。

"彤彤,真的好痛,我是不是快死了,我好怕……"

"不会的,刚刚我们都问过医生了,这就是个小手术,不会危及生命的。"彤彤赶紧解释道。

"彤彤,我害怕,我从小就怕来医院。听医生说,我身体的一个器官已经被割除了,我以后还怎么活啊?"

"蕾蕾啊,阑尾割掉了,你以后再也不会疼了。你是大姑娘了,要积极乐观,要勇敢啊……"彤彤妈妈赶紧说道。

"是啊,不是有句话这样说吗,'风雨过后就会有彩虹',你很快会好起来的。"这时,蕾蕾才露出一点笑容。

教育支招:

孩子踏入初中的校门以后,就进入了人生的一个发育期,身心急速发

展、变化，思想敏感，易激动，具有一定的自我意识。而同时，身心的巨变也让这些孩子更容易产生一些心理问题，比如面对挫折悲观失望。而很多家长，当孩子进入初中以后，把所有的眼光集中在孩子的学习上，完全忽视了孩子的心理健康问题，当孩子出现一些偏激的行为时才意识到问题的严重性。

实际上，在成长的过程中，能力的培养固然重要，但意志力的培养更是一个人素质发展中的重要部分。一幢大楼如果没有坚实的基础，如何“风雨不动安如泰山”？一个人如果没有顽强的意志力，怎么面对各种各样的挫折？其中，开朗乐观就是一种重要的心理品质。林肯曾说过：“拥有一种积极进取的心态，胜过拥有一座金矿。”那么，在家庭教育中，父母应该怎样做才能培养孩子拥有乐观向上的心态呢？

方法一：让孩子认识到挫折在成长过程中的积极作用。

你可以告诉孩子：“挫折可以帮助你成长。”人的成长过程是适应社会要求的过程，如果适应得好，就觉得宽心和谐；如果不适应，就觉得别扭、失意。而挫折的出现，会加快你适应的进程，磨炼你的意志，让你趋于成熟。一个人不经历挫折，是无法真正地成熟起来的。

适度的挫折具有一定的积极意义，它可以帮助人们驱走惰性，促使人奋进。挫折又是一种挑战和考验。英国哲学家培根说过：“超越自然的奇迹多是在对逆境的征服中出现的。”

方法二：用榜样教育孩子，让孩子乐观面对一切困难和挫折。

“风雨过后有彩虹”，追求梦想甚至做任何事都有一个过程，这个过程中肯定充满了艰辛，只有乐观面对，才能达到最终成功的彼岸。而孩子是不懂这些大道理的，你只有为孩子树立一个鲜活的例子，孩子才会用榜样激励自己。比如，你可以告诉孩子：

“德国天文学家开普勒，从童年开始便多灾多难。他在母腹中只待了七个月就早早来到了人间。后来，天花又把他变成了麻子，猩红热又弄坏了他的眼睛。但他凭着顽强、坚毅的品德发愤读书，学习成绩遥遥领先于他的同伴。后来因父亲欠债使他失去了读书的机会，他就边自学边研究天文学。

在以后的生活中，他又经历了多病、良师去世、妻子去世等一连串的打击，但他仍未停下天文学研究，终于在59岁时发现了天体运行的三大定律。他把一切不幸都化作推动自己前进的动力，以惊人的毅力摘取了科学的桂冠，成为‘天空的立法者’。”

方法三：鼓励孩子大胆表达自己的喜乐情绪。

那些爱笑、愿意表达自己喜乐情绪的孩子相对来说更乐观。而那些情感单一、不愿意与人沟通的孩子在遇到挫折时，会更容易受挫而变得悲观失望。因此，父母需要鼓励孩子大胆地表达自己的情绪，无论是孩子大笑还是哭泣的时候，都不要横加指责。

方法四：鼓励孩子扩大交往范围，和善与人交往。

不善交际的孩子大多性格抑郁，时时可能遭受孤独的煎熬，享受不到友情的温暖。家长不妨鼓励孩子多交朋友，特别是同龄朋友。本身性格内向、抑郁的孩子更应该多交一些开朗乐观的朋友。父母应该带孩子接触不同年龄、性别、性格、职业和社会地位的人，让他们学会和不同类型的人融洽相处，让孩子感受到人际交往的乐趣，孩子也会变得开朗起来。

方法五：引导孩子走出受挫的困境。

生活中，没有人会一帆风顺，谁都会遇到一些不顺心的事或者挫折，即便是天性乐观的人也是如此，也不可能“永远快乐”。父母最好在孩子很小的时候就着意培养他们应付困境、逆境的能力。要是孩子一时还无法摆脱困境，情绪还是悲观的话，父母还可以教育孩子学会忍耐，或在逆境降临之时寻求另外的精神寄托，如参加运动、游戏，和父母沟通，以此来排遣郁闷的心情。

当然，以上是几个简单的帮助孩子克服悲观情绪的方法。身教重于言传，父母在生活中要给孩子树立一个榜样，用积极乐观的心态感染孩子，同时，要关爱你的孩子。家庭的气氛，家庭成员之间的关系，在很大程度上会影响孩子性格的形成。研究表明，孩子在牙牙学语之前就能感觉到周围的情绪和氛围，尽管当时他还不能用语言来表达。可见，一个充满了敌意甚至暴力的家庭，很难培养出开朗乐观的孩子。

总之，只有让孩子明白"挫折对于消极的人来说是失败是绊脚石，对于积极的人来说是垫脚石"、"失败是成功之母"、"不经历风雨怎见彩虹"这些道理，孩子跌到了才能再爬起来，才会以乐观的心态面对生活！

三、做好"身教"，教会孩子做这些

以身作则，为孩子做表率

彤彤班上有个叫程伟的男孩子，小学毕业暑假那年爸妈离婚了，他和爸爸住在一起，程伟好像一下子变了很多。

有一天晚上，爸爸在书房上网，程伟在客厅看电视，到了十一点，父子俩好像都没有要休息的意思。过了一会儿，爸爸实在看不下去了，儿子第二天还要上学呢，就来到客厅说："你怎么还不去睡觉？你明天还想上学不？"

"你不是也没睡觉吗？"

"可是，你明天要上学啊？"

"难道你就不上班？"

"这能一样吗？"

"怎么不一样？"

"我说你这孩子，怎么就不听话呢？我以后要一个人养你，你怎么就不知道理解一下爸爸呢？"

"这一切是你自己造成的，要不是你做了对不起妈妈的事情，妈妈会和你离婚？"程伟刚说完，爸爸的那一巴掌就打过来了，程伟一气之下就跑进了自己的房间，把房间的门重重地摔上了。

第二天，爸爸被学校老师叫去，原来是程伟在学校闹事了。老师语重心长地对程伟爸爸说："单亲家庭的孩子的确不好教育，但作为家长，一定要以

身作则。我看程伟今天白天一上午都在睡觉,昨晚肯定没休息好,孩子的任何行为和习惯都与家长有关系。程伟这孩子学习底子不错,可不能因为家庭的变故而耽误了孩子的未来啊!”程伟爸爸若有所思。

教育支招:

程伟老师的这番话是正确的,家长的一言一行会对孩子产生正面或负面的影响。进入初中的孩子,已经不再是父母眼中可爱的儿童了,而是有了自己独立意识和思维习惯的少年了。此时,他们对父母的话也不再言听计从,而是会经过思考。在这个过渡期,他们是半成熟的,他们渴望摆脱父母的束缚,以求独立自主,却又不完全具备独立生活和处理问题的能力,许多事情还得依附父母。这种独立意向与依附性的矛盾,心理学家把它称作“摆脱父母束缚的斗争”。父母必须正确对待这场“斗争”,把孩子的独立意向和个性引导到健康、和谐的发展轨道。

实际上,很多父母面对正在经受心灵洗礼的孩子,其表现常常有几种错误倾向:有的对孩子产生的心理问题置之不理,有的一遇到孩子产生心理问题就丧失教育的信心。这些都不利于孩子的心理健康发展。家长应该充分认识和掌握孩子少年期的心理特点,对孩子的教育不能只停留在“言传”的基础上,更要做到身教,以身作则,为孩子做好表率。孩子有了学习的榜样,才能在人生的这个“暴风雨”期披荆斩棘,勇往直前。

那么,父母该怎样做到以身作则呢?

方法一:具备良好的行为品质,树立以德育人的思想。

法律工作者对少管所调查发现:少年第一次失足,大都在 13 岁、14 岁和 15 岁这三个年龄,其中大多数人是在 13 岁。因为十几岁的孩子进入青春发育期,处在由儿童到成人的过渡阶段,既懂事又不懂事,缺乏正确的思想认识和自我控制能力,如果得不到家长的及时引导和教育,很容易染上不良行为而畸形发展;倘若再遇上合适的“气候”,就有堕入违法犯罪深渊的危险。

事实上,初中这个阶段,父母对孩子思想品质的教育直接关系到孩子以后人生观、价值观的形成。父母只有在生活中以身作则,坚持以德育人,让自己

的一言一行影响孩子，让孩子认识到什么是正确的，什么是错误的，孩子的行为意识才会逐步完善。比如，作为父母，在家中要孝敬老人、爱护兄弟姐妹；与人交往过程中乐于助人、帮助弱小等，这些都会对孩子产生正面的教育作用。

方法二：放低姿态，与子女互学互助，共同提高。

中国几千年的长幼、尊卑有序的观念让很多父母认为：家长就是家长，孩子就是孩子，家长若是承认自己知识和认知的不足，必会在孩子面前失去面子。其实，这种想法是错误的。人无完人，可能孩子学到的某些知识对于你来讲却是新知识，是从未接触到的。毕竟，当今社会就是一个知识更新加速的社会。因此，你不妨主动向孩子学习新知识，当孩子看到父母如此开明之后，也会愿意主动与你沟通、交流、学习知识，和父母共同探讨一些问题，这样孩子的心理问题也会迎刃而解。

方法三：积极面对生活中的问题。

之所以把青春期称为“暴风雨”期，就是因为孩子在这个阶段很容易产生消极的心理，比如消极悲观、冷漠、易挫等，而这些也与家庭教育有着密切关系。

孩子的健康成长关系到家庭的幸福，同时，家庭的和谐与否也关系到孩子是否能身心健康地成长。作为孩子的第一任老师，父母一定要用积极、阳光的心态面对生活中的问题，让孩子生活在一个温暖、积极的环境中，这样孩子解决问题的能力和心态都会加强很多。

总之，家庭是社会的细胞，是孩子生活的第一环境，家长的言行对孩子的成长起着潜移默化的作用。父母要以身作则，以良好的心态和行为习惯为子女做表率，抓好孩子青春期的教育，帮助孩子实现心理上的良好转变。

相信孩子，让孩子充满自信

苗苗一直爱好音乐，爸爸妈妈虽然不同意苗苗以后从事音乐工作，但拗不过女儿，还是答应了苗苗的要求，每周末要么去学弹钢琴，要么去学拉小提琴等。但苗苗是个做事“三分钟热度”的孩子，兴趣来得快去得也快，爸爸

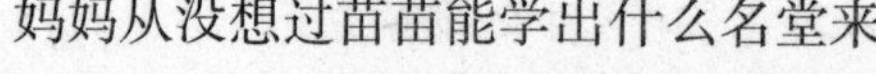

妈妈从没想过苗苗能学出什么名堂来。

一个周六的晚上，妈妈和爸爸一起去小提琴培训班接苗苗。回家的路上，苗苗说："爸妈，我想参加市里面的小提琴大赛，我们学校都没几个人敢报名呢，你们说我可以报名吗？"

"你平时出于兴趣去学一下那些乐器，我们是不反对的，可是我看你还是别报名的好，肯定没戏……"苗苗爸爸给女儿泼了一头冷水。

"你可别这么说，谁说我们苗苗没戏了？我看苗苗很有音乐天赋。苗苗，你去报名，妈妈相信你一定可以的！"受到妈妈的鼓励后，苗苗顿时精神大振。

从那天后，苗苗把每天的空余时间都拿来练琴，小提琴拉得越来越好。果然，在市里的初中生小提琴大赛上，苗苗不负厚望，取得了第二名的好成绩，而苗苗妈妈也认为自己是最有眼光、最明智的妈妈。

教育支招：

自信心是一种积极的心理品质，是人们开拓进取、向上奋进的动力，是一个人取得成功的重要心理素质。自信心在个人成长和事业成就中具有显著的作用。对于成长阶段的孩子来说，如果缺乏自信心，常常表现为胆怯、遇事畏缩不前、害怕困难、不敢尝试，孩子的认知能力、动手能力、交往能力及运动能力等发展就会缓慢；相反，孩子具有自信心，胆子大，什么事都敢尝试，积极参与，各方面发展就会快。

进入初中后，生活、学习环境的改变，竞争压力的加大，很容易挫伤孩子学习、交友的积极性，让孩子失去信心；同时，来自家庭的因素，比如，孩子从小到大衣来伸手饭来张口，久而久之，孩子什么也不会干，也会让孩子越来越没有自信。

初中阶段，是一个人个性、心理品质形成的重要时期，这时期孩子是否自信，决定了其将来是否能成为充满自信、有坚强毅力和足够勇气的人，是否能勇敢面对人生路上的各种挑战。因此，自信这种心理品质应该从家庭教育起步，在初中阶段应该着重培养。言传不如身教，培养孩子的自信心，不是单纯的几句说辞可以奏效，需要父母从生活中的点点滴滴入手。

那么，作为父母，应该怎样培养孩子的自信心呢？

方法一：多鼓励，让孩子勇于尝试。

一位名人曾说："如果孩子生活在鼓励中，他便学会自信。"这说明成人积极的教养态度对孩子影响很大。我国著名教育家陈鹤琴先生在讲到孩子心理特点时指出"小孩子喜欢成功的"、"小孩子喜欢称赞的"。

其实，这种心理需求，升入初中的孩子也是需要的，家长的鼓励是孩子得到的最大的肯定。因此，无论孩子学习成绩怎样，无论孩子做什么事，只要他去干就要给予肯定与鼓励。同时，还要善于发现孩子的点滴进步和成功，给予适当赞赏，使他们积累积极的情感体验。

再者，父母要明白，孩子毕竟是孩子，大人都会犯错，都有不足的地方，更何况一个孩子，他正是在历经错误与失败的过程中进行学习的。所以，只要孩子付出了努力，家长就要给予肯定和支持。要以宽容的态度对待孩子的过失，千万不要总盯着孩子做得不好或不足的地方去挑毛病。家长若对孩子否定多、指责多，就会使孩子产生自卑心理。

方法二：赏识孩子，让孩子发现和肯定自己的优点。

对于很多家长来说，似乎"孩子总是别人的好"，别人的孩子听话、懂事，对自己的孩子似乎总是"恨铁不成钢"，对自己孩子的长处和优点视而不见，充耳不闻，说什么"成绩不说跑不了"。人们常常可以听到孩子的强烈抗议声："我什么优点都没有吗？""为什么老批评我？"毫无疑问，孩子有优点，只是你没有注意。孩子为什么总是考不好，不是孩子不认真学习，而是你一味地贬低他，让他失去了信心。如果你开始发现他的优点并加以赞赏，想必你的孩子一定会信心大增。

方法三：采用建设性的批评方式。

当孩子缺乏信心或失去信心时，父母可以适时对他说"嗯！做得不错。"或"想必你已用心去做了！"等表示支持的慰语，就是所谓前段的"感化"。最后再鼓励他："如果能再稍微注意一点，相信下次可以做得更好。"这种积极的、有建设性的态度，才能使孩子不断进步，更加有自信心。

方法四：教孩子学会体验成功。

只要尝过成功的滋味，伴随而来的就是无比的喜悦以及对自己的坚定信心。所以，先让孩子尝尝成功的喜悦，这是使孩子建立信心最简易的方法。当孩子做成一件事后，父母首先应该夸奖孩子，告诉他："你做得真棒！"适当的时候，可以采取物质奖励的方式。而当孩子缺乏自信时，父母可以告诉孩子："勇敢一点，爸妈为你骄傲！"当孩子体验到成功的美好后，也就不会畏首畏尾，而是大胆地去争取了。

方法五：传授给孩子积极暗示的方法。

心理上矮化自己，孩子自然没有信心。教给孩子自我语言暗示的方法，让孩子主动思考。"我要自己想"、"我要自己做"，孩子经过自我语言暗示后，必然会运用自己的能力实行自定的目标。

自信心是在实践中培养起来的。因此，在日常生活中，父母一定要相信孩子，让孩子充满自信，他才能昂首阔步走向社会，去克服人生道路上的种种艰难险阻，迎接各种挑战。

及时帮孩子排解压力

进入初中后，彤彤明显感觉到学习压力比以前大了，似乎永远有做不完的作业，永远有看不完的书，就连她最喜欢的动漫也没有时间看了，紧张的学习压力把彤彤压得喘不过气来。彤彤妈妈是个细心的人，她看出女儿最近的变化，找办法帮助女儿解压。她意识到好久没有带女儿出去玩了，就安排了一次郊游。

周末，彤彤一家三口一起去爬山，爬到山顶的时候，妈妈对彤彤说："当心理状态不佳时，你可以暂时停止学习，放松一下，有一些小窍门会起到立竿见影的效果，如深呼吸、绷紧肌肉然后放松、回忆美好的经历、想象大自然美景等。另外，平时学习的时候，一定要注意劳逸结合，学习之余可以去上网、爬山、聊天、听广播、看电视甚至蒙头大睡，这样既可以暂时转移注意力，也可以缓解大脑的缺氧状态，提高记忆力。这些方法都可以释放内心的压力。记住，劳逸结合，学会缓解，才能学习得更好。"

“谢谢妈妈，我知道该怎么做了。”

果然，彤彤又和以前一样，什么时候都精力充沛，学习上有了更足的劲头儿。

教育支招：

人活于世，就必须承受来自各方面的压力，可以说，任何人都有压力。适当的压力是好事，它可以激励人们努力向上，如果没有压力就会使人不思进取，但压力太大又会使人身心无法承受而出现心理问题。对于孩子来说，他们的压力主要来自学习。

在当前这种教育状况下，跨入中学校门的孩子，他们学习、考试的压力往往都比较大，家长多注意给孩子减压，是关怀、理解孩子的良方。保持既紧张又放松的心态，是取得好的学习效果的基础。如果孩子老是瞻前顾后，心事重重，担心考分，担心名次，每天都背着沉重的心理负担，能条理清晰地分析和认识学习中碰到的一些复杂的题目吗？答案是否定的。只有解除心理负担，轻装上阵，才能达到理想的学习效果。

那么，作为父母，怎样帮助孩子及时排解压力呢？

方法一：主动与孩子沟通，让孩子一吐为快。

很多时候，孩子无法排遣心里的压力，是因为无处倾诉。而在他们眼里，父母只会告诉他要好好学习，根本不理解自己。因此，他们宁愿将这种压力憋在心里，也不愿向父母倾诉。其实，作为父母，不妨主动与孩子沟通，先让孩子接受你，当彼此间的隔阂消除后，孩子便会敞开心扉。

同时，很多孩子难以和父母启齿或者不愿意与父母沟通的问题，你也可以鼓励他与同龄人沟通。同龄人之间有相同的经历，说出来可能惺惺相惜，有助于排解紧张的心理情绪。

方法二：告诉孩子要劳逸结合。

孩子学习努力是好事，但不能太过疲劳。父母应该告诉孩子：首先要保证睡眠，晚上不开夜车。如果睡眠不足，要抽时间补回来。另外，要适当参加运动。若时间允许，可在平时唱唱歌、跳跳舞或者参加一些集体娱乐活动。在看书、做作业中间，做做深呼吸、向远处眺望等。

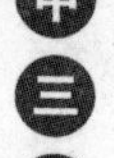

方法三:带孩子出去走走,回归自然。

工作繁忙、孩子学习紧张,让很多家庭的弦一直绷着,不仅孩子得不到放松,家长自己也精神高度紧张。其实,父母不妨多抽出一点时间陪孩子出去走走,让孩子感受一下神奇的大自然,尤其是那些山清水秀的地方,更是排放心理压力的好去处。

方法四:体力排放法。

体力排放,也就是人们常说的运动法排放压力。这里所说的运动包括很多种,可以是力量型的运动,比如长跑、打球、健身等,也可以是智力型的运动,包括下棋、绘画、钓鱼等。从事孩子喜欢的活动时,其心理自然逐渐得到平衡。

方法五:有目的地对孩子进行“心理操练”,培养其抗压能力。

心理承受能力是一个心理素质问题,反映一个人对待困难与挫折的理智程度和社会风险意识,对自我思想、情绪和行为的控制能力。因此,父母可以在生活中有意识地对孩子进行心理操练,培养孩子的心理承受能力。比如,在孩子取得成绩的时候可出点难题,在他们失败、失意的时候给予鼓励,教育孩子“得之不善,失之不忧”,始终以平和自然的心态参与竞争,以便能够经得起未来人生路上的风风雨雨。

方法六:鼓励孩子与人交往,走出狭小的生活圈子。

生活中,每个人都有压力,也都有自己减压的方法。通常人们都会选择与人交往的方法,因为当你融入人群的时候,会有种感觉:大家都跟我一样有压力,就看谁能够有效调节。当你认为你跟大家都一样的时候,压力马上就会减轻。

减压的过程实际上是培养孩子良好心理素质的过程。在生活中,作为父母,要多关注孩子,经常从孩子的语言、行为、情绪反应来了解他们的心态及其变化。当孩子幼小的心灵因为压力而感到无助时,父母一定要采取措施,帮助孩子从多角度减压,让孩子消除心理阴影,走出低谷,奋发向上。时时刻刻注意排解孩子的心理压力,才能使孩子远离心理疾患,树立健康向上的人生观和价值观!

第三章

沟通感情，做初中孩子的知心朋友

中国几千年的家长制教育让很多家长认为，子女就是子女，父母就是父母，要有严格的长幼尊卑顺序。他们把自己的权威看得很重，从不去了解孩子的想法。他们一心望子成龙、望女成凤，却不能与孩子很好地沟通，忽略孩子本身的特点，一厢情愿地向孩子提出过高的要求，给孩子造成了很大的心理压力。而更为严重的是，当他们的教育方式出现问题时，他们并没有认识到，反而认为是孩子的问题，对孩子施以更严重的惩罚，最终导致孩子与父母的关系越来越僵，孩子犯的错误也越来越多。这一矛盾，似乎在初中孩子与父母之间表现得尤为突出。这些孩子处于多变的青春期，渴望独立与自由，父母往往成了他们第一反抗对象。很多父母对此束手无策。

事实上，没有教育不好的孩子，只有不好的教育方法。如果父母试着理解孩子，放下架子，与孩子做朋友，就能在全面了解孩子的情况下，有针对性地纠正孩子的缺点，及时改变孩子错误的思想认识，有效减少不良行为的发生。这样，父母就可以更好地帮助孩子，使他们更加健康快乐地成长。

一、初中孩子需要被理解

孩子的情绪不稳定家长要理解

蕾蕾的妈妈在一家私企当主管,手下管着几十个人,工作很繁忙,免不了回到了家还带着在单位工作的情绪。

这不,她回家看见丈夫居然在看报纸,也不做饭,就有点不高兴了:“蕾蕾一会儿回来饿了怎么办?你怎么不做饭?”

“我怕我做饭了,你们母女俩又不合意,那不找骂吗?”丈夫一脸委屈的样子,她也就没说什么了。

“爸妈,我饿了,怎么还不做饭?”这时,蕾蕾正好回来了,看见爸妈没做饭,不高兴了,一把把门摔上,看自己的书去了。

“这孩子怎么了,现在怎么脾气这么坏了?小时候可不是这样,越大越不好管了啊?我去跟她评评理,这是什么态度?”蕾蕾妈很是生气,正想冲进女儿的卧室教育女儿,被丈夫一把拉住。

“孩子这个年纪,情绪不稳定是正常的,我们大人也不例外。你刚刚回家,不也是这样吗?我们要理解呀……”蕾蕾妈觉得是这么个理,火也就消了。

教育支招:

任何人都是有情绪的,包括喜、怒、哀、乐、恐惧、沮丧等,因为人是情绪的动物,人的情绪也是与生俱来的。到了青春期,情绪变化的会更快。青春发育期是人一生中迅猛发育的时期,形态、生理、心理都在急剧变化,特别是生殖系统的突变,会给孩子带来不少暂时性的困惑。同时,他们要求独立的意识也随之加强,这时孩子会像一匹脱缰的野马,那些情绪也随之四处乱

撞。可能刚刚还活泼开朗的孩子，一下子就会变得闷闷不乐、喜怒无常、神神秘秘了。

孩子长大了，很多父母知道为孩子增加丰富的食物营养，却不太注意这个时期的孩子内心世界的变化和需要，对于孩子多变的情绪，也无从理解，最终导致与孩子的距离越来越远，还很容易产生父母子、女关系的对抗。很多孩子发出感叹："为什么爸妈不理解我？"

因此，当孩子进入初中以后，父母就要体贴和帮助孩子，要对孩子身心发展的状况予以留意，对他们某些特有的行为举止要予以理解并认真对待。要认识到青春期的特点，理解孩子，才能和孩子做朋友，帮助孩子度过这个"多事之秋"！

那么，作为孩子朋友的父母，当你们对孩子的情绪予以理解以后，又该怎样帮助孩子顺利梳理好情绪呢？

方法一：告诉孩子"降温处理法"。

情绪之所以称之为情绪，就是因为它一般是一时兴起的，在这种情况下，不管做什么事情，都是不理智的、欠考虑的。所以，作为父母，当孩子产生情绪后，你不妨先不理他，这既可以让你自己先冷静下来，也给孩子一个考虑的时间，避免在气头上把本想制止孩子不听话的行为，变为"不信我就管不了你"的较量，也不给孩子因"火上加油"而继续发作的机会。

其实，这是一种心理惩罚，孩子会发现，自己的这种情绪完全是没有道理的。当孩子的情绪"温度"被降下来以后，你再告诉他，你这样做的目的是为了不让他冲动，然后让他也学会这种情绪调节的方法，以此帮助他提高自我制约能力。

方法二：做好表率，在生活中多寻找情绪的出口。

家庭气氛的融洽与否，直接关系到孩子的情绪自我控制能力。如果在一个家庭中，父母动不动就大发雷霆，或者父母脾气暴躁，是培养不出一个自我情绪控制良好的孩子的。因为父母解决问题的方法、对他人的态度都会潜移默化地影响孩子，孩子从他们身上接纳的是消极的处世策略，久而久

之，好发脾气、我行我素等不健康的个性就会在孩子身上显现。所以，在家庭教育中，父母要想成为孩子的朋友，并用自己的言行积极地影响孩子，就必须首先改变自己。当你要发脾气之前想想身边的孩子，控制住自己，换一种方式解决问题；也可以为自己找个情绪的出口。当你的脾气难以克制，已经发出之后，对身边的孩子说声："对不起，我错了！"……

方法三：培养孩子理智的个性品质。

每个孩子与生俱来都有着不同的个性特点，但不管哪一种个性的形成都是一个渐变的过程。有些孩子把情绪都挂在脸上，做事冲动、易怒等。如果父母对于孩子的这种个性品质听之任之，那么，孩子就会把父母的容忍当成武器。而如果父母在生活中能够对孩子晓之以理，让孩子从各个方面了解做事情绪化的危害，那么，孩子也就能慢慢学会控制自己的情绪，逐渐变得理智、成熟起来。

以上是几个简单的能帮助孩子调节情绪的方法，但前提是，作为父母一定要理解孩子。如果家长经常用指责训斥的粗暴方法压制孩子，容易使孩子产生逆反心理，他们会以执拗来对抗粗暴、发泄不满，同样不利于孩子控制情感和自己的行为，也会使孩子形成任性。父母和孩子做朋友，用理解、劝导的方式来指导他们，他们一定可以顺利度过这一情绪多变期！

孩子的心事家长要认真倾听

上了初中以后，程伟似乎变得越来越不听话了，经常在学校惹事，他的爸爸也经常被老师请去。这不，程伟又在学校打架了。回家后，爸爸并没有训斥孩子，而是心平气和地把孩子叫到身边。

"我知道，老师肯定又把您请去了，我今天是少不了一顿打。"儿子先开了口。

"不，我不会打你，你都这么大了。再说，我为什么要打你呢？"爸爸反问道。

"我在学校打架，给您丢脸了呀。"

"我相信你不是无缘无故打架的，对方肯定也有做得不对的地方，是吗？"

"是的，我很生气。"

"那你能告诉爸爸为什么和同学打起来吗？"

"他们都知道您和妈妈离婚了，然后就在背地里取笑我。今天，正好被我撞上了，我就让他们道歉，可是，他们反倒说得更厉害了。我一气之下就和他们打了起来。"儿子解释道。

"都是爸爸的错，爸爸错怪你了，以后别的同学那些闲言闲语你不要听，努力学习，学习成绩好了，就没人敢轻视你了，知道吗？"

"我知道了，爸爸，谢谢你的理解。"

教育支招：

可以说，程伟的爸爸是个懂得理解与倾听孩子心声的好爸爸。孩子犯了错，他并没有选择粗暴的责问、无情的惩罚，而是选择了倾听。倾听之中，表达了对孩子的理解，让孩子感受到了爱、宽容、耐心和激励。试想，如果他从学校回家以后就大发雷霆，不问青红皂白地将孩子打骂一顿，结果会是怎样呢？结果可能是父子之间的距离越来越远，孩子的叛逆行为也可能越来越明显。

但现实生活中，这样的家长又有多少呢？随着现代社会生活步伐的提速、竞争压力的加大，作为家长，为了能给孩子一个优越的生活环境，常常会忙于工作，而忽视了与孩子多沟通，陪孩子一起成长。父母是孩子的第一任老师，也是孩子接触时间最长的朋友。在孩子成长的过程中，最需要的就是父母的关心，最愿意与之交流的也是父母。尤其是在孩子进入初中以后，这种交流应该更为需要。因为这期间，孩子的自我意识加强，渴望脱离父母的束缚，如果缺少父母的理解，那么，亲子关系就会越发紧张，甚至对孩子的成长会产生不利影响。可见，父母不愿倾听、理解孩子的最终结果可能是失去了"倾听"的机会。常有家长这样抱怨：真不知道我家孩子是怎么想的，总是

不肯好好听我说话。对此,父母应该反问自己:作为家长,你有没有听过孩子说话?父母把大量的时间用来批评和教育孩子,却忽略了倾听。父母应该做的不仅仅是为孩子提供良好的物质生活环境,同时,应该去倾听孩子的内心,让彼此间的心灵更为亲近。

可能有些家长又说:“孩子长大了,心事多了,我倒是愿意倾听,可是,孩子不愿意说,我能怎么办?”其实,这是由于倾听的方法不对。以朋友的身份倾听,效果会好很多。如果父母不放下架子,孩子怎么会打开心扉呢?

倾听是一门艺术,那么,作为父母,应该怎样倾听呢?

第一,摆正姿态,放下架子,让孩子感受到尊重和平等。

生活中,很多初中生说:“每次,我想跟爸妈谈心时,刚开始还能好好说话,可是爸妈似乎都是以教训的口气跟我说话,我还没说完,他们就开始以父母的身份来教育我了,我真受不了。”其实,这些家长就是不懂得如何倾听。倾听的首要前提就是要和孩子平等地对话,这样才能达到双向交流的目的。父母和孩子发生矛盾在所难免,但要等孩子把话说完,再提出解决的办法,这才会让孩子感受到尊重。因此,作为父母,一定要放下架子,主动与孩子交流,然后认真倾听。只有让孩子体会到家长对自己的尊重,孩子才能更加信任家长,达到和家长以心交心、以长为友的程度。在这种条件下,孩子对家长完全消除隔膜、敞开心扉,培养的过程因此将成为一种非常美好的享受。

第二,抛弃成见,孩子的想法未必不正确。

作为大人,很多时候会认为孩子的想法是不对的,甚至是不符合常规的。抱着这样的心态,在倾听孩子说话的时候,会有一种先入为主的想法,会认为孩子的话幼稚可笑,孩子自然得不到理解。其实孩子也是人,孩子也有一个丰富的心灵,父母要特别注意倾听他们的心声。

著名的社会学家费孝通先生曾经说过:孩子经常听不懂大人的话,孩子懂道理是看会的,不是听会的。所以父母一定要体谅孩子的这种难处、这种特点。你对他了解得越多,体谅得越多,教育效果就越好。

第三,善用停、看、听三部曲。

当孩子产生不良情绪的时候，做父母的就要察觉出来，然后主动接触孩子，运用停、看、听三部曲来完成亲子沟通这个乐章。“停”是暂时放下正在做的事情，注视对方，给孩子表达的时间和空间；“看”是仔细观察孩子的脸部表情、手势和其他肢体动作等非语言的行为；“听”是专心倾听孩子说什么以及说话的语气声调，同时以简短的语句反馈给孩子。

孩子可能做得不对，但作为家长，不要急于批评孩子，应该在倾听之后，对孩子表达你的理解。在孩子接纳你、信任你之后，你再以柔和坚定的态度和孩子商讨解决之道，从而激励孩子反省自己，帮助他从错误中学习成长。

其实，每一个孩子都希望自己得到父母的重视，尤其是初中阶段孩子，处于青春期的他们更希望能得到父母的理解。因此，从现在起，每天抽出2小时、1小时，哪怕是30分钟，做孩子的听众和朋友，倾听孩子心中的想法，忧其所忧，乐其所乐。当孩子对父母有安全感或信任感时，就会向父母诉说心灵的秘密。这样，孩子才会在父母的爱中不断健康地成长，快乐地度过青春期！

正确对待孩子与异性的交往

有一天，洋洋回到家，发现自己房间的门半掩着，她进去一看，原来妈妈在看自己的日记。洋洋顿时火冒三丈，说了一句：“妈，您怎么能这样，您难道不知道什么是隐私？”

“隐私，你都是妈妈生的，在妈妈面前有什么隐私，真是。我听人说，你在学校谈恋爱了，妈妈想证实一下啊！”

“谁说我谈恋爱了，自从我上初中以来，您一天到晚都神经兮兮的，今天不是担心我在学校谈恋爱，明天就是担心我交了什么坏朋友。我已经长大了，知道该怎么做，你以后少干涉我！”洋洋这次真的生气了。“啪”的一声，妈妈打了洋洋一巴掌，洋洋一气之下就离家出走了。

几天之后，在老师和同学们的帮助下，洋洋的爸妈才找到洋洋。老师的一番话让洋洋妈妈如梦初醒，知道自己做错了。

老师是这样说的："初中阶段的孩子正值青春期，他们是脆弱的、敏感的，你们就不应该太敏感，上次，我们班有个男孩，我发现他给班上的一个女孩子递了情书，我决定与之做朋友，并采取了轻描淡写的处理方式，我对他说：'老师也曾年轻过，也曾经历过青春期，每个阶段都有几个男孩爱和我比成绩，现在我明白这就代表'喜欢'，但所幸他们都能正确对待，我们的交往也仅限于学习上互相探讨，并没有影响到学习，相反，这几个原先学习成绩不如我的男孩，最后他们都超过了我。今天你写的信，仅仅是一种好感，这是每个人都可能经历的，但我觉得你现在的生活就是在为一棵只开花不结果的树而忙碌。'后来这个学生果然努力学习，现在也是我们班的尖子生呢！"

教育支招：

很明显，洋洋妈妈的做法是错误的，洋洋的离家出走也是情理之中的事。进入青春期的孩子身体发育比较快，这时他们出现的问题很多，渴望和异性交往就是其中一个无法回避的问题。男女同学之间的交往，越来越频繁。据有关专家研究，在初中阶段，愿意与异性交往的比例随着年级的增高而逐渐增加，初一时为35.4%，到初二猛增到68.1%，初三时则达到79.6%。由此可见，初二学年是初中生异性交往发展的高峰期。另据一项资料显示，初中生中与异性同学经常交往的人数占与异性同学交往总人数的82.6%，其中已有爱慕对象或已确定恋爱关系的比例约为26%。少男少女这样频繁的交往，引起了许多父母的不安和惊慌。

很多父母认为，孩子与异性交往，要么会耽误学习，要么会陷入早恋的泥潭。尤其是女孩子的父母，对进入初中的女儿更是小心翼翼，千方百计阻止女儿与男孩子交往。那么，父母到底该怎样对待上初中的孩子与异性交往呢？其实，孩子与异性交往是好事，家长不必太过敏感，要懂得分辨。当孩子与异性之间的交往是处于单纯的友谊时，要给予鼓励。而当这种交往开始朝着畸形和错误的方向发展时，父母要采取措施，加以引导，使之朝着健康的方向发展。

那么，家长要根据具体情况，具体对待。

第一，尊重孩子正常的异性交往。

异性间的友谊，是青春期少年成长的需要。孩子进入初中后，已经不再是儿童了，他们有了与异性交往的渴望，他们会觉得与异性交往很愉快。但只要这种交往不是固定在某个异性身上，而是具有群体性的，就是正常的异性之间的交往，这对于孩子的成长是有益的，既有助于孩子在交往中学习、体会和掌握自己与异性不同的身心特点、行为规范、思维模式等的不同，有助于孩子取长补短，也有助于他们学会承担与自己性别角色相适应的责任和义务，促进自己身心健康地发展。对于这种正常的异性交往，父母应予以尊重和支持。

但父母也应该教育孩子，初中时代，男女同学之间的关系应该只能停留在友谊的层面，提倡男女同学广泛交往，集体活动。男女同学交往也应该光明磊落、理智相处，尽量避免独处，要互相尊重，大方交往，只有这样，才能建立同学之间纯洁的、真挚的友谊，促进彼此间的合作，取长补短，共同进步。

第二，慎重对待和处理孩子非正常的异性交往。

作为父母，孩子与异性交往，不可过分敏感，但一定要细心观察。当发现孩子不是与异性集体交往，而是频繁地、秘密地专门与个别异性同学交往时，父母就要高度重视，谨防这种非正常的异性交往走向早恋。但是，在遇到这种情况的时候，一定要确认事实，千万不可惊慌失措，甚至强行干预。正确的做法是冷静对待，正确处理，加以引导。

一般来说，孩子如果与异性不正常地交往时，是有一些明显的迹象的，比如，神情不对，说话吞吞吐吐，上课不集中精神，成绩下降很快，放学不及时回家，私人信件、电话突然增加了很多等，但这也并不一定表明孩子已经早恋了，要观察以后，再做一番分析思考。当确认这一事实后，家长一定要找出原因，是交友不慎受人影响；还是受黄色录像、读物诱导，思想有了变化；还是在家缺乏温暖，另求爱抚等，以便心中有数，进行有的放矢的教育。但在教育的过程中，家长一定要注意方式，不可大肆宣扬，以免伤害孩子的

自尊心，也不可采取强行压制的方式，可以请孩子信得过的朋友、同学帮忙，引导孩子走出感情的漩涡。

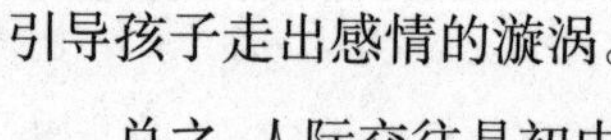

总之，人际交往是初中生强烈的情感需要和社会需要，渴望与异性交往更是正常的心理现象，是不可避免的。所以家长对孩子的这些表现不要过于敏感和紧张，而应该欣然接受。同时，父母应该努力创造条件，加以引导，让孩子在广泛的异性交往中，找到能促进孩子健康成长的朋友！

家长要注意教育方式

彤彤妈妈有个朋友在警察局工作，有一天，她带着孩子来彤彤家玩，谈到孩子的教育问题："你儿子还小，还好教育一点，孩子越大，越不好管啊。"

"可不嘛，尤其是现在的初中生，一个个都很叛逆。就说昨天吧，一上午，我们就接到了三个孩子的家长来报案，孩子都离家出走了。而这些孩子出走的原因都是因为跟父母发生争执，被父母打后负气离家。庆幸的是，最后这些孩子都平安地回到了家人身边。"

"是啊，孩子到了初中进入青春期，也就进入了叛逆期。其实，孩子出走也并不全是孩子的过错啊，他们毕竟还小。如果父母注意自己的教育方式，做孩子的朋友，可能孩子就不会有那么大的抗拒情绪了。父母以暴制暴的教育只能引起孩子更大的反抗，很多孩子会以离家出走的方式来对抗父母。"

"你这句话倒是提醒了我，我家小家伙也说什么要和妈妈做朋友，我还说他是胡闹呢，看样子，的确有道理啊。"

教育支招：

孩子出走事件告诉所有父母：作为家长，教育孩子无可厚非，但是一定要注意方式方法。请您相信您的孩子是可以好好沟通的，请跟孩子好好说！

作为学生，最主要的任务就是学习。他们进入初中，学习科目比小学显著增加，学习任务急剧加重。因此，大部分父母，都把很大精力放在孩子的

学习上，希望孩子将来能出人头地，甚至为孩子设计好将来的生活。的确，望子成龙、望女成凤无可厚非，但不能只注重结果，不注重方式方法。有的家长为了让孩子学好，往往采取一种很愚蠢的方法，强迫孩子学习，给孩子施加很大的压力，而稍有不慎，则粗暴地对待孩子；有的家长则很独裁，要求孩子的行为要与他们的方法一致，否则就会严词呵斥，这样就使孩子变得畏首畏尾；有的家长则相反，处处为孩子着想，处处迁让孩子，害怕孩子受委屈，吃苦头，因而不放心孩子去做事，这样就造成孩子的依赖心理，遇到事情，依赖父母解决。由此可以看到，这些教育方法都会对孩子产生负面影响。

事实上，进入初中的孩子，抽象思维能力明显加强，思维的独立性与批判性也显著发展，父母往往是他们反抗的第一对象。如果父母不注意教育方式，势必会对孩子的成长造成影响。

美国几位获得迪斯尼杰出教师奖的优秀教师总结出下面六点建议：

(1)让孩子做一些力所能及的家务事。

(2)对孩子应该严格要求。

(3)尽量多与孩子的老师联系。

(4)正确对待孩子的成绩。

(5)理解孩子学习中的困难与负担。

(6)适当给孩子一定的放松空间。

当然做到这六点是有一定难度的，但是当你的孩子成为一个好学生时，这些努力还是值得的。

社会发展了，教育孩子不能用以往的办法去教育了。作为家长，要想真正把孩子教育好的话，必须能了解孩子心里在想什么。要做到这一点，有个好办法，那就是像你交朋友一样去走近孩子的身边，在他需要帮忙时你是他的朋友，在他需要关怀时你是他唯一的依靠，这样，你才能真正了解你的孩子。最好是多以朋友的语气和孩子交流沟通，等孩子对你给予他的自由有一定的了解时，他才会对你打开心扉，真正希望你能了解他的内心世界。

那么，作为初中孩子的家长，该以怎样的方式来教育孩子，做孩子的知

心朋友呢？

方法一：了解、理解、信任你的孩子，给予孩子关爱。

可怜天下父母心，每个父母都是爱孩子的，但是教育的结果却完全不同。为什么有的家长能跟孩子和谐相处，情同知己；有的却水火不容，形同陌路。这就是教育方法的不同所造成的。作为父母，首先就要了解你的孩子，关注孩子的成长过程。孩子进入青春期，烦恼的事情多了，有时候脾气坏，情绪失控，作为家长，你要理解，首先要了解孩子的青春期特点，才能知道孩子叛逆的原因，对症下药。

方法二：鼓励你的孩子，给足其自信心。

学生关心的永远是学习成绩，无论你的孩子在考试中取得了怎样的成绩，你都要给予鼓励，告诉他："你真棒！""你已经尽力了！"父母的肯定与赞扬是孩子奋发向上的灵丹妙药。同时，如果你想成为孩子的朋友，简单的一句话是不够的，你还可以帮助他制订一个适合他的学习目标，但一定要先看看他的现状和他的潜能。尤其有些孩子目前成绩不是很理想，一个比较切合实际的办法是，帮孩子制订一个分阶段的学习目标。这个目标要以他现在的成绩为基点，不妨把你的期望值放得低一点，这样对于孩子的压力小一些。当孩子成功时，你可以和孩子一道分享这难得的喜悦！而这，更能增强他的自信心。

方法三：适当"讨好"一下你的孩子，缩短彼此间的心理距离。

当然，这里的"讨好"并不具备任何功利的目的，而是为了加强亲子关系。父母应该经常赞扬一下你的孩子，或者带孩子出去散散心等，让孩子感受到家庭的温暖，彼此间的心理距离就拉近了。

方法四：尊重孩子，平等交流。

家长要学会跟孩子聊天，不要认为孩子的世界很幼稚，对孩子的话题不感兴趣。不论孩子说什么，父母最好表现出很感兴趣的样子，这样孩子才有跟你交谈的欲望。

望子成龙、望女成凤的家长们，当你的孩子如此叛逆时，你们是否反省

过自己的教育方法呢？如果你们真的要孩子成才，就应该注意一下自己的教育方式。关注孩子的成长，理解孩子，尊重孩子，做孩子的朋友，或许他会“听话”起来！

二、初中孩子需要被尊重

一定要尊重孩子的隐私权

彤彤的同学小天最近迷上了上网，可能是因为他们家最近新买了一台笔记本的关系。一放学他跑得比谁都快，回家后就钻进房间，打开电脑，妈妈喊吃饭都不愿意出来，作业到半夜还没做完。妈妈发现了儿子的变化，就留心观察了一下，原来儿子每天晚上会在网上等一个叫“秋水伊人”的女孩子。

为了看看儿子是不是早恋了，妈妈那天早早地下班了，打开了电脑，儿子的聊天记录没有加密。她看到那些聊天内容，才知道原来自己多虑了，这个“秋水伊人”是儿子小学时候的同桌，现在出国了，对国外的生活很不适应，就找儿子倾诉一下。正在这时儿子放学回来了，撞见妈妈在看他的聊天记录，顿时火冒三丈，摔门而走。

几天后，她和丈夫终于在学校附近的一家网吧找到了儿子，她跟儿子道了歉：“是妈妈不好，我应该尊重你的隐私权，你跟妈妈回去吧……”

后来，小天妈妈跟小天做了约定：一是互相之间不撒谎；二是说过的话算话；三是不介入个人隐私。后来，小天和妈妈的母子关系一直很好，无话不谈。

教育支招：

恐怕很多家长都偷看过孩子的聊天记录或者日记，这种行为是不当的。

作为家长，有权利和义务监督和引导孩子上网，但是引导方式一定要正确。有些家长担心孩子上网出问题，便严加看守，经常查看孩子们的聊天记录，使孩子们哭笑不得，极度难堪，在不知不觉中伤害了他们的自尊心。

隐私权体现的是人的尊严和价值，是宪法保护的一项基本人格权。未成年人虽然年幼，但同样有其人格尊严和价值，同样不容他人非法侵犯。确立、尊重和保护未成年人隐私权是文明进步的表现。因而，从小培养未成年人的隐私权意识，尊重未成年人的隐私权益，有利于促进其健康人格的养成。

在生活中，很多父母可能认为，孩子的生命都是自己给的，哪里还有什么隐私。因此，提到孩子的隐私问题，都会觉得不以为然：父母看看孩子的聊天记录、手机短信、日记，这都是天经地义的事。这正是一种不懂法的表现。

事实上，孩子上了初中以后，他们渴望父母能给自己更多的空间。而有些家长总是想控制子女、管制子女、设计子女。适当的控制是必要的，但随着年龄增长，更多的是靠子女的自觉和自律，要给子女自主的空间，要尊重子女自主的空间。父母干涉过多，是很多青春期孩子不快乐的原因，恰如金庸小说里所说“怜我世人，忧患实多”，尤其是孩子的隐私。“最讨厌的事情就是父母亲偷看我的短信”、“上网聊天也要偷着瞧，一点自由都没有，真烦”这恐怕是很多孩子的心声。但家长们也左右为难，“我们不看的话，怎么知道孩子怎么想的”。如何在家长的知情权与孩子的隐私权之间取得平衡呢？

第一，用正确的态度看待孩子的隐私。

任何人都有一点秘密和隐私，这是不希望被人知道的部分。孩子也是一个独立的人，他们心中有秘密存在是很正常和普通的事，这其中包括孩子的如意和不如意、成长经历等，没有什么值得大惊小怪。如果父母换个角度来考虑，假如孩子偷看了父母不愿意让人知道的信件或日记之类的东西，父母的感觉又怎样呢？因此，父母只有把孩子当成一个独立人来看待，保持孩子和自己在人格上是平等的心态，才会尊重孩子的隐私。

以这样的心态，父母就能从容面对孩子保留的那点秘密和隐私了。当

发现孩子给书桌上锁、给电脑设密码时，也就不会草木皆兵、如临大敌了。

第二，要注意引导方法。

父母侵犯到了孩子的隐私，他们的出发点并不坏，他们是担心子女出事，有时也确实是为了更多地了解子女。但是，他们那种方法是不可取的。对于孩子的某些问题，要重在引导，要根据孩子的选择给他自由，不能多加干涉。即使你想了解孩子，并不一定要以窥探孩子隐私、牺牲孩子隐私为代价，而应该把孩子当朋友一样相处，充分尊重孩子的人格与隐私，给孩子一个相对独立的空间，通过平等对话，交流情感，让孩子主动敞开心扉，把内心的秘密告诉父母。亲子间多沟通，通过沟通了解孩子心中的秘密。父母要尽量帮助孩子减少不必要的秘密，以减轻他们的心理负担。

第三，培养孩子对自己的信任感。

信任感的建立，是从生活中的一点一滴积累起来的，父母要兑现对孩子的承诺，不能兑现也得说清理由，取得孩子谅解。承诺为孩子保守秘密，一定要守信。同时，家长可以根据孩子的年龄不断改变监管的力度和方法。平时多和孩子谈谈心，学会信任孩子。家长们应当将孩子当做一个完整和独立的人来看待，学会尊重孩子，学会理解孩子。

人人都有不愿告诉别人的私事，这便是隐私。个人隐私应得到尊重。法律也规定保护个人隐私不许侵犯，这便是隐私权。大人的隐私权且不说，孩子的隐私权受侵犯是常见的事。因此，作为父母，要主动改变观念，改变单一管理孩子的方法，不要再把孩子当成你的附属品了。父母要把孩子当成一个具有完整人格的独立人来平等看待。尊重孩子，从尊重孩子的隐私权开始！

家长也向孩子吐露心声

彤彤是小区里有名的好孩子，很多家长都想向彤彤妈请教怎么教育孩子。因此，彤彤家经常会有一些邻居叔叔阿姨来串门。这不，楼上的王阿姨又来“取经”了。

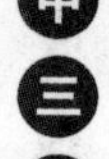

“你说，我们大人这么辛苦，还不都是为了孩子，为什么孩子们似乎都不理解呢？有什么心事也不跟我们说，长大了，我们也管不了，哎……”

“其实吧，孩子是渴望交流的，但往往我们家长摆出了长者的威严，孩子无法感受到平等，自然也就不愿意与我们交流了。”

“那怎么才能让孩子开口呢？”王阿姨问。

“想要让孩子开口，我们就得先开口，主动向孩子倾诉，让孩子也了解我们的感受，沟通是双向的嘛。像我们这样的中年人，在单位工作压力很大，工作了一天，回到家里，真的很累，有时就不想说话。有时在单位还免不了受一些闲气，心里很窝火，脸色不自觉地就有些难看。但我现在总在进门之前提醒我自己调整好心态，当孩子开门迎接你的时候，给她一个笑脸。等自己心情好点的时候，我们晚上会坐在一起，我主动开口，说自己在单位的那些事儿，彤彤一般都能理解我的感受，她有时还会来安慰我。只有先主动倾诉，才会让孩子觉得你容易亲近，才会愿意与你倾诉。如果你冷落孩子，根本不理他，他就会到外面去找能安慰他的人。为什么有的小孩子会结交不良少年，会早恋？原因当然很多，但我觉得其中根本的一点，就是缺少家庭的关怀，缺少亲情的温暖。不过，这也是我个人的想法。”

王阿姨听完，连连点头，看来，彤彤妈的话对她起作用了。

教育支招：

孩子进入初中后，很多父母会抱怨：“孩子上了初中以后，一天与我们说话都不到三句，跟我们的关系越来越疏远，就喜欢跟同学泡在一起。由着他们这样自由交往，不变坏才怪！”这个时期的孩子，也已经或即将进入青春发育期。这是一个人从幼稚走向成熟，从依赖走向独立，从家庭走向社会并逐步适应社会的重要阶段。可以说，这一时期的孩子是最让父母操心、担心和伤脑筋的。他们拒绝与父母沟通，有时候并不是孩子的过错，而是父母的态度让他们欲言又止。而聪明的父母，在向孩子“施爱”的时候，还懂得“索爱”。因为他们懂得，沟通是双向的，要想让孩子畅所欲言，让孩子打开心扉，首先自己就要抛弃只听不说的偏见，放下架子，让孩子了解自己，才能消

除神秘感和沟通障碍，与孩子平等地交流，做孩子的朋友，帮助孩子度过暴风雨般的青春期！

家长向孩子吐露心声，也可以让孩子懂得感恩。不少家长在“爱”的问题上，只尽“给予”的义务，不讲“索取”。这时，家长们的爱就会贬值，孩子们会觉得父母的爱是应该的。有时候父母扛着生活艰辛的担子，只要孩子好好学习，哪怕再苦也值得，而孩子根本不理解。孩子一般不理解父母，很多时候是因为父母不给孩子了解的机会。当孩子知道父母的辛苦后，感恩之心会油然而生，学习的动力也就更明确了。

因此，作为家长，当孩子进入初中后，要顺应孩子的生理和心理的成长，在教育方法上也要做出调整，把孩子当成朋友，而不是小孩子，你们之间应该平等地对话、交流。具体来说，父母应该做到以下几点：

第一，尊重孩子的独立性，肯定孩子的担当能力。

父母首先要把孩子当做一个完整的、独立的个体来对待，而不是自己的附属。孩子虽然还处在成长的阶段，但已经具备了一定的解决问题的能力。因此，不要认为孩子还小，不能让他知道得太多，会影响孩子的学习等。孩子是家庭成员之一，当你与孩子共商家庭计划时，孩子会感受到被尊重。当他再遇到成长中的问题的时候，也愿意拿出来与家长一起“分享”，共同找出解决问题的办法。

第二，建立友好信任的关系，尽量避免与孩子冲突。

初中阶段的孩子情绪容易冲动，父母与孩子在沟通过程中产生意见分歧的时候，一定要注意方式方法，不然稍有不慎，便会导致孩子产生逆反心理，引发抵触情绪并有碍沟通交流。所以，家长在向孩子吐露心声的时候，一定要注意考虑孩子的感受，尽量避免冲突。如果产生了冲突，也要让自己冷静下来，立即采取适当方式主动停止争辩，待双方冷静后，再来开导孩子，这样效果会好得多。

第三，向孩子吐露心声重在“吐露”，而非“诉苦”或者“责怪”。

生活中，的确有一些父母经常对孩子谈及自己的生活和工作状况，但却

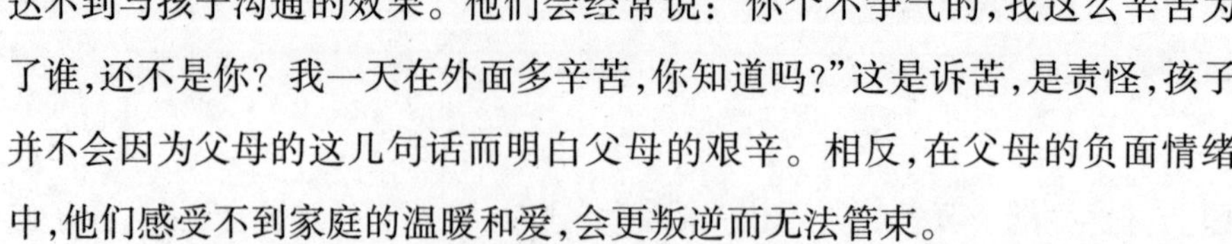

达不到与孩子沟通的效果。他们会经常说:“你个不争气的,我这么辛苦为了谁,还不是你?我一天在外面多辛苦,你知道吗?”这是诉苦,是责怪,孩子并不会因为父母的这几句话而明白父母的艰辛。相反,在父母的负面情绪中,他们感受不到家庭的温暖和爱,会更叛逆而无法管束。

总体来说,作为初中孩子的家长,既要关心孩子的学业成绩、生活起居,更要关注孩子的内心需求以及品德、行为习惯的培养,做孩子的知心朋友,了解其心理发展的过程,为其提供所需要的成长环境,使其获得更多的力量与信心,才能与孩子一起成长!

家长不要摆架子,乱发脾气

彤彤的班主任老师关心班上的每个学生,他并没有把眼光只放在那些学习成绩优异的学生身上。从初一开学到现在,已经有半个学期了,他发现班上有个叫周兴的男孩子,感觉总是不对劲,同学们放学后,他宁愿在学校四处游荡也不愿意回家。于是,班主任老师决定做一次家访。原来,所有的问题都出在孩子的爸爸身上。

“我爸回家我就进卧室,吃饭做作业我都待在自己的房间里,早上等他上班了我再上学,一天下来基本上可以不说话。”周兴这样形容自己和爸爸的生活,他们之间相敬如“冰”,互不干扰对方。

“跟他说话很累,根本就说不到一块去。”周兴说,“每次和爸爸说话,从来就是三句话不到就开始‘热闹’了。”

“其实我们父子俩哪有什么深仇大恨,我说他也是为了他好,但孩子倒把我当成仇人、陌路人。”周兴的爸爸这样对班主任说。他是个退伍军人,大男子主义比较严重,说话常有口无心,又好面子,不愿意向孩子低头;而周兴年纪小比较容易激动,又认死理,也许是这样才造成父子两人关系越闹越僵。上了初中后,周兴已经习惯了对父亲那套“我是家长,我说什么你得听着”的理论保持沉默。“像现在这样大家互不干涉也挺好,没有吵架,也安静

多了。”在周兴看来，如此陌生的父子关系似乎也不赖。

教育支招：

很明显，周兴爸爸和儿子之间问题的症结出现在缺少沟通上，而其中一个重要的沟通障碍就是爸爸放不下做父母的架子，与孩子之间形成了一种对抗。久而久之，孩子就宁愿与他之间以“陌生人”的关系相处。

进入初中的孩子，随着年龄的增长和周围人际关系的发展，他们必然会出现一系列的变化，甚至会遇到很多困惑和困难，也将面临更多需要自己亲自处理的事情。这时候就需要父母以朋友的身份来帮助孩子，而不是以训导者的身份来对孩子的行为指手画脚，否则只会换来孩子的逃避和欺骗。孩子是渴望与父母沟通的，但往往是父母的态度让他们望而却步。与孩子进行良好沟通的前提，就是平等地对待孩子，做孩子的好朋友。和孩子交朋友也是现代家教的有效途径。和孩子交朋友，家长就要放下架子，尊重孩子的人格，这样孩子才会愿意向你说心里话，家长才可以及时帮孩子摆脱各种问题。如果家长总是摆着家长架子，专制地要求孩子服从自己，那么亲子间沟通的大门就会慢慢关上。

孩子上了初中，他已经长大了，不像小时候那样对父母寸步不离。他们希望有自己的空间，更希望得到父母的尊重。尊重孩子是家长走进孩子心灵的第一道阳光。没有尊重谈不上信任、平等，就无法进行沟通，就搭不成交友的桥梁。尊重孩子的心理需求，倾听孩子的意见，允许孩子保留合理的自由和权利，从情感上接纳孩子，这样孩子才会乐于向家长敞开心扉，乐于接纳父母的教诲。“好的关系胜过好的教育”，此话已被家教的有效性所证实。可见，那些喜欢摆家长架子，喜欢乱发脾气的家长是无法与孩子培养出良好的关系的。

但生活中，有时候家长放下架子，想和孩子说说知心话，结果却发现和孩子的距离越来越远，面对这种已经恶化的关系，父母应该怎么办呢？

方法一：创造氛围，缓和情绪。

孩子长期处于父母的“坏脾气”和“家长架子”的高压下，难免出现心理

畏惧。此时，家长若想与孩子交心，首先就要注意营造融洽的氛围。如果自己脾气不好，可选择双方的心情都比较轻松的时候，对电视中、报纸上的一些生活事例展开讨论，同时切记"对事不对人"，不可很快就将话题引到孩子身上，避免引起孩子反感。如此知心话才能为孩子所接受、理解，才能让家长的人生观在和孩子对某件事的轻松讨论中，不知不觉地对孩子产生影响。

方法二：控制情绪，不要让孩子成为你的出气筒。

很多家长工作繁忙，情绪不好，回到家中，面对不争气、不听话的孩子，自然气不打一处来，孩子往往就成了他们的出气筒。久而久之，孩子只能对你望而却步，即使有话想对你说，也会畏惧。对于这种情况，父母首先要改变的就是自己，一定要学会控制自己的情绪，发火前不妨先想想后果，压住心中的怒火，也就不会乱发脾气了。

方法三：以聊天的方式面对孩子的敏感问题。

面对男女同学交往的问题，很多父母是丝毫不留余地直言谩骂。要知道，处于青春期的孩子本身对这些问题就敏感，父母的责骂很容易让孩子产生一些负面情绪，甚至影响孩子的学习和生活。孩子一天天长大，家长想对孩子进行性教育，首先要学习正确的性生理知识，然后不妨采取这样的方式：和孩子在安静的氛围中，通过漫不经心的闲聊，把家长自己在成长过程中遇到的困惑和解决方法告诉孩子，从而让孩子对家长产生信任感，坦然地把自己的情况和疑惑吐露。这样，两代人的交流就在不知不觉中完成了。

和孩子谈论敏感话题时，作为父母，切忌大发雷霆，不要以指责的态度评价孩子的行为，必须保持平和的态度与孩子交谈，这样才能让孩子容易接受，并且由此树立父母在孩子心中的威信和正面形象。今后有其他问题，孩子自然也乐意同家长共同讨论。

父母的爱是世界上最无私的爱，但望子成龙、望女成凤的急切心态，有时会让他们在有意无意的言谈间伤害孩子的自尊心。很多家长为如何教导处于青春期的孩子而头疼不已，但要坚持这样一种教育观念教育孩子：一定要和孩子成为朋友，而不是以训导者的身份来对孩子的行为指手画脚，学习

与子女平等交流，你与孩子的关系一定能达到一种和谐状态。如果子女到了中学阶段还愿意有什么事都与家长交流，那家长就成功了一大半。只要子女愿意与家长交流，有什么问题都能够得到比较妥善的解决。

让孩子也当当家

一个周六的早上，彤彤妈还在睡觉，突然听到家里的大门响了一下，也没在意。起床后，她发现彤彤不在房间，以为女儿又去哪儿疯去了。这时，彤彤回来了，手上提了好多菜。

"妈，今天您休息，所有的家务我包了……"彤彤欢快地说着。

"你没发烧吧，孩子，你这个小懒猪，平时连自己的袜子都懒得洗的人，今天做家务？"

"老妈，咱俩是朋友啊，我看着你一天既要工作，又要忙家里的事，我心里也不好受啊，能帮您做点儿就做点儿吧。"彤彤妈听完后，突然有种想哭的冲动，女儿长大了，这么懂事了。

"妈，您可别感动，以后每个周末我都会帮您做家务。哦，对了，家里有什么事你们也可以跟我商量一下，或许我能帮你们出出主意呢！我以后也不会乱买东西了，我昨晚看见您有一件毛衣都穿坏了，还舍不得扔，我不能乱花钱了……"

"是啊，我的彤彤长大了，知道当家了，我真高兴！"

"先不跟您多说了，我要做早饭了，我爸还睡着呢，一会起了给他一个惊喜……"

教育支招：

彤彤的确是一个懂事的孩子，在周末主动帮父母做家务，为父母分担生活的担子。可是，现实生活中，能和彤彤一样，自觉当家的初中生恐怕为数不多。"这孩子真是，什么都不做，什么都不会做，还对大人发脾气，真让人受不了。"这位家长的抱怨让人陷入沉思，这恐怕不是个别现象。但家长想

过没有，造成这种情况的根本原因在哪里呢？其实，原因就在家长身上。一些孩子在家里是“小皇帝”、“小公主”，要风得风，要雨得雨，养成了衣来伸手、饭来张口的坏习惯；即使进入初中，还不知道持家的辛苦，花钱大手大脚，不知爱惜物品等。其实，这些都与家长有关。人格行为习惯都不是一蹴而就的，家长一切都为他们代劳，当然也就养成了他们什么都不做的习惯了，当然也就什么都不会做了。这种习惯对孩子的健康成长是极为不利的。

本是爱孩子，结果却剥夺了他们成长的机会，这不值得一些家长深思吗？

生活中，也有一些父母常常抱怨现在的孩子对父母漠不关心，缺少责任感。他们不知道孩子的责任感是要从小培养的。如果你从不让孩子了解你持家的艰辛，总在孩子面前表现出一副风雨无惧的样子，孩子就会认为父母是不需要他们关心照顾的。而如果你能让孩子主动当当家，在孩子面前偶尔扮一次弱，你会惊奇地发现，孩子竟因此变成了懂事的“小大人”。这样，不仅有助于拉近亲子间的关系，还可以锻炼孩子的自理、自立能力，让孩子从中学到很多东西。最重要的是，也能让孩子体会到做父母的辛苦，这是实现父母与孩子心灵上沟通的最好的方式。

事实上，孩子进入初中后，已经具备了一定的当家能力，家长不但要对孩子适当放手，还应该对孩子提出要求，让孩子主动分担一些家庭的担子。具体来说，做家长的应该从以下几个方面入手：

方面一：从日常生活中的家务入手。

做家务是让孩子建立自我价值感、自信心与责任感的一个好办法。让孩子做家务是帮助孩子成长的最好机会，它不仅可以增强孩子的做事能力，更可以培养其责任心。父母不妨偶尔和孩子换一下位，平时都是由父母管孩子的吃穿与学习、休息，这时可以反过来，让孩子去做晚饭、搞家庭卫生，同时也可以让孩子给父母安排一些学习和休闲活动。一方面孩子可以体验到父母当家的辛苦，另一方面父母也可以体验到平时管孩子时孩子的心理感受。

可能很多父母认为，让孩子插手家务会影响孩子的学习。事实上，父母

不必为此担心，当孩子能从家务中体会到责任心的重要性时，他必当也会懂得适当安排家务与学习时间的分配。

方面二：让孩子学会自理。

著名教育家陈鹤琴说："凡是孩子能做的事情，应该让孩子自己做，不要替代他。"因此，父母要本着"大人放手，孩子动手"的原则，有意识地培养初中孩子的自理能力和解决问题的能力。家长应该让孩子从自理开始，那些力所能及的事情，应该让孩子自己动手。比如，洗自己的内衣裤，准备自己的早餐，打扫房间，学会使用洗衣机等各类家用电器，父母短期不在家时能够自己照顾自己等。

当然，这需要父母督促孩子，帮助孩子形成一种习惯。许多父母在孩子小的时候，总是舍不得让孩子动手做事，而等到觉得孩子大了可以自理的时候，才开始指挥孩子做这做那，结果发现孩子根本不愿意自理。追根究底是没让孩子在小时候养成良好习惯，或是过去总是在父母催促、吆喝中完成指定工作，毫无乐趣而言。

方面三：教孩子学会理财。

很多初中生花钱大手大脚，根本不知道父母赚钱的辛苦。他们不知道自己父母收入是多少，对此，父母可以告诉孩子每个月的总收入是多少，必须储存多少以后干什么用，每个月最多支出多少，同时进一步给孩子一些指导，比如孩子必须有一个月的开支计划，要记录每个人、每个项目的支出账目。一两个月下来，孩子的理财意识自然而然就形成了。

当然，在孩子当家的过程中，要允许孩子"出错"，孩子的任何品质和能力都是在不断的出错中纠正和提高的。现实生活中，有一些家长怕孩子出错，做不好，或到头来需要自己重新做太麻烦，因而不让孩子做一些力所能及的事。慢慢地，孩子就失去了帮忙的兴趣，也丧失了锻炼的机会。为了不致出错，他们变得自我约束，缩手缩脚。而正因为如此，他们也失去了自我锻炼和体验成功的过程的机会。其实，父母不妨转换一下观念，让错误成为孩子成长过程中最好的老师。在安全和可能的情况下，父母不妨放放手，让

孩子多冒冒“险”，早当当“家”！

因此，父母与其平时用语言去教育孩子、埋怨孩子，不如让孩子在体验中学会理解父母、学会节约，让孩子也当当家，当家才知柴米油盐贵，才知道父母的辛苦，才会多一分理解！

三、初中孩子需要正确地引导

努力去发现孩子的兴趣爱好

自从苗苗在市里的小提琴大赛上获得了二等奖以后，苗苗妈妈就成了小区里有名的“教育专家”，她一下子成了“名人”，无论是上班还是下班，都会被一些家长“拦”住，询问教育心经。而苗苗妈妈也沉浸在这种快乐之中，和这些家长一起探讨教育孩子的方法。这不，周末的早上，她想到小区花园坐坐，就引来了一群家长。

“你们家苗苗是怎么教育的啊？说句不好听的，我看这闺女平时也不怎么努力学习啊，我儿子说，苗苗还迟到过几次呢？”有位家长说。

“是啊，我儿子正好相反，每天大部分时间都在学习，可是也看不到什么成效。我也不知道他以后能做什么，真是担忧啊！”

“其实，每个孩子都是天才，最重要的是我们家长要善于发现孩子的兴趣和爱好，然后加以引导。兴趣是最好的老师，有了兴趣，孩子才能学得好啊！”

“对，这话不错，可是说起来简单，具体该怎么做呢？”有位家长发出了疑问。

“其实吧，这个我也不是很清楚，每个孩子不一样啊，不过，我们大家可以一起探讨一下啊……”

“我觉得……”

"我认为……"

就这样，大家七嘴八舌地说了起来。

教育支招：

的确，生活中有不少家长发牢骚：怎么孩子到了初中还是不懂事，以前喜欢玩玩具，现在喜欢玩一些带科技成分的，怎么总是不爱学习呢？真是令人担忧啊！其实，家长忽视了一个最重要的原因，孩子对学习没有提起兴趣，没有兴趣就没有动力，怎么会学得好呢？

每一个孩子都有自己特殊的兴趣，父母是与孩子接触最多的人，没有谁比父母更能发掘他们的兴趣所在。只要父母做个有心人，就能培养出好孩子甚至是天才！

那么，作为父母，该怎样发现孩子的兴趣爱好并加以引导呢？

方法一：允许孩子在多领域尝试，并允许孩子犯错。

当孩子在选择自己的爱好和兴趣时，父母应该给予其最充分的自主权，尊重并鼓励和支持孩子的选择。兴趣是最好的老师，任何孩子都具备一些潜能，而这种潜能的开发建立的基础就是孩子的兴趣，而不是什么所谓的"热门"和"有用"。

家长要给孩子多领域的尝试机会，使其扩大接触范围，拓宽视野，这等于给了孩子更广的空间去发现自己的兴趣点。

当然，因为初中阶段孩子在各方面的不稳定性，容易对事物"三分钟"热度，这是家长们经常谈的问题。父母对这阶段的孩子应该理解，不要认为孩子是"开玩笑"，而非"兴趣"，也不能不问青红皂白就直接判断孩子是否喜欢这个活动了。遇到这样的情况时，父母应该先和孩子沟通一下，了解孩子内心的真实想法，问清楚孩子为什么"不喜欢学下去了"，是没有兴趣了？还是难度大？只有明确了原因，才能对症下药去解决问题。

同时，你要明白，孩子在追求自己兴趣的过程中，也是会犯错的。孩子有兴趣，并不代表孩子是天才。我们的孩子，可以说包括所有比较优秀的孩子，他们往往总是按照"犯一个错误—认识一个错误—改正一个错误"成长

起来的。所以，父母必须允许孩子犯错误和改正错误。

方法二：善于观察，发现其兴趣和天赋，善加引导。

初中的孩子，无论在学习还是个性发展上，都有很明显的自主性，是培养其兴趣和爱好的重要时期。但人都是有差异的，孩子也不例外。不同的孩子，自然会有不同的兴趣。作为家长，不要有跟风心理，不要认为“谁家孩子学什么有什么成就”，就让你的孩子学什么，也不要轻易否定你孩子的兴趣。而应该善于观察，发现他们的兴趣和天赋，因势利导，因材施教，使孩子的兴趣沿着积极、健康的方向发展。

但家长要注意：首先家长要和孩子有充足的时间在一起，才能谈得上去观察。父母可以利用休息时间，与孩子一起去购物、运动、阅读，参观博物馆，甚至是一起做家务，一边与孩子交流感情，促进亲子关系的良好发展，一边了解孩子感兴趣的事物。

另外，孩子有时候会在别人面前表现出你不曾见过的一面，所以了解孩子的兴趣爱好，还可以参考从孩子的老师、爷爷、奶奶、外公、外婆那里获得的信息。

方法三：帮助孩子扩展视野，从而明确孩子的兴趣和爱好。

孩子如果没有机会接触世界上各种奇妙的事物，他们很难对外界发生兴趣，父母也就可能很难找出孩子的兴趣。因此，父母应该创造机会扩展孩子的视野。

当孩子还小的时候，孩子的兴趣和爱好可能仅限于那些玩具、娃娃上，其中有个很重要的原因是孩子的视野窄。孩子进入初中后，如果眼界太小，是很不容易明确自己的爱好和兴趣的。对此，父母可以经常带孩子出去走走，也可以常带孩子逛书店、买书，并经常在家里读书看报，向孩子讲述书中有意思的故事、娱乐性的内容或科普知识等；也可以带孩子去听一些音乐会、看画展等，让孩子感受艺术的气息，培养孩子的艺术修养。

方法四：要善于对孩子进行表扬和鼓励。

家长是孩子心目中的第一个权威评价者，他们渴望得到家长的肯定。

如果家长总是“打击”孩子，有可能摧毁其求知欲。因此，当孩子做得好时，家长可以适时表扬；可当孩子做得不好或者失败时，要先发现孩子有创造性的一面，然后再鼓励他们。无论孩子表现得多么笨拙，无论他把事情做得多么糟糕，做家长的都不要求全责备，而应该细心引导，从心理上给予孩子关心和鼓励，保护和激发孩子的兴趣。

家庭美育是一门学问，如何培养孩子的兴趣、爱好，发展其个性特长是家庭美育的核心和重点内容。当然，培养孩子兴趣、爱好和特长的方式、方法很多，不能一概而论。每位家长应根据自身不同的条件和孩子的不同表现，因人而异，因材施教，这样才能获得成功！

帮助孩子有效控制和转化逆反心理

这段时间，来彤彤妈心理咨询室求助的家长和孩子骤然增加，这些孩子大多是初中生，而主要问题就是孩子的“逆反”问题。“逆反”成了大多数家长口中对孩子种种反常言行的评价。

一位母亲带着上初中的女儿来询问：“原本学习成绩排在年级前列的孩子怎么突然成绩下滑了，回家也不爱同父母说话。”她还抱怨孩子“我说往东她偏向西”的“逆反”举动。

而更为严重的，彤彤妈还接到有些家长说孩子会“莫名其妙”地打骂家长、摔东西，甚至有自残等情况发生。

彤彤妈这样告诫这些家长：“事实上，孩子通常在十二三岁和十八九岁会经历青春期两个阶段的生理、心理波动，被称为青少年的‘统合’时期。孩子的独立见解和人格也在这两个阶段中形成。问题多了，开始有了烦恼，自然会表现得不同于‘常态’。而你们说孩子叛逆、给孩子‘贴标签’是不可取的，这是对孩子的不理解。你们应该多站在孩子的角度去了解他们的困惑、见解，应该用平和、平等的态度去面对孩子，帮助孩子在尊重中健康、平和地走过青春的躁动，而不要把学习作为唯一的交流话题。这样，孩子才会愿意

与你交流。”

这些家长听完，连连点头。

教育支招：

孩子升入中学，进入青春期后，随着身体的发育，他们在心理上也发生剧烈变化，表现在成人感和独立感的增强、产生认识自己和塑造自己的需要、情绪“闭锁症”等方面。他们开始意识到自己不再是孩子，而是大人了，他们希望自己能像成年人一样受到尊重，自尊感明显增强，做事喜欢自作主张，不希望成年人干涉，渴望独立。他们对父母和老师之言不再“唯命是从”，往往嫌父母和老师管得太严、太啰唆，对家长和老师的教育容易产生逆反心理。他们心里有心事也不愿意向别人诉说，对于父母和老师的批评和劝导，不像以前听话了，甚至产生抵触、不顺从的情绪。人们把孩子的这种现象称为逆反心理。更为严重的，有些孩子会对父母产生对抗情绪，即你要求我怎样，我偏不这样，而有些不理解孩子的父母，就越加控制孩子，直接影响到孩子与父母之间的关系，以致离家出走、离校出走，甚至走上犯罪的道路。

因此，作为父母，一定要理解孩子的逆反心理，并加以引导。只要父母方法得当，恰当处理，就可以兴利抑弊，使其从消极转化为积极，帮助孩子度过暴风雨般的青春期。

那么，父母该怎么做呢？

第一，关爱孩子，与孩子建立深厚的感情。

爱的缺乏和过度的爱都会对子女的教育产生不利的影响，导致不良的后果。前苏联教育家马卡连柯指出，在家庭教育中，“严厉和慈爱——是一个最难解决的问题。正如奎宁一样，正如食物一样，爱的要求是有一定分量的”。因此，父母对子女应该有理智、有分寸地爱。

在生活中，家长对孩子要多几分宽容、多几分理解，多和他们谈心，做孩子的知心朋友，多给他们一点温暖和体贴，并从思想、学习、生活等方面真心实意地去关心爱护他们，让他们亲身感受到父母真诚的体贴和关怀，体验到

自身的价值。当他们觉得父母值得亲近、信赖时，就会认为父母的教育是出于好意的劝导而愿意接受。

第二，对孩子的期望值不可过高，应符合孩子的实际情况。

目前，在相当一部分的家长中，对子女期望过高已成为一个普遍现象，他们往往想把自己失去的东西在子女身上得到补偿。这种脱离子女实际、超越子女水平的期望容易引起子女的抵触情绪。作为家长应该面对现实，合理地调整自己对子女的期望水平，这样才有利于子女的成长。

第三，学会倾听，让孩子多说话。

沟通是解决一切问题的关键，父母在聆听和促使孩子说话的过程中，还要注意以下问题：

(1)要对孩子的话题感兴趣。对孩子的话题表现出兴趣，会一下子拉近与孩子之间的距离，为你们之间的交流打开通路，因为孩子感觉到自己是被尊重的。父母对孩子表示关心、照顾，让他们谈论有关自己的事，孩子便会感到与父母在一起很亲密。

(2)再忙也要抽出时间陪孩子，听听他们的想法。很多孩子逆反心理的出现，与父母有很大关系。因为对于他们来说，青春期的各种问题无人倾诉。孩子是有倾诉欲望的，当孩子经历着内心的恐慌、创伤或有失望情绪时，他们特别需要温情的安慰，孩子也很想知道他们的父母在分享他们的好消息时的心情。因此，父母再忙，也要抽出时间陪孩子，倾听他们的想法，分担他们的忧愁，分享他们的快乐。

(3)重视孩子的每一句话。你在听孩子说话的时候，一定不要三心二意，要专注，同时要对孩子的话进行一些反馈，如“嗯”、“我懂了”，这会让孩子感受到自己的意见被重视了，自己被尊重了，自然，他们就有欲望继续讲下去。

第四，协助学校的教育。

作为家长，要经常与教师保持联系，随时了解孩子在学校的情况，毕竟孩子很多时间都是在学校度过的。对有逆反心理的孩子的教育，光靠家庭

教育是不能解决问题的，它需要学校、家庭密切配合才能解决。而多数家长又缺乏教育的常识和方法，所以家长可以寻求老师和学校的帮助，也可以寻求一些有经验的家长的指导。在教育孩子的同时，家长也完善了自身的教育知识。

总之，父母应该根据孩子的具体心理情况，采取多种方法，使孩子的不良心理得到控制，并转化为前进的动力。实践证明，青春期常见的逆反心理经过合理的调适、疏导，会得到有效的控制和转化！

寻找机会，和孩子共同做事

彤彤学校有个女老师姓柳，五十多岁了，学校的师生都很尊敬她，这不仅仅因为她和蔼、平易近人，还因为她培养出了一个很有出息的儿子：美国某著名大学的工商管理学硕士。

柳老师每次和家长探讨管教孩子的心得时，都会说这样一件事：

“那是在孩子上初一的时候。一天我们和几位朋友在饭店吃饭，回家后发现我儿子正在抽屉里翻东西，我们意识到孩子在家偷钱，而我们并没有马上指出来，我对儿子说：‘你是不是最近想买什么啊？’

‘是啊，我想买辆自行车，可是我存钱罐里的钱不够，还差一百块。’我们看着儿子委屈的样子，大概也知道原委了。我出了一个主意：‘你看这样好不好，我们一起来定一个目标，妈妈找了一份兼职，我们一起做，你打字挺快的，你每天花一个小时打字，差不多一个多星期就能赚出这一百块了。我们来比赛一下，看谁一个星期赚得多，你完成的时候，妈妈还奖励你二十块，好不好？’

‘好啊，我一定会自己赚到的，谢谢妈妈！’儿子高兴地答应了，儿子那件偷窃事件也就这样结束了。从那以后，儿子再也没有类似的行为了，并且，我觉得虽然我的工作很忙，但与儿子之间的关系却一直很好。”柳老师每次说完，都觉得很骄傲。

教育支招：

现代家庭基本上只生育一个孩子，所以孩子在两代人的精心养育下，过

着衣来伸手、饭来张口的日子。每个家长都会用尽全部心血来呵护孩子的成长，他们认为只要是孩子想做的事情他们帮助做了，这就是给孩子最好的帮助。

当孩子进入初中以后，你会发现，昨天孩子还是你膝下嗷嗷待哺的小家伙，今天俨然已经成了一个小大人。但似乎你还是喜欢包办孩子的一切，殊不知这样做对孩子有害而无利。在生活中他们缺乏的就是动手能力，细想一下，在他以后成长的道路上你能陪伴他们一生吗？当亲人远离他们时，遇到困难他们又会怎样做？在生活中有些事情需要家长帮助，有些事情必须让孩子自己锻炼、学习来完成。

另外，为孩子包办一切，也有碍于孩子吃苦耐劳精神的形成。就和柳老师的儿子一样，刚开始，当他发现自己“差了一百块钱”时，他居然选择了偷，幸亏柳老师夫妇及时引导，与孩子一起挣钱，让孩子体会到自己动手的乐趣。同时，在这个过程中，他也体会到了父母挣钱的不容易，加深了母子间的关系。柳老师儿子的成才，与其母的教育有方是有极大关联的。

可怜天下父母心，爱孩子，但不要溺爱孩子。请多给他们一些自己动手的机会吧，从小培养孩子的动手操作和生活自理等多方面的能力，或许能改变他的一生。同时，为了加强亲子间的关系，不妨从生活中寻找机会，与孩子共同做一件事，共同感受做一件事的困难和体验做事成功后的喜悦！

那么，具体说来，父母该怎么做呢？

方法一：做孩子学习上的好伙伴、好榜样。

父母是孩子的第一任老师，对孩子的榜样作用是无比巨大的。因此在孩子面前，父母应时时刻刻提醒自己正其言，端其行。

学习是学生的最基本任务，但作为父母，也是需要学习的，不仅需要学习一些科学文化知识，还需要学习怎样做好一个初中生的父母。试想，如果你的孩子在认真学习并为一个数学题目而苦恼时，而你却在一旁对喜剧中的情节忍俊不禁，你的孩子会怎么想；而如果你能体会孩子的心情，此刻也去看看书，全家沉浸在一个学习的氛围中，孩子势必会静下心来，也有助于

孩子养成良好的学习习惯。孩子良好习惯的形成需要环境的熏陶和感染,作为家长应努力为孩子营造良好的气氛,并且有意识地引导孩子。

“女儿小的时候识字能力不强,也不喜欢读书,为了培养孩子读书的兴趣,我们坚持每晚和孩子一起读书,讲故事;等到她进入初中,学习习惯慢慢变好后,我们自觉减少晚饭后上网、看电视的时间,取而代之以读书看报。我们还以身作则,坚持自己的事情自己完成,培养孩子的自我动手能力,锻炼孩子的独立意识。”这是一个母亲的教女心得。

方法二:做孩子的玩伴,体会孩子的乐趣。

缺少朋友,是独生子女遇到的最大的问题。作为家长,应该做孩子的朋友和玩伴,在玩的过程中进行教育和沟通。家长虽然工作很繁忙,但还是应抽出时间多陪陪孩子,陪他一起看电视,陪他一起运动。每逢节假日,带他出去郊游,让他尽可能多地接触自然与社会,拓宽视野,增长知识,从山水风景中汲取丰厚的营养。

方法三:和孩子共同规划一件事,并共同克服困难。

俗话说“患难见真情”,这句话是不无道理的。和孩子建立友谊,也是同样的一个道理。家长可以和孩子共同规划一件事,比如,参加某项公益活动等,但无论做什么事,都可能存在一些困难。当遇到困难的时候,家长要鼓励孩子不要放弃,与孩子一起努力,共同克服,困难解决后,无论是孩子还是做家长的你,都会感受到一种酣畅淋漓的痛快。在这个过程中,你们彼此间还能培养协作和配合的精神。

但家长要注意的是,无论采用何种方法,都要父母共同参与,在教育孩子时有分工有合作,相互交流,相互支持,相互配合,不应单方独揽“大权”。只有父母共同承担教育责任,才能更好地发挥家庭的教育功能!

引导孩子去思考人生规划

苗苗获得了小提琴演奏奖以后,更加确定了自己以后要走艺术人生这条

路了。她每天都会花一点时间练习小提琴，周末也不愿意和彤彤她们一起逛街了。看着自己的女儿一下子懂事了，苗苗的爸爸妈妈都打心眼里高兴。

苗苗经常会碰到一些以前的同学，他们会问："苗苗，你以后真的要做小提琴演奏家吗？"

"这是我的梦想，不过不知道能不能达到啊，但是我会努力的。我现在每天都很充实，人有了自己的理想和目标之后，才会有奋斗的动力啊！"

"是啊，我们要向你学习啊，不然每天似乎都是浑浑噩噩的，只知道做题、背书，连自己以后想做什么都不知道！"

教育支招：

可能很多跨入初中的孩子都会发出这样的疑问：我的未来到底会怎样？这个问题，对于做父母的我们，答案可能很简单：好好学习，考上大学，找个好工作。但对于孩子来说，他们会迷茫。我们来看看下面这段对话：

"妈妈，我长大以后，你想让我干啥？"

妈妈只能告诉他："干什么都行，只要你不干坏事，做的是对他人、对国家有利的事，又是你喜欢的事情就行了。"

有时，可能孩子又会问："妈妈，干什么工作最赚钱？我长大想当医生，当医生挣钱多吗？"随着孩子不同时期兴趣的不同，孩子的问题也会不同。

这是真正的人生规划吗？不是，所谓人生规划，就是一个人根据社会发展的需要和个人发展的志向，对自己未来的发展道路做出一种预先的策划和设计。孩子在进入初中以后，他们的独立意识和自主意识会逐渐加强，开始对未来有一定的考虑。可能，在小学的时候，他们经常会说"老师说"、"爸爸说"、"某某说"，他们缺少独立的见解。但到了初中以后，他们会把口头禅变成"我想……"等，这时候，他们开始有各种各样的理想，比如："20 年后的我成了赫赫有名的总经理"、"20 年后的我当上了董事长"、"我想成为一名科学家"……但事实上，我们知道，孩子的这些理想都是缺少一定的根据和现实基础的。初中阶段是孩子们自我意识发展最迅速的阶段，但没有正确的引导，孩子的自我意识发展只有迅速没有方向。让孩子的自我意识健康

地、沿着正确的方向发展，才是每位家长想看到的最终结果。同样，孩子对人生规划的思考也需要父母的引导。那么，作为父母，应该怎么做呢？

第一，先肯定孩子的想法，然后加以引导。

一位教育界人士说："对孩子的任何想法，其实都不应简单地给予否定和斥责。因为孩子的想法不会凭空产生，是社会环境、家庭熏陶在他们幼小心灵中的投影。"不管孩子对自己的未来有怎样的想法，这些想法没有对错之分，也不能说哪个理想好、哪个理想不好，只能说，社会的变化使人们的角色更加多元化了。

因此，孩子在谈自己未来的打算或理想时，为人父母者，不要因为说法的"幼稚"或不符合自己的"口味"而轻易去否认。不论是什么理想，父母都应该给予充分的肯定，并要恰当地告诉他实现这一理想必须具备的知识。比如说，一个男孩说他长大了想当一个司机，许多母亲就会呵斥孩子说："没出息，当什么司机？"或者一个女孩说她长大了要当护士，有的父亲就怒目而视："你怎么净想干伺候人的活？"其实，孩子的想法是单纯的，并且随着时间的推移和成熟度的提高会不断改变。这时候，正确的方法是告诉他，做司机需要许多许多机械原理知识，需要地理知识，好司机需要会讲外语等；而做好护士相当不容易……孩子是在鼓励声中长大的。如果他的理想总是无端地遭到家长的反对，久而久之，这个孩子将度过平庸的一生，他从此再不肯奢望未来。

不少孩子对理想、对人生价值的认识是肤浅的、模糊的，对孩子进行必要的引导十分必要。

首先，家长应告诉孩子，无论任何理想，要实现是需要付出努力的。不想努力，不愿奋斗，理想永远只是空想，毫无意义。

其次，家长要告诉孩子，为实现理想的努力应脚踏实地，从现在做起，从小事做起。不肯做小事的人，难以成就大事业。

再次，要告诉孩子，实现理想的路途不会一帆风顺，会遇到各种各样意想不到的困难和挫折。既然树立了理想，就要做好迎接各种苦难的准备。

要有坚韧不拔的意志，只有以顽强的毅力去冲破艰难和险阻，才会达到理想的彼岸。让孩子记住：坚持到最后最重要。

第二，让孩子体验成功，激发孩子学习的动力。

任何人都希望可以成功，在成功中，人们更能明确自己的目标。因此，当孩子取得了哪怕很小的进步，作为家长也要予以鼓励。在得到好的评价后，他们会继续朝着目标努力。如果父母总是打击他们的积极性，恐怕任何孩子都会在困难面前退缩。

第三，指导孩子了解社会，让孩子的目标与理想具备可行性。

青春期的孩子在规划人生的时候，可能会显得不切实际，这是因为他们不了解社会。家长一定要帮助孩子了解时代的特点，让他们懂得在未来社会里，只有具备一定知识的人才是人才，才能实现自己的价值，也才能为社会贡献力量。由此，才会使他们感到学习是一种需要，而需要产生动机，动机促使行动，才能使他们以顽强的毅力、高度的自觉性和责任感努力学习。

引导孩子树立一个正确的、远大的理想，引导孩子思考人生规划是非常重要的。在孩子的心灵中，是不乏人生规划的。他们总是美好地憧憬着自己的未来。但正因为他们是孩子，才需要父母的引导，他们才能为自己规划出一个完美的人生蓝图！

用可以接受的方式让孩子正确认识“性”

周末的一天，彤彤和妈妈在家看电视连续剧。说实话，彤彤最讨厌看这种又臭又长的电视剧了，但在家实在无聊，就勉强与妈妈一起看。

现代都市的情感剧免不了一些“少儿不宜”的镜头，以前在看到男女接吻的时候，彤彤总是遮住自己的眼睛，觉得很害羞，而妈妈如果看到彤彤在的话，也会马上调台。可这次，彤彤居然目不转睛地盯着电视。彤彤妈一下子意识到女儿长大了，孩子对“性”开始有了懵懂的意识了。

“妈，男人与女人为什么要亲嘴？结了婚为什么就生小孩了？我是怎么

来的?”女儿一连串的问题让彤彤妈不知道怎么回答。她明白,是告诉女儿这些性知识的时候了,“性”的问题不能避而不谈,孩子终归是要长大的。

“彤彤啊,其实呢……”

教育支招:

中国很多家庭中都没把“性”教育当成家庭教育的一部分,对于孩子对性的疑惑,很多父母避而不谈,甚至认为谈论这些问题是可耻的。孩子只能通过其他不正当的途径了解到这些知识,比如黄碟、不良书刊、色情网站等,而这些都严重毒害了孩子的心灵,也是导致青少年性犯罪的原因之一。美国曾经公布的一项世界性调查结果表明:性教育可使学生推迟发生性行为的年龄。报告还说,和未受性教育的学生相比,受过该教育的学生的性伙伴更少,意外怀孕更少,而且更少染上性病。这一调查更显示了家庭教育的重要性。学校未必总能提供完整的性教育,应该通过家庭性教育加以补充和巩固。

那么,父母该怎样做呢?

方法一:从正面教育。

很多家长为了避免孩子产生性尝试的欲望,往往从消极面教育孩子,比如说,性会导致艾滋病和其他疾病、少女怀孕、强奸等问题当然,告诉孩子这些是必要的。但父母更要注重正面教育,要告诉孩子,正当的性是人类美好的东西。

当孩子向父母提出性问题时,作为家长,不要恐慌,这证明你的孩子已经长大了,应该为之高兴。当你的孩子做了一些诸如手淫之类的事时,父母既不要大喊大叫,也不要痛斥他们是什么“坏”孩子。手淫不会使孩子性狂热。性无知和羞怯才会对他们产生消极的影响。

方法二:充实自己的性知识,为孩子答疑解惑。

为什么许多家长在与孩子谈论性问题时感到困难或者无从回答?这其中一个主要的原因是家长自身对这些问题也很迷茫。事实上,正是因为家长们对这些问题避而不谈,导致了孩子对性知识的了解也有限。因此,家长应该学习有关性方面的知识,了解一些与性教育有关的知识。有了比较足

够的知识准备，与孩子谈论性问题时才会有自信心。父母的自信心是轻松而有效地实施性教育的关键。

方法三：以自然的态度面对孩子的问题，恰当回答。

初中的孩子已经有辨别的能力，因此，在向孩子灌输性知识前，自己先要有正确的观念，才能提供适当的性教育，使孩子在很自然的情况下吸收性知识。另外，对孩子好奇的一些常规问题，家长既要如实相告，又不能太复杂，否则只会让孩子更困惑。比如，人是怎样出生的？父母可以从植物结果讲起，接着联系到人的"性"与生殖，也可以用动物的生殖活动进行示范性比喻，浅显地介绍人类生殖的生理，有助于孩子弄清问题。

方法四：以身施教。

孩子对性知识、性道德的认识往往是通过观察父母的态度和行为得到的，所以父母能成为恩爱体贴的夫妻，就在无形中向孩子进行了最具说服力的性教育。父母之间感情真挚、融合、道德高尚，给孩子树立良好的榜样，就会使孩子热爱人生，热爱生活，正确对待性的问题。生活中，平时家长也应注意自己在家中的言行和隐私，让孩子在一个纯净的环境中成长。如果孩子窥及父母裸体或做爱，应心平气和地告诉孩子，父母的行为和其他孩子父母所做的一样，是一种以身体来表达彼此爱意的方式。也要告诉他们，性行为是成年人表达爱意的方式，是具有隐私性的。日常生活中，父母应尽量避免在子女面前裸露。

在传统的教育中，父母总是避讳和孩子谈"性"的问题，而让孩子自己去摸索，往往使许多孩子因一时的"性"好奇而犯下错误。父母是孩子性教育的启蒙者，以自然、正常的态度教导孩子正确的性观念，才不会让孩子从一些非正面的渠道了解，才不会让他对"性"有错误的想法和观念，孩子的身心才会健康地成长！

帮助孩子摆脱网络的束缚

最近，彤彤妈妈收到了一位家长的求助信，信的主要内容是这样的：

我听学校的老师说您在教育孩子方面很有方法，您为很多家长解决了难题，很专业也很热心，我很感动。我们这些独生子女的父母真需要像您这样的老师给我们指点迷津。

我儿子今年15岁，正在读寄宿初中，今年初中三年级了。记得小学的时候，他的学习成绩一直是班上前几名。在初一上学期之前，他性格也很活泼；但到初一下学期他突然在家不爱说话了，迷上了网游；到后来一放学就待在自己屋里，不管什么时候都要关上门，作业也不爱做。他现在整天不上课，不是上网吧就是在宿舍里睡觉，对父母、老师的话都听不进去，上个学期考试好几门不及格。除了上网玩游戏外，他没有其他爱好。我曾试着带他一起锻炼、郊游、摄影、逛书店，但他哪儿也不去，周末回家后就是睡觉。原来我们以为是青春期的表现，但已经快三年了，也不见好转，我都急死了，我还希望他能考上一个好的高中呢，我也不知道怎样才能改变他。您能告诉我该怎么办吗？

教育支招：

现代社会中，互联网已经盛行，网络在给人们的生活带来方便的同时，也给人们带来一定的困扰，尤其是对孩子。现在的孩子，学会上网的年纪越来越小。对于一些初中生来说，上网聊天、玩游戏似乎已经成了每日必做的功课。孩子上网无可厚非，但沉迷网络，肯定不是什么好事。大部分家长对孩子上网都持否定的态度，其中担心影响学习、结交不良朋友、接触不良信息成为家长们反对孩子上网的主要原因。

孩子上网影响学习成绩，是家长们普遍担忧的问题。孩子长时间上网，会导致无法按时完成作业，上课质量下降，甚至会过于依赖网络，利用上网来搜索作业答案，造成独立思考能力下降。未成年学生自制能力差，一旦迷

上了上网，便会长时间“寄居”在网上，将大量的时间和精力都投入到网络世界。对此，很多家长头痛不已。看到网瘾对青少年的种种毒害，不能不引起我们的忧虑：孩子沉迷于网络的原因是什么？我们应该怎么帮助他们？家长可以通过以下几个方法帮助孩子解开网络的束缚。

方法一：掌握网络知识，不做网盲。

家长不懂网络，就不能正确引导孩子上网、督促孩子健康上网。家长应该注意发现孩子上网中碰到的问题，在上网过程中及时与其交流，一起制订对孩子有利的措施。同时家长还可以在电脑上设置防火墙，防止孩子受到不良文化和信息的影响。

我们来看看彤彤家的邻居周阿姨怎么指导孩子上网的：

他们家儿子电脑水平最高，周阿姨只会基本的电脑操作，丈夫则完全是个“电脑盲”，连打字都不会。夫妇俩为了防止儿子在家里买了电脑后痴迷上网，就做起了学生，主动向他请教电脑的安装、故障处理等知识。为了当好“老师”，儿子没少“准备”，他经常向学校老师请教，还上网搜索相关资料研读。“现在除了木马病毒我不会杀，其他硬件和软件的基本维护我都学会了。”儿子说。经常上网查资料对他的学习也大有帮助，成绩保持在年级前10名。“小孩上网自控力不强，父母与其一味禁止，不如合理引导他们。对待孩子玩电脑的问题上，家长要以身作则，加强学习交流，与孩子一同成长。”周阿姨很有心得地说。

方法二：和孩子一起上网。

网络可能的确会给孩子的学习带来影响，但它并不是洪水猛兽，对它的作用不能全盘否定。父母可以和孩子一起上网，不仅能起到监督的作用，还能共同探讨网络中的很多问题，可谓两全其美。

方法三：定规矩，合理上网。

家长应心平气和地与孩子定一些彼此都接受的规则，比如：只能进入指定的几个网站；别人推荐的网站须经过家长同意才能进入；要保护自己和家庭的安全，不能在网上留下家里的电话；每天上网时间不应超过两小时等。

方法四:把电脑放在家里的“公共场所”。

父母可以把电脑放在家里的“公共场所”,如客厅或公用的书房等,这是帮助孩子安全上网最简单的方法。

方法五:孩子上网有瘾时,应多加监督和管理,有过程地帮助孩子戒除。

对于孩子的网瘾,父母可以巧妙运用递减法帮助其戒除。比如,从原来每天上网6小时改为5小时,再改为4小时,逐步减到每天一两小时,慢慢恢复到正常状态。不能急于求成,要在循序渐进中收到成效。

方法六:引导孩子正确使用网络工具,让生活变得更精彩。

网络是把双刃剑,我们应用其利而避其弊,积极引导孩子科学理智地使用网络,成为网络真正的主人。网络的作用,我们已经深深体会到。我们要教会孩子利用网络信息的庞大和快捷,为生活带来方便。比如,当全家要出外旅游时,你可以将查路线、订酒店等任务交给孩子;当你需要某种书籍时,可以让孩子在网上为你购买,让其体会到成就感的同时,开阔视野,培养孩子的生活自理能力。

引导孩子正确使用网络工具就像带孩子上街一样,刚开始,你可以带着孩子,让其注意安全,遵守交通规则。等待孩子熟悉了基本的路径后,家长就可以松开手,看着孩子操作。只有在孩子形成了良好的上网习惯后,家长才可以轻松地站在孩子的背后!

四、沟通要找到合适的方法

与孩子沟通要选择恰当的时机和环境

程伟的爸爸在自己的一篇日记中记录了和儿子沟通的过程:

今天我又和儿子谈了很多,自从和他妈妈离婚后,我深感和孩子沟通的

困难，他似乎总是对我存在偏见。但经过这些天的沟通，他似乎理解我了，我也更深刻地明白了，和孩子沟通真的需要寻找最好的时机。以前，我和儿子聊天，儿子总是一副不耐烦的样子，我还感叹和他的沟通怎么这么难。现在才明白，原来是我选的时机不对。就像这一次，一开始，我是在客厅和他谈的，他正在看电视，就不可能太注意我的谈话，能搭几句就不错了。等到我们一起包饺子的时候，很安静，也没有别的事打扰，儿子就和我聊了很多，这是以前无法相比的。

而儿子的有些事也是我从来不知道的，包括以前老师对他做的一些事。还有，他告诉我，他要是考不上很好的大学，就出去干点什么，这是他从来没告诉我的，是他对自己将来的打算。我就非常认真地告诉他，我会完全支持他做的决定，不过，现代社会，只有知识才是永恒的竞争力，书是要读的，他好像听懂了，连连点头。

和儿子聊了很多很多，我对儿子有了更深的了解，我也更有信心。儿子是非常优秀的，在许多事上虽然想的不全面，却有自己的见解。我知道，只要我坚持和孩子沟通，我和儿子之间的关系会越来越好，孩子的身心也会健康成长。

教育支招：

现代家庭，代际沟通似乎越来越困难，很多父母感叹：“现在的孩子真是很不像话，小学时候还好，尤其是上了初中以后，自己的主意一下子多了起来，好好地同他讲道理，他却不以为然，道理比你还多，有时还把我们父母的话看成是没有意义的唠叨，总之一个字——烦！他嫌我们烦，我们因他的烦而烦，一天也说不上几句话。”

问题出在哪里？是孩子的问题，还是父母的问题，还是沟通方法的问题？也许孩子不是一点问题没有，但更多的问题可能出在父母身上。作为父母，你反思过没有，你是否愿意与孩子倾心长谈一次呢？在孩子小的时候，你一般会用故事、音乐、聊天来哄孩子入睡，等孩子长大了，你是否还愿意抽出时间与孩子交流呢？如果在孩子入睡前我们能一起坐下来清理一天的“垃圾”，不让忧愁过夜，这是不是一种积极的生活态度呢？有一位教育家

说过:“父母教育孩子的最基本的形式,就是与孩子谈话。我深信世界上好的教育,是在和父母的谈话中不知不觉地获得的。”如何做有效的沟通,是父母需要学习与探讨的。

有句俗语:酒逢知己千杯少,话不投机半句多。看来要想真正达到与孩子交流沟通的目的,首先应该把孩子当成“知己”,让话说得“投机”。其中一个重要的方法就是要选择恰当的时机和环境,正如程伟的爸爸所说的一样,包饺子的时候比看电视的时候,孩子更容易听进大人的话。

第一,选择一个合适的场所。

有些父母认为,和孩子说话,当然是选择家里了。其实也不一定,如果家中无外人则可,但如若有外人在场,则应考虑孩子的自尊心和感受。

有一位家长,在家里当着众多亲友的面说自己上初中的儿子成绩太差,告诫孩子以后不能再贪玩,更不能整天和人打架。孩子觉得太丢人,偷偷拿上家里的钱到内蒙古会见网友去了。

孩子离家出走,看似是孩子不懂事,其实家长负有很大的责任。孩子大了,是有自尊心的,有外人在场的情况下这样不顾情面地指责孩子,孩子自然会采用对抗的方法——离家出走。

那么,什么场合适于和孩子谈话呢?如果你是要鼓励和赞扬孩子,可以选择人多的场合,让大家都看到孩子的成绩,如果你的孩子容易骄傲的话,则应排除在外;如果涉及隐私问题,或者指出孩子的失误、缺点或者批评孩子的话,则应该在私下里,选择没有别人在的场所。因为在无第三者的环境中更容易减少或打消其惶恐心理或戒备心理,从而有利于谈话的进行。这样还可以避免当众伤害孩子的自尊心,利于孩子说出心里话,加强你和孩子之间的沟通。

另外,如果你需要和孩子静心交流、和孩子谈心的话,则应该选择一个平和安静、风景美丽的地方。因为在这样的环境中,可以促使彼此心平气和、情绪稳定、心情舒畅,易于接受对方的意见。比如利用周末或假期,带孩子到公园或风景游览区,一边游玩,一边说说悄悄话,这样的沟通和交流一定会起到很好的效果。

第二，选择一个恰当的时机。

选择好的时机进行谈话是非常重要的，否则谈话达不到预期的效果。一般情况下，解决问题越快越好，如果事情拖延下去，问题就会沉淀。但也要根据具体情况，具体分析，这主要分两种情况：一种是孩子没有做好心理准备，比如孩子考试考砸了，就不能在孩子一考完，你就劈头盖脸地批评孩子，而应该等孩子静下心来时，找个特殊日子，跟孩子交流。还有一种情况，如果你对事情尚未调查清楚，也不能凭自己的主观想象去断定，这样，在和孩子交流的时候也是带着情绪的，自然达不到应有的效果。

可见，选择恰当的时机进行谈话是非常重要的。另外，从时间上来说，如果你需要和孩子交流一个严肃的话题，不要选择孩子放学回家刚放下书包的那段时间，因为一天下来的疲劳使孩子难以集中注意力，也不好控制自己的情绪。生理规律告诉我们，下午5~7点是生理活动最低点，迫切需要补充营养，恢复体力。而晚饭过后，心情逐渐开朗，这是与儿女分享家庭幸福、进行沟通的比较好的时机。

从心理需求上来说，在孩子心理上最需要帮助的时候就是最恰当的沟通时机，如果在此时和他沟通效果会好得多。

总之，父母和孩子沟通，一定要选择恰当的谈话时机和环境，这有助于给沟通创造一个良好的谈话氛围，心平气和地解决教育问题。同时，父母还应记住，即使再忙，每天都该抽出一点时间来和子女进行沟通！

尝试与孩子使用非语言沟通

有一天，蕾蕾妈妈拉着苗苗妈妈来彤彤家，动员彤彤妈一起去参加一个青少年父母训练营。彤彤妈说："这个训练营是我们机构办的，训练项目中有很多是我都不知道的，其中，就有一个和孩子使用非语言的交流方式进行沟通。"

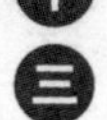

“那是什么啊？”

“在孩子小的时候，我们都愿意去抱抱孩子、亲亲孩子，那时候，孩子与我们的关系是那么的密切，小家伙们一天都离不开妈妈。现在孩子大了，我们照顾孩子的时间也少了，孩子离我们也远了。我们还记得每天晚上在孩子睡觉前亲一下他的脸颊吗？当孩子受到挫折时，我们有给孩子一个安慰的拥抱吗？”

“是啊，似乎我们把这些都遗忘了，我们要拾起那些我们遗失的爱，孩子肯定还会重新回到我们的怀抱的……”

“是啊，那赶快去吧，明天训练营就要开课了，你们肯定会受益匪浅的。”

教育支招：

彤彤妈说得对，当孩子还小的时候，父母会特别留意孩子，会留意孩子的声调、面部表情、动作、姿势等，会用自己的行动表达对孩子的爱；可当孩子进入初中不再是儿童后，做父母的反倒把这种表达爱的方式搁浅了。这种细微的变化，很多父母都没有注意到，而孩子也在离我们越来越远，而且很多孩子甚至产生叛逆的情绪。很多家长抱怨说：“都说孩子进入青春期之后就容易‘较劲’，但我发现我家孩子对别人都是好好的，但一回到家里就专门跟我们对着干，好像他的‘较劲’对象主要是我。”事实上，没有教不好的孩子，只有不好的教育方法。只要方法妥当，任何孩子都是优秀的；只要用心，总能找到合适的教育方法，而孩子更需要的是家长的爱和关心。

语言学家艾伯特·梅瑞宾的研究表明，人与人之间的沟通高达93%是通过非语言沟通进行的，只有7%是通过语言沟通的。而在非语言沟通中，有55%是通过面部表情、形体姿态和手势等肢体语言进行的，只有38%是通过音调的高低进行的。

因此，艾伯特·梅瑞宾提出了一个著名沟通公式：沟通的总效果＝7%的语言＋38%的音调＋55%的面部表情。

由此可见，非语言信息在沟通过程中是多么重要。然而，一份社会调查却显示，在亲子之间的沟通中，非语言沟通常常被忽视。当然，造成这一现

状，也与孩子有很大的关系。

孩子进入初中后，逐渐进入被称为“第二反抗期”的青春期。随着他们自我意识的发展，他们觉得自己已经是大人了，他们不希望家长再把自己当成小孩子来看待。他们认为只有先摆脱父母，才能实现真正的独立。因此，他们不仅会对父母的语言感到敏感，还会把父母的关心看成多余的事情，会专门与父母“对着干”，以证明自己的成熟。因此，家长与孩子之间的矛盾会在孩子的这种“绝对反抗”中愈演愈烈。可能正是因为如此，父母会把主要目光集中在如何解决这一矛盾和如何教育孩子努力学习上，而忽视了青春期的孩子也需要父母表达出来的爱，需要用心去感受他们的情绪和成长中的烦恼和快乐。不错，青春期的孩子对别人触碰到自己的身体会敏感甚至讨厌，但绝对不会拒绝父母的欣赏和鼓励。

事实上，很多家长一直采用错误的非语言沟通方式与孩子交流，例如经常向孩子发脾气、拍桌子、摔东西等，这些都会被孩子理解成你极度嫌弃他的信号。这些非语言行为都是拒绝沟通的信息，因此它更会阻碍亲子之间的沟通，破坏亲子关系。

那么，父母应该怎样试着与孩子使用非语言沟通呢？

第一，尝试接收孩子的非语言信息。

当孩子小的时候，我们会留意孩子的一举一动，生怕孩子有什么不“对”的举动。当孩子不吃、不睡、不玩或精神不如平时集中时，父母都会去推测，或者去直接感觉孩子的情绪状态反映了些什么，表达出了对孩子的关心和爱护。可是，当孩子长大后，父母除了关心孩子的学习成绩，似乎不愿意再去体察孩子的内心世界了。其实，青春期的孩子，也有用语言表达不出来的思想和感情。有的时候，出于自尊心或是别的一些原因，孩子并不愿意或认为没有必要用语言说出他们的思想和感情，但他们又很想让父母明白他们的意图，这时，他们就会改用另一种表达方式对父母进行暗示。因此，生活中，父母一定要注意孩子的无言行为，来识别或弄清孩子的动机或基本情绪。其实，凭借着细致与耐心，做到这些并不困难。

第二，尝试着用非语言表达你对孩子的爱。

生活中，很简单的一个例子，比如，如果你的孩子取得了一个好成绩，做父母的需要赞扬、鼓励孩子。这时，如果家长单纯地用语言与孩子沟通，告诉孩子："儿子，你真棒，妈妈因为你而骄傲！"孩子也会很高兴，但是这种高兴劲也许没过多久就被孩子忘记；如果父母运用非语言与孩子沟通，微笑着走到孩子面前，给他一个拥抱，然后再告诉孩子："儿子，妈妈因为你而骄傲。"这样，孩子将永远也不会忘记妈妈对他的赏识和鼓励。

再比如，当你与孩子发生争执之后，单纯地对孩子说对不起，孩子可能会接受，但势必会在孩子心里留下一些阴影。但如果你走过去，拉着孩子的手说："儿子，这次是妈妈误解你了，请原谅妈妈。"孩子肯定会很快忘记这件不愉快的事情。可见，身体接触可以向孩子传递你的歉意，使你们经历争吵之后重修于好。

身体接触往往比语言能更好地表达。有时候，哪怕你一个鼓励的眼神和微笑，都会让你的孩子充满无穷的动力。因此，在生活中尝试着用非语言的方式与孩子沟通吧，但你还需要注意以下三点：

第一，尝试以身体接触代替言语交流。

第二，有些孩子不喜欢太多的拥抱，别强迫这样做。尝试寻找其他与之亲近、感受亲密、向他示爱的方式。

第三，当身体接触的习惯已经消失，在睡觉前或看电视甚至只是紧挨你的孩子坐着时，轻轻抚摸他的前额、脑袋或手，可以使身体接触的习惯重新回到你们家中。

教训少一些，指导多一些

彤彤妈最近工作的时候，遇到了这样一个家庭：

妈妈是某公司的老总，她能把公司管理得井井有条，但对自己的儿子，她却用"无能为力"来形容，因为不管她说什么，儿子总会与她对着干。在无奈的情况下，她才找到了心理咨询师。彤彤妈试着与这个孩子沟通，但出乎

她的意料，这个孩子很合作。

“为什么总是与妈妈做对？”

他直言不讳地说：“因为妈妈总是像教训、指挥员工一样来对待我，我觉得自己不是他儿子，感觉生活在妈妈的阴影里。”

这时，彤彤妈终于明白了，一定是这位妈妈用错了教育方式。于是，她把这对母子请到一起，当着孩子的面把孩子刚才说的话讲给她听。妈妈听后非常诧异，过了一会儿，她十分激动而又真诚地对儿子说：“儿子，你和我的员工当然是不同的，妈妈希望你更出色！”

听完这句话后，彤彤妈立即给予纠正：“您应该说‘儿子，你真棒，在妈妈心里你是最优秀的，我相信你会更出色’。”

这位母亲不明白为什么要纠正，彤彤妈说：“别看这是大同小异的两段话，其实有着很大的不同，前者是居高临下的指挥，后者是朋友式的赞美和鼓励。我觉得您在教育孩子上，不妨换一种方式，多一些引导，和孩子做朋友，而不是教训孩子！”

这位母亲听完，若有所思地点点头。

教育支招：

其实，这位母亲的教育方式在中国很典型，家长对孩子多以教训和指挥的口气来教育。例如：

“你这个笨蛋，成绩怎么总是在中游徘徊呢！”

“不就是考了前五名吗，什么时候考个第一名让我看看！”

“这段时间你确实有进步，不过不要夸你两句就骄傲呀！”……

这些话会自觉不自觉地流露出家长对孩子的俯视和责备，孩子长期生活在父母的教训中，会失去学习的动力和激情。而对于父母，他们也只能“唯恐躲之而不及”。尤其对于进入青春期的初中生们，在父母长期的打击下，他们要么“反击”，要么“忍受”，这对孩子的成长都是不利的。

事实上，做家长的也有苦衷。谁不愿意自己的孩子生活在快乐中，谁愿意在这样的残酷的竞争中去拼命？可怜天下父母心，没有谁希望训斥自己

的孩子。为了孩子能在未来的社会竞争中站稳脚跟,他们常常有意无意地教训孩子。但实际上,这种教育方法并没有多少成效。当然,教育子女没有标准答案,每个孩子都很特别,都需要父母去特别对待。对于青春期的孩子,父母要做的是引导,而绝不是教训。

进入初中的孩子,正处在身心发育的关键时期。在生理上,叫青春发育期。青春发育期这个阶段,既不同于儿童,也不同于成人,它的最大特点是生理上快速生长,急剧变化,随之带来的是他们的独立意识的增强;他们也渴望进入成人的世界,希望得到成人的尊重。如果父母对孩子还是像他小的时候一样,以一个极具权威的身份在教训他,就会造成他的敬而远之,不愿意向家长披露心迹。因此,家长要在内心里把自己和孩子放在平等的地位,把他看成是家庭中很重要的一个成员来对待,遇到问题也要和孩子多商量,对孩子多加引导。要尊重孩子,尊重他的人格,尊重他的意见,不能动不动就训斥,那样只会使孩子离你越来越远。

那么,具体来说,家长应该怎么做呢?

方法一:给自己“洗脑”,摒弃传统的家长观念。

家长长期以训斥的口吻教育孩子,都是家长制在心中作怪。因此,家长要想与这些初中孩子和谐相处,要想使自己与孩子的关系更加亲密,让孩子乐意与自己“合作”,家长首先要做的就是给自己“洗脑”,即打破那种传统的家长观念,不要总想着去挑孩子的毛病,而要不断提醒自己:孩子虽然小,但也已经是个大人了,他需要尊重;我的孩子是最棒的,他具备很多优点;允许孩子犯错误,并帮助孩子去改正错误……

方法二:放下家长的架子,做孩子的朋友。

有些家长为了维护自己在孩子心中的地位,刻意与孩子保持距离,从而使孩子时刻都感觉到家庭气氛很紧张。亲子之间存在距离,沟通就很难进行。在没有沟通的家庭里,这种紧张的气氛往往就会衍化成亲子之间的危机。

因此,父母不能太看重自己作为长辈的角色。因为长辈意味着权威和经验,意味着要让别人听自己的。但事实上,在急速变化的多元文化中,这

种经验是靠不住的。不把自己当长辈，而是跟孩子一起探索、学习、互通有无，这种做法会让家长在孩子的教育和沟通上变得更加自由和开明。

方法三：让孩子“有话能说”，自己“有话会说”。

家长与孩子交流时，要坚持一个双向原则，让孩子有话能说。比如，在交流的时候，无论孩子的观点是否妥当，你首先都应该给予赞赏和鼓励，然后再予以指正，这样可以鼓励孩子更大胆、更深入地交流。同时，作为家长，要注意说话的口吻。同样的道理，采用命令的口吻和用道理演示达到的效果是不一样的，很明显，后者的效果会更好。如果能用通俗易懂的话说明一个深刻的道理，用简明扼要的话揭示一个复杂的现象，用热情洋溢的话激发一种向上的精神，孩子自然会潜移默化，受到感染，明白父母的苦心。

沟通，是解决一切教育问题的良药。沟通是亲子关系升温的基础，离开了沟通，所有的教育都将无从谈起。作为初中孩子的家长，一定要丢弃要求孩子“这么做、那么做”的固有观念，同时也要丢弃把孩子赶向特定方向的强迫观念。在孩子遇到困难或遭受挫折时，家长更应适时地拿起激励和表扬的武器，减少孩子遇到困难时的畏惧心理和失败后的灰心情绪，增强他们成功的信念，而不是训斥和责备；然后，再和孩子一起讨论、确定克服困难或弥补过失的途径和办法。你对孩子的理解和尊重，必然有利于问题的真正解决，有利于两代人的沟通！

与孩子的好朋友保持沟通

蕾蕾和彤彤是很好的朋友，从小一起长大，又进了同一所初中。蕾蕾与彤彤的性格不大一样，蕾蕾性格内向，不怎么喜欢交际，但什么都跟彤彤说。上了初中以后，蕾蕾与彤彤走得更近了。

最近一段时间，蕾蕾妈发现蕾蕾变得很奇怪，除了吃饭时间，她几乎不出自己的房间门。不仅如此，她对妈妈的态度也十分冷淡。有时候，妈妈跟她说上半天话，她才勉强回答一句。

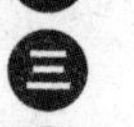

周末,彤彤来找蕾蕾玩,趁着女儿下楼买水果的空子,蕾蕾妈妈悄悄问彤彤:“彤彤,蕾蕾这几天怎么了,对我好像有很大意见呀。你们是好朋友,她一定告诉你了。”

“阿姨,蕾蕾是告诉我了,可是我不知道该不该告诉您?”彤彤有点难为情地说。

“只有你告诉我了,我才知道问题出在哪里,才能使蕾蕾摆脱烦恼呀。你愿意帮助你的好朋友吗?”

“是这样的,阿姨,我们已经都长大了,也有自己的隐私了,也懂得自理了,尤其是内衣和袜子,她希望自己洗,她曾暗示过您好多次,但您好像都没有明白她的意思。”

蕾蕾妈妈这才恍然大悟,怪不得上次还发现女儿把内衣放在被子里,原来是要自己洗。这下,她知道如何调解与女儿之间的矛盾了。

教育支招:

这种情况可能很多家长都遇到过,聪明的家长,当自己和孩子无法沟通时,懂得从孩子身边的朋友“下手”,找到和孩子之间的症结所在。事例中的蕾蕾妈妈就是个聪明的家长,当她发现女儿有心事而拒绝与自己沟通时,她选择了向女儿的好朋友彤彤求助,这不失为一个沟通的良方。

可能很多家长都发现了,孩子进入初中以后,似乎一夜之间变了,变得好像与父母相隔千里,过去无话不讲的孩子突然不说话了,避免交谈,放学后回到家,就一头扎在自己的屋子里,甚至宁愿把那些心事告诉陌生的网友,也不愿意与父母交流。对此,很多父母不解,更多的是不知所措。

初中孩子出现这些情况的原因,一般包括生理上和心理上两个方面。进入青春期后,他们再也不是天真无邪的儿童了,他们有了成长的烦恼;同时,来自学习的压力、家长的期望,都会对这些并不成熟的孩子产生压力。于是,他们需要发泄,需要向他人倾诉。但是他们不好意思向家长诉说这些事情;而且,就算他们愿意向家长诉说,大部分家长也都不能以正确的态度对待孩子的这些问题。听到孩子的这些“心事”,他们要么会训斥孩子“不务

正业”，要么会嘲笑孩子，总之会使孩子很尴尬。所以，孩子宁愿把“心事”讲给陌生人听，也不愿意告诉家长。

国外心理学家通过一项对两万多名青春期孩子的研究发现：孩子在12岁以前很愿意与父母交谈他们的想法，但之后却有明显的变化。尽管父母对孩子的态度一如既往，但孩子有了问题和想法，他们更多地会与朋友交谈。因此，与孩子的好朋友保持沟通，是一个家长可以掌握青春期孩子心理变化的巧妙方法。

人以群分，同龄的孩子之间往往有更多的语言，他们面临的是同样的学习环境，成长中共同的烦恼，因而他们都愿意与朋友或者同学倾诉自己的心事，因为他们会得到理解。因而，青春期的孩子们一般都会很注重友谊，不愿意把朋友托付给自己的秘密透露给他人。可见，父母要想和孩子的朋友沟通、了解孩子的内心，是需要下一番“功夫”的。对此，家长可以这样做：

方法一：晓之以理，动之以情，让孩子的朋友了解你善意的动机。

和事例中的蕾蕾妈妈一样，当彤彤不肯“出卖”朋友告诉自己的秘密时，她以一句“只有你告诉我了，我才知道问题出在哪里，才能使蕾蕾摆脱烦恼呀。你愿意帮助你的好朋友吗?”打动了彤彤，因为她也希望可以帮助蕾蕾。孩子都是单纯的，当他了解你善意的动机后，一般都会愿意与你“合作”，为自己的朋友解决问题。

方法二：尊重孩子的隐私，有些秘密不可窥探。

我们提倡家长与孩子的好朋友保持沟通，并不是要家长去窥视孩子的秘密。青春期的孩子拥有秘密是很正常的事情，家长即使知道了这一秘密，也不可指出来，这样，孩子会体会到你对他的尊重。有时候，他可能会愿意主动谈及自己的某些秘密，而不需要你通过他的朋友了解。

方法三：“秘密”沟通，绕开孩子，了解他的心理变化。

和孩子的朋友保持沟通，并不是监视孩子，而是了解孩子的心理变化，以便及时对孩子进行引导，对此，父母最好不要让孩子知道。因为孩子有时并不能理解父母的良苦用心，甚至会激怒他，他和好朋友之间的友谊也会因

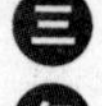

此产生危机。此时，你的好心可能就办了坏事。

其实，他们的秘密之所以不愿意让家长知道，是因为家长总是用高高在上的姿态去教育他们。如果我们换一种姿态做家长，不是高高在上的指导者，而是地位平等的朋友，也许孩子就会把自己的小秘密告诉你。所以，家长与孩子的好朋友保持沟通的目的，是增加了解孩子心理变化的渠道，为做孩子的知心朋友打下基础。

第四章

辅导功课，做初中孩子的家庭教师

望子成龙、望女成凤是很多父母的期望。学习成绩的好坏从一定角度上来说是衡量孩子学习状况好坏的重要指标。毋庸置疑，孩子在少年时期的主要活动是学习。他们进入初中后，学习科目比小学时显著增加，学习任务急剧加重，但同时，他们的求知欲强烈、学习兴趣广泛，因此，这段时间的孩子最需要父母给予学习上的辅导。因此，你不仅要做好父母，还要做好孩子的家庭教师。因为家庭教育是一切教育的起点，任何人都有可能成为天才，就看父母如何进行教育。对孩子的学习问题，父母一定要重视，特别要注意方式，要从培养孩子的兴趣、激发孩子的求知欲着手，传授正确的学习方法，从而让其提高学习效率，提升学习成绩！

一、教孩子提高学习效率

帮助孩子制订合理的学习计划

学校每个月的家长会又要开了，这次家长会的主题是“如何帮助孩子高效地学习”。家长会给家长提供了一起交流心得、互换教育的意见、为孩子找出更好学习方法的平台。在这一点上，彤彤班上的学习委员周涵涵的母亲，似乎很有经验。

“周涵涵是怎么学习的呀？”很多家长凑在一起讨论。

“听说，你们家涵涵并不是每天晚上做题到深夜。我每天罚我们家王刚做好些习题，可是学习成绩还是不见好，这是怎么回事呢？”

“是啊，我看我们家儿子也是，每天回来忙忙碌碌的，有时候，饭都顾不上吃，学习很努力，可学习成绩还是处在中等水平。”

“孩子进了初中，就不能再让他以小学时候的学习方法学习，得重新帮他制订一个合理的学习计划了，孩子才会高效地学习呀，不然学没学好，玩没玩好，孩子是两头受累啊！”周涵涵妈妈的一席话警醒了在座的很多家长。

教育支招：

可能很多家长会发现，你的孩子很懂事，即使你不叮嘱，当他进入初中以后，就认识到了学习的重要性，认识到初中课程量的加大、学习的紧张等，于是，当他跨入初中大门的那一刻起，他就决定要做个优秀的学生，努力学习，希望可以仍然走在队伍前列。但事实上，他们似乎总是力不从心，总是感觉时间不够用，学习效率也很低。这是为什么呢？

其实，孩子是缺少一个合理的学习计划。合理的学习计划是提高孩子成绩的行动路线，是帮助孩子成功的有力助手。没有学习计划，学习便失去

了主动性，容易东抓一把西抓一把，学习没有规律，抓不住学习的重点，以致被同学远远地甩在后面。因此，家长要切实指导孩子制订合理的学习计划。制订一份合理的学习计划，就等于为孩子找到了促进学习进步的金钥匙。帮助孩子制订严格的学习计划，养成守时、有序、高效的好习惯，是孩子一生受用不尽的财富。从人生成功的角度讲，统筹规划的意识和能力是一个要做大事的人取得成功所必须具备的一项重要素质，而这种素质是在从小就习惯制订具体的学习计划并严格执行的实践中培养形成的。

当然，孩子的学习计划应该由他自己来制订，家长所要做的应该是从旁协助的工作，帮助孩子把学习计划合理完善，监督孩子的执行，结合实际提出修改意见等，而不是越俎代庖，按照自己的希望亲自制订。

那么，父母应该怎样帮助孩子制订学习计划呢？最好遵循下列几点要求：

要求一：合理安排时间，制订作息时间表。

比如，你可以让孩子制订出一张作息时间表，让他在表上填上那些非花不可的时间，如吃饭、睡觉、上课等。安排这些活动时间之后，选定合适的、固定的时间用于学习，必须留出足够的时间来完成正常的阅读和课后作业。完成这些后，你要看看他在时间上的安排是否合理，比如，每次安排的学习时间不要太长，40分钟左右为最佳。学习不应该占据作息时间表上全部的空闲时间，总得给孩子留出休息、业余爱好、娱乐的时间，这一点对学习很重要。一张作息时间表也许不能解决孩子所有的问题，但是它能让你了解孩子如何支配一周的时间。

要求二：学习任务明确，目标符合实际。

孩子制订完学习计划后，家长应当加以审核，要确保孩子学习任务明确，目标符合实际。因为很多孩子制订学习计划时，总是雄心勃勃，一天的时间里恨不得要完成一周的任务。这样不切实际的安排，往往是导致计划不能正常执行的主要原因。

还有一些孩子，制订的学习计划很模糊，比如，晚饭后背外语；睡觉前温

习课文等，这种计划看似没有什么错误，似乎也足够具体，但实际效果并不如意。因此，这种计划虽然可以给孩子一种学习的方向感，但并不具体，以至于孩子到了执行计划的时候，会不知从何开始。如果把目标再具体细化到：晚饭后背十个单词，睡觉前温习第几课课文，晚上八点半整理出三角形公式，这样效果会更好。而且如此具体的任务分配也有利于孩子自检任务完成状况。

要求三：学习计划应与教学进度同步。

父母在帮助孩子制订学习计划的时候，一定要注意学习计划与教学进度同步，只有这样，孩子才能把预习和复习纳进学习计划中。这就要求在制订学习计划时，要以每日课程表为基准，参照老师的授课进度，再让孩子结合自己的学习状况制订计划。计划有多种，比如日学习计划，可建议为某门落后的功课或某门感兴趣的功课多安排些时间；还可以制订单元或专题复习计划，有计划地学习。

要求四：计划应该简单易行而富有弹性。

整个计划要有一定的机动灵活性。正常情况下，都应该严格按时完成计划，但孩子的生活会受很多因素影响，难免会有特殊的情况，所以计划不能过于僵化呆板，要有一定的灵活性，不至于因为一个环节不能完成而打乱后面的所有计划。同时，学习计划也只是一个学习的构想，千万别把计划定得过于详细、紧凑。而且，如果刚开始孩子没有按质按量完成学习计划，也不要责备和训斥孩子，因为这样会打消孩子的学习积极性。

家长在帮助孩子制订学习计划后，还要监督和协助孩子执行计划。通过科学的安排、使用时间来实现这些目标，要以充足的睡眠、合理的进餐与有序的学习相结合，否则，即使再完美的计划，也只是纸上谈兵！

激发孩子的学习兴趣

彤彤有个同学叫王晓丽，不怎么喜欢与人交流，即使下课时间，她也是趴在桌子上看书。但奇怪的是，几次考试下来，她的成绩都在班上的中下游水

平，就连班主任老师都不知道为什么。老师也偶尔会看看她的笔记，她的笔记很工整，每一个知识点都记得清清楚楚，每个经典习题也都解答得很清晰。

一次家长会后，班主任老师和王晓丽的家长进行沟通，当时王晓丽也在场。

“晓丽同学，你能告诉老师，为什么你学习这么刻苦，成绩却不见提高呢？”老师说完，王晓丽看了看她妈妈，好像不敢说的样子。老师好像看出了这点，就鼓励王晓丽说：“有什么话你今天就当着老师和妈妈的面说清楚，这对你的学习有好处啊。”

“其实，我对学习根本就没什么兴趣，每次，我都是强迫自己背单词、做数学题，因为每天回家之后，妈妈都会检查我当天的学习情况，我只能这样。”王晓丽说完，朝妈妈看了一眼。

“哎，这年头，我们大人为了孩子，付出了一切，可是，我们真的不知道孩子要的是什么。就跟我们家晓丽一样，我也知道，每天回家后，虽然她表面上看是在学习，但心思却不在书本上。”王晓丽妈妈说。

“我大概知道你们家晓丽学习成绩上不去的原因了，因为她对学习提不起兴趣，所以花的时间虽然多，但却没有什么效果。”老师继续说：“作为家长，你现在要做的，就是激发孩子的学习兴趣。”

教育支招：

常言道，兴趣是最好的老师。我国古代大教育家孔子曾说，“知之者不如好之者，好之者不如乐之者”。可见兴趣对学习的引领、加强作用。德国文学家歌德说过，“哪里没有兴趣，哪里就没有记忆”。可见没有了兴趣，也就没有了学习。孩子进入初中以后，课程内容增加了，学习负担加重了，如果孩子不能主动、积极地学习，学习效率就会低下。这是为什么呢？我们首先来看看兴趣对学习的积极作用：

首先，兴趣会促使大脑皮层产生兴奋，使脑神经处于积极的工作状态，这样，学习对孩子来说就不再是一种负担，而是一种陶醉或享乐。自然，其学习、记忆效率就高。根据我们的经验，学习感兴趣的知识时，会忘记时间

的流逝;而学习枯燥乏味的知识时,会感觉时间的漫长。

其次,兴趣会使学习者保持高度注意力。根据心理学实验,不同年龄的人保持注意力的时间是不同的。7~10岁为20分钟,11~12岁为25分钟,12岁以上为30分钟。如果对学习产生浓厚兴趣,保持注意力的时间会大大延长。

再者,兴趣还能引起学习者对学习对象的认真观察和积极思考,问几个"为什么",探究其所以然。积极的思考对学习大有益处。据资料介绍,饱满的兴趣可以激发脑肽的释放,而该物质是记忆与学习的关键性激素。

最后,兴趣能挖掘出学习者的内在潜力。

人作为一种生物,所有的行为都是直接或者间接按照自己意志去行动的,而这一切都必须要有足够的动机——可能外界的压迫或者一时的发愤可以暂时充当这种动机,但是任何纯被动的行为是无法持续太久的。只有有了内在的动力——兴趣,学习的行为才能够高效地持久下去。事例中的王晓丽虽然学习努力,但成绩一直提不上去,就是因为她是被强迫学习的,而不是出于兴趣、发自内心的学习。因此,作为初中生的家长,要想孩子能高效地学习,就要激发孩子的学习兴趣。我们经常会听到家长说孩子对学习没有兴趣,就是对玩感兴趣。那么,如何才能让孩子对待学习就像看电视、玩游戏那样投入呢?

方法一:尊重孩子的兴趣,引导孩子培养高尚的兴趣倾向。

一般做父母的都望子成龙,对孩子寄托很大的希望,孩子进入初中,为了不让孩子掉队或者想让孩子成为学习上的佼佼者,家长们千方百计地想让孩子学得好,懂得多,于是,他们把孩子的周末安排得满满的。同时,他们还按照自己的主观意志去"规定"孩子的兴趣,而不是尊重孩子自身的学习兴趣去培养孩子,这样往往会延误孩子的发展。孩子不能按照自己的学习兴趣去学习,学起来会很辛苦,学习效率自然无法提高。如果父母能根据孩子的学习愿望去安排学习,把"望子成龙"修改为"望子成器",让孩子拥有自由发展的空间,效果可能会更好。

方法二：把孩子的业余爱好与知识学习联系起来，以培养和激发新的兴趣。

可能很多家长说，孩子除了对学习没兴趣外，对其他事都有兴趣，比如看小说、玩游戏等，这也就是孩子的“热点”。父母要试着将孩子的热点转移到学习上来。比如，如果你的孩子希望当个作家，你要告诉他：“只有努力学习，掌握理论知识，才能提升自己，才能朝着梦想迈进一步。”其实，每个孩子心里都有一个梦，作为家长，要注意把孩子的原有兴趣与知识学习联系起来，将兴趣引导到学习上来，以培养和激发其新的兴趣。

方法三：找出孩子不喜欢学习的原因，对症下药。

孩子不喜欢学习的原因非常复杂。如果我们深入探讨就会发现实际上并不是孩子不喜欢读书，而是某些因素导致的，如基础差，学习起来太吃力，赶不上；不能正确对待老师的批评，对老师产生抵触情绪；读错了字，遭同学的讥笑；想看电视，却被迫写作业等。这些原因逐渐在内心堆积起来后，孩子便渐渐对学习失去了兴趣。

家长首先要和孩子自由沟通，以温和的态度和孩子探讨他为什么不喜欢学习。父母了解他的问题所在，就要为他解决。对于因学习困难而对学习不感兴趣的孩子，家长要耐心地帮助孩子找到困难的原因，帮助孩子掌握科学的学习方法。

孩子学习动机的形成，最好不是灌输，而要自觉形成，这就需要父母激发孩子的学习兴趣，也只有这样，孩子才能高效地学习！

不要盲目报各种特色班

彤彤有个叫黄俊的同学，他是班上的“大忙人”，似乎他的时间总是不够用。他的爸爸没有征求他的意见就为他报了书法培训班、英语口语班和奥数三个培训班。周末的时候，黄俊没有自己可支配的时间，周六上午去学书法，周日下午学英语，晚上练口语，还要做老师布置的课外作业，时间被排得

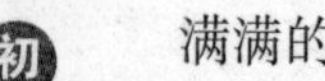

满满的。

每当周末去培训班的路上,黄俊看到同龄的孩子在自由玩耍的时候就特别羡慕。他多想和爸爸说他不喜欢上那些培训班,但是看到爸爸陪他时的辛苦,又难以开口。他觉得很压抑,生活得很不开心,这些培训班已经影响了他的正常学习。

其实,彤彤班上,深受培训班之苦的还不止黄俊一个人,只不过黄俊的爸爸为他报的特色班实在太多了。

教育支招:

当孩子进入初中以后,随着学习竞争压力的增大,为了让孩子不掉队,为了对孩子的升学有帮助,很多父母就盲目地为孩子报各种培训班,也有一些父母怀着跟风的心态给孩子报班。一名家长说,担心孩子在普通班觉得“低人一等”,只得给孩子报了一个计算机特色班。

教育界有关人士在接受记者采访时表示,家长不要盲目为学生报课外辅导班。每个学生自身的情况不同,既有智力因素,也有非智力因素。家长要了解孩子成绩不佳的根本原因,比如有些孩子是因为父母要求过高造成厌学心理,有些孩子受家庭环境影响导致无心学习,有些孩子生活、学习习惯懒散拖沓等。如果不从根本上找到症结,报名参加课外辅导班往往会事倍功半。

父母为了孩子好,希望孩子有一技之长,希望孩子将来能够更好地在社会上立足,出发点是很好的,但他们忽视了初中孩子内心的需求。其实父母的一厢情愿很少能够达到成功的教育目的,反而会引起孩子的逆反心理,阻碍孩子的正常发展。

而对于初中的孩子,他们的自主意识增强,只有当特色培训班和他们的爱好、兴趣相符合时,才会取得理想的效果。而且,孩子的精力是有限的,他们还肩负着沉重的学业负担,为孩子多报培训班,会让孩子不堪重负,这是违反正常的教育原则的。

那么,父母在为初中的孩子报特色班时,应遵循什么样的原则呢?

原则一：尊重孩子的兴趣和爱好。

给孩子报特色班，应该从孩子的兴趣爱好出发，否则可能会事与愿违，严重的还会导致孩子产生厌学情绪，对生活和学习造成消极影响。缺乏尊重的家庭环境中，孩子没有自己的意识，丧失独立自主的能力，将来走上社会，也难以适应社会环境。

作为父母，应该尊重孩子的身心发展规律，在了解孩子的兴趣的基础上，和孩子商量，征得孩子的同意之后再为孩子报培训班，这样孩子会感激你的理解，在学习的过程中才会更有积极性。

原则二：要听取孩子的意见。

孩子也是独立的个体，尤其是进入初中后的孩子，他们更希望从家长那里得到认同。家长在为孩子报特色班时，要认真耐心地听取孩子的意见。

原则三：家长不要有功利心理，要允许孩子发生兴趣转移。

人的兴趣爱好不一定是一成不变的，大人亦是如此，更何况孩子。孩子进入初中以后，随着年龄的增长、接触面的拓宽以及自身社会经验的加深，他们的兴趣也可能发生变化。比如，小时候孩子喜欢钢琴，而现在却对计算机产生兴趣。有些父母出于功利心理，不能接受孩子的兴趣转移。比如因为当初给孩子买了钢琴，就不允许孩子的兴趣再发生变化了。这些父母可能强迫孩子天天练琴，直到孩子彻底丧失对弹琴的兴趣。这种做法并不可取。

其实，孩子兴趣广泛对其自身发展而言，是一件有益的事，父母要鼓励孩子全面发展自己的兴趣，允许孩子的兴趣发生转移。

原则四：父母不要盲目跟风。

现代社会充满竞争，很多父母看到其他孩子报特色班，害怕自己的孩子掉队，所以会盲目跟风，自行为孩子报特色班。孩子在培训班上心不在焉地听着自己并不感兴趣的课程，为此失去很多自由，但是父母却无视孩子的心情，对报培训班乐此不疲。

父母在为孩子报培训班时要多一些理性，综合考虑孩子的爱好和培训

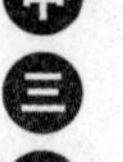

班的教学质量，不要盲目地跟从其他人的选择，在众多的培训班广告前擦亮眼睛，征求自己孩子的意见。只有适合自己孩子的才是最好的，要以培养孩子的兴趣为主，让孩子在快乐的学习中发展自己的喜好。

因此，父母要慎重地为孩子选择培训班，不要盲目跟风，要在尊重孩子的基础上，要根据孩子自身的特点和爱好帮孩子报特色班，才能使孩子获得长足发展，为他顺利走向社会做好铺垫。

通过课外学习和自学辅助孩子增长知识

陈欣被称为彤彤所在班级的“小百科全书”，当然，这个名字有点夸张，但足以表明陈欣的知识面之广。他特别喜欢看书，无论是课外的，还是课内的；无论是政治性的，还是历史性的。大家以为陈欣喜欢看课外书，会耽误学习，但事实上并非如此，陈欣的成绩一直是班上前五名。

“陈欣，你经常看课外书，你爸妈不管你吗？”

“我爸妈挺理解我的，他们说，课外学习是自学的一种方式，只要我愿意看课外书，我爸妈都支持我。有时候，我妈妈还会教我一些怎样记住课外知识的方法，真的挺管用，不然我也记不住那些知识点。现在老师上课的时候，我感觉有些知识自己都学过，这就是学习课外知识和自学的好处吧！”

“还是你爸妈开明啊，在我们家，只要是课本和练习册以外的书，都被没收了，哎！”

“是啊，我们家也是，真希望我们的父母都能像你爸妈一样！”

教育支招：

虽然素质教育要求给初中学生有更大的学习空间，但事实上，在升学压力面前，很多家长还是选择“填鸭式”、“灌输式”的教育方式来教育孩子。不管是在课堂上，还是在家庭教育中，孩子总是在老师或者父母的监督下学习，一直处于被动学习的状态。而我们已经进入了终身教育时代，学习已经成为一个人一辈子的事情。联合国教科文组织出版的《学会生存》一书中指

出："未来的'文盲'不再是不识字的人，而是没有学会怎样学习的人。"随着时代的进步、知识更新换代之快，要想孩子不被时代抛弃，父母的教育方式也要改变。

孩子终究要步入社会，而那时，他们不可能再接受老师和家长的知识灌输，这就要看孩子的自学能力。所以说，未来的竞争是自学能力的竞争。教育反映时代精神，在这个知识更新飞快的时代，只是一味地让孩子去吸收知识已经不现实了。那么，应该怎么教孩子？教什么？这些问题值得每一位父母深思。

俗话说："授人以鱼，不如授人以渔。"孩子的学习也是一样，教给孩子知识，不如教给孩子学习知识的能力——自学能力。学习本来就是孩子自己的事情，可以说，只有学会自我学习，才能够学得好、学得多。自学能力越早培养越好，这样孩子才能在未来的竞争中立于不败之地。实际上，初中阶段，是孩子各种能力和习惯的培养阶段。父母要想培养孩子自学和学习课外知识的能力，初中是个不可忽视的阶段。

另外，从短期来看，课外学习能力和自学能力的培养，也有助于孩子学习效率的提高，因为真正高效的学习是主动的学习，不是被动的。孩子本身除了要去记忆外，还要用脑子去思考，动手去实践，用心去体会，只有手脑并用的学习才是高效的。

那么，作为父母，该怎样培养孩子的自学能力和课外学习的能力呢？

方法一：激发孩子的求知欲和好奇心，让孩子产生自学的兴趣。

好奇心是孩子自学的内在性动机。柏拉图曾说："好奇是知识之门。"陶行知先生也曾说过："发明千千万，起点在一问。"求知欲是驱动孩子自己主动学习的源泉，作为父母要因势利导地激发孩子的好奇心和求知欲，然后让孩子满腔热情、积极主动地去探索，去学习。家长要有一双善于发现孩子追求知识方向的眼睛，引导孩子通过主动的努力奋斗，实现自己追求的目标。

孩子本身有非常强的好奇心，能否主动积极地学习，在很大程度上取决于父母的引导。父母在教育中要遵循启发诱导的原则，营造有助于孩子积

极参与问题的情境,这是培养自学能力很重要的一个方面。如在孩子自学的过程中,要鼓励孩子自行找出问题,然后把孩子预习情况以问题的形式反馈回来,收集、归纳、整理比较集中的问题,重点讲解这些问题。有些问题孩子通过自学完全可以掌握,就以提问的形式,让他自己回答,要对回答予以肯定。这样也就调动了孩子自行探究问题的积极性,提高了孩子自主学习的自觉性,从而提高自学能力。

方法二:引导孩子体验自学和课外学习的快乐。

只有将快乐寓于学习之中,孩子才会有积极性。作为大人,如果不能快乐地做一件事,那么这件事绝对是不能百分百地做好,何况是初中阶段的孩子。怎样让孩子快乐地学习呢?在孩子的自学过程中,家长们要善于引导,善于将一些趣味性的知识掺和其中,让孩子觉得自学也是一件快乐的事,并经常进行一些亲子活动,在活动中学习。这种方法简单有效,也会事半功倍。

方法三:要培养孩子自学的习惯。

“播种一个行为,收获一种习惯;播种一个习惯,收获一种品格;播种一个品格,收获一种命运。”孩子自学习惯的培养不是一朝一夕的事,必须从中小学阶段就严格要求,严格训练。而孩子的自学能力更需要家长的培养和指导。家长要定时检查,要规定时间,切莫惩罚,要抛弃不打不成才的陈旧观念。在督促检查中加以正确引导,才能不断提高孩子的自学能力,培养良好的自学习惯。

方法四:让孩子把自学和课外学习当成课堂学习的辅助线。

在学校学习的学生当然是以课堂学习为主线,那么课外的自学如何进行呢?很简单,课外的自学可以成为课堂学习的辅助线。也就是说,父母在培养孩子课外自学能力的同时,要尽量将这些课外知识和课堂知识结合起来。这样,孩子不仅能开阔视野,还能辅助学好课堂知识。

方法五:教会孩子合理安排时间。

很多父母担心孩子的课外学习占据太多时间,以致影响孩子在学校的

正常学习。其实，只要教会孩子合理利用好时间，两者并不冲突。这要求父母帮助孩子做到以下三点：

(1)让孩子学会挤时间，就是要会利用分散、零星的时间，把这些时间纳入到自己的学习计划中去。

(2)让孩子合理安排时间，就是不要平均使用时间，要把主要时间用在学习主要学科、解决重要问题和急迫要解决的问题上。

(3)培养孩子紧张快速的思维习惯，培养思维的敏捷性，有助于提高单位时间的学习效果。

当孩子具备了课外自学能力，其学习效率自然提高，即使孩子离开学校，通过自学依然可以成才。每个孩子都会成功，而打开成功之门的钥匙就在孩子手中。只要父母重新审视教育观念，让孩子主动学、自己学，那么每个孩子都可以成才。

二、帮助孩子掌握学习方法

鼓励孩子敢于质疑，开动大脑思考

有一天，蕾蕾在预习语文的时候，发现课文中有一个错字，但她不敢肯定，于是，就查了好几遍字典，结果证明自己是正确的，她就拿着书本问正在看电视的妈妈：

“妈妈，您看，语文书上居然有错别字呢！”

“怎么可能，你们的教科书还有错误？”

“真的，妈妈，您看看嘛！”

“妈妈要看电视呢，你明天去问老师吧，估计老师也会说你错了。”妈妈不耐烦地对蕾蕾说。

蕾蕾一听,有点生气:“妈妈,您知道尽信书不如无书的道理吧,但您现在怎么这样呢?”

看着女儿情绪有点不对了,妈妈拿过书一看,这个字果然是错的。

“对不起啊,女儿,妈妈错了,妈妈不该只顾着看电视,而打击你质疑问题的积极性。以后遇到类似的问题,你都可以来问妈妈。如果妈妈不知道,会找别人帮你解决。”

“这才是我的好妈妈,谢谢妈妈!”

教育支招:

初中阶段的孩子,自主意识相对于小学时来说更强,在学习上表现得尤为明显。他们对于老师的话、书本上的知识,不再像小学的时候全盘接受,他们对自己不明白的问题,有时候会产生质疑,并试图找出正确的答案。但是,很多时候,孩子质疑的精神被家长扼杀了。而现实生活中,父母往往只重视孩子学习的结果,只重视孩子记住了多少知识,只重视孩子的学习成绩,却忽视了对孩子敢于质疑习惯的培养。他们只希望孩子做个“听话”的学生,遇到孩子的疑问,他们会告诉孩子:“你把老师教的学好就行了,别管那些,简直耽误学习!”孩子放学回家的时候,家长问孩子的第一句话是:“老师教的知识都记住了吗?”“今天考了多少分?”于是,孩子在父母这些“谆谆教导”下,开始变成一个“听话”的孩子,而孩子质疑问题的积极性也就被打消了。我们先来看看下面的故事:

古人云:“学贵质疑,小疑则小进,大疑则大进。”质疑,是孩子自主探究的起点,也是孩子自主发展的标志。有了疑问,才会产生自主探究的浓厚兴趣。在学习过程中,如果孩子能对教材难以理解的内容提出质疑,或者对某种观点有不同的看法,这说明他们勤于思考,敢于提出问题,有了初步的创新意识,产生了创新的冲动。作为父母,要鼓励孩子敢于质疑,开动大脑,促使孩子主动发展。那么,具体应该怎样做呢?

方法一:允许孩子说出自己的想法,允许孩子有自己的想象力。

孩子的想象力是其学习和创造的动力之源,具备想象力的孩子才敢于

质疑，没有想象力的孩子就像一潭死水，没有生机和活力。作为家长，绝对不能有意无意地扼杀学生的想象力。那么，如何保护和培养孩子的想象力呢？这就要求家长要有足够的耐心，要允许孩子说出自己的想法，对孩子充满想象力的答案要给予表扬，遇到问题要鼓励孩子打破常规，发挥自己的想象力，不要用标准答案要求孩子，允许孩子有不同的答案、不同的见解。对于孩子的错误要宽容，久而久之，才能培养出孩子善于想象的天性。

方法二：培养孩子多动脑的习惯。

思考是提出质疑、发现新问题的前提，许多非常成功的人，都善于思考。牛顿通过对苹果落地现象的质疑，产生了关于重力的理论。爱因斯坦通过对太阳的质疑产生了关于相对论的思想。伟大的发明家爱迪生最爱问老师"为什么"。一个只知记忆、不善思考、不敢质疑问题的孩子，不会有创新能力，只能是一个平平庸庸的人。父母要想让你的孩子有所突破的话，就要鼓励孩子多思考。比如，在做数学题的时候，你可以鼓励孩子多找出几种解题的方法；当孩子对某些生活现象产生疑问时，要鼓励孩子多思考。久而久之，孩子爱思考的习惯也就形成了。

方法三：重视孩子提出的问题，培养孩子质疑的积极性。

很多父母认为孩子提出的问题应该是课堂上的问题，如果问一些不着边际的问题对学习没有任何好处。于是，对孩子提出的问题，他们往往采取的是忽略甚至批评孩子。其实，生活中的问题也是问题，解决这些问题既能增强孩子的求知欲，又能培养孩子的批判性思维。所以，作为父母，不能怕孩子问来问去，而要鼓励他去发现问题。

总之，孩子的头脑不是一个等待填满的容器，而是一个需要点燃的火把。父母一定要消除"听话的孩子就是好孩子"这一观念，要不择时机地启发和培养孩子敢于质疑的精神，鼓励孩子在学习中勇于提出问题，敢于表现自己，敢于独出心裁，敢于挑战权威、挑战传统，努力使孩子养成想质疑、敢质疑、会质疑、乐质疑的良好习惯。

帮助孩子找到属于自己的个性学习方法

周涵涵是彤彤班上的学习委员，从小学开始，学校光荣榜上一直都有她的名字。进了初中以后，她的成绩还是那么好。在她的同学眼里，周涵涵就是个“屹立不倒的神话”。很多同学都向周涵涵取经，问她有什么绝密的学习方法。

周涵涵说：“我觉得我的学习方法对自己很有用，但对你们，我就不知道管不管用了。我不怎么喜欢每天挑灯夜战，一般做完作业以后就睡觉了。每天早上我会醒得很早，一般你们大概是六点多起床，我五点就醒了。这段时间，我会拿来记单词，不知道为什么，我这时候背的单词都不会忘记。另外，对于理科，我会学习好课堂上老师讲的每一个知识点，然后在课下花点时间复习一下，就能巩固了。其实，学习并不是什么难事，每个人都应该有属于自己的一套学习方法，并不是千篇一律的。”

“可是，我们都不知道什么是属于自己的学习方法啊！”

“我们可以求助于父母啊，他们是了解我们的，而且，他们是过来人，我们学习上的一些不足，他们是能看出来的。”

“是啊，我回去和爸妈好好谈谈。”

教育支招：

初中课堂教学方式与小学阶段明显不同，面临的学习任务和学科学习的内容差异很大。总体来看，小学的课堂教学活泼，容量小，作业量小，注重基础知识的学习和巩固，拓展性小；中学课堂教学容量大，科目增多，而且都是有独立学科体系的内容。这些变化，都要求孩子调整自己的学习方法。而调查显示，90%的孩子没有自己的学习方法，纯粹采用传统的填鸭式教育。这样导致很多孩子虽然很努力，可是成绩却依然提高不上去，最后导致孩子厌学。而家长就开始为孩子不爱学习、厌学而苦恼。也有一些家长会有疑惑，为什么有的孩子能轻松地学好，而有的人很努力却学不好，这还是因为学习方法上的差异问题。孩子有一套属于自己的个性学习方法，自然能学得更好。

任何一个孩子都很聪明，没有智力障碍，只是学习方法和学习习惯不同而已。每个孩子都有属于自己的学习方法和习惯，有的学习很轻松，学习习惯也好，这无外乎课堂认真听讲，基础知识掌握得好，灵活运用能力强；而有的孩子学习方法死板，学得很累，课后用十倍时间学习，效果也不好，这样就要改进学习方法。

那么，作为父母，怎样帮助孩子找到属于他自己的个性学习方法呢？

方法一：认识到孩子的特殊性，尊重孩子的学习兴趣。

适合孩子的学习方法一定是建立在孩子的学习兴趣上的。生活中，当孩子没有达到家长预期的目标时，家长就觉得孩子出了太多的问题，父母愤怒了，或是责骂孩子，或是语重心长"控诉"孩子。孩子沉默了，孩子愧疚了，孩子自卑了……很多时候孩子就是在这样看不见的教育暴力中失去了成长的快乐和发展的潜能。而父母为孩子打造出的学习方法再完美，也不一定适合自己的孩子，因为孩子对此方法根本不感兴趣。

家长要重视孩子的个体差异，充分考虑孩子的优势和潜能，注重学习兴趣和个性的培养，帮助孩子找到属于自己的"钥匙"。

方法二：根据孩子的生活习惯和作息时间安排孩子的学习，让孩子高效地学习。

每个人的机体存在差异，这是毋庸置疑的，他们在生活习惯上有所不同。比如，有些孩子喜欢在晚饭前学习，而有些孩子在睡前的某段时间能发挥记忆的最好效果。对此，父母都要留意，只有根据孩子的生活习惯和作息时间安排学习，他才能以最快的时间进入学习状态，提高学习效率。

方法三：掌握小窍门，让孩子尽快进入学习状态。

如何让孩子尽快进入学习状态，是广大家长最为关心的问题。拥有九年个性化教育研究经验的教学专家认为：家长个性化的监督和引导是孩子安心学习的关键。在此，他向家长们传授帮助孩子收心的几个小窍门：家长不要给孩子过多压力，要鼓励孩子适当地多看书，或者陪孩子适当做一些体育锻炼，让孩子心态平和下来。同时，家长可以帮助孩子制订一个切合实际

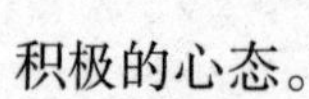
的学习计划，定期了解孩子的学习表现，多给孩子鼓励和建议，使孩子保持积极的心态。

方法四：训练孩子解决问题的能力。

拥有解决问题的能力才是制胜的法宝。父母在帮助孩子找寻适合自己的学习方法时，这一点乃重中之重。要训练孩子这一能力，就要着重培养孩子的自主学习能力和正确的思维方式。长此以往，孩子的成绩及综合素质将能够稳步持续地提升。

总之，帮助孩子寻找学习方法，需要依据孩子个人的习惯、兴趣、时间安排、生理状态等。所以，你要想成为孩子的家庭教师，就要全面了解孩子，然后作出具体的计划安排。学习方法只有适合孩子的才是最好的。有针对性地制订出一套独特的、行之有效的教学方案和心理辅导策略，不仅使孩子掌握一种切合自身的学习方法，提高学习成绩，更重要的是让孩子的心理和心态更健康！

做好预习、复习，让听课更有效率

周涵涵学习成绩好的一个制胜法宝就是：预习和复习工作做得很到位。上课前，她会认真预习，正因为如此，课堂上老师要讲什么，她都知道。同时，她也很注重复习，每天放学回家后，她都会花一点时间，将课堂知识重新巩固一遍，对于那些没有弄懂的知识，她会寻求爸妈的帮助。他们不仅是她的父母，还是她最好的老师。课下的时候，同学们经常会谈论到自己的父母。

“我爸和我妈似乎整天都很忙，我放学回家，他们只会叮嘱我要好好学习，而从来不会花多少心思在我的学习上，更别说辅导我预习、复习功课了。”一个同学这样谈到自己的父母。

“我爸妈倒不是，他们对我是盯得太紧了，我一回家，他们就会问我当天学了什么，从小学到初中这些年都是这样，这倒是一个很好的回顾、复习课堂内容的好办法，但回答完以后，我哪里还有多少时间去预习新课程？所

以,我经常会觉得老师上课讲的内容很陌生……”

这时候,班主任老师也走过来加入学生们的谈话:“我认为各个层次的学生都需要预习。成绩好的同学,预习工作可以跳出课堂、跳出学科,拓展视野。而对大多数同学来说预习更重要,否则讲课时往往会被老师牵着鼻子走,没有一点自己的主动性,听课很累。而预习之后,假如这堂课上的三个知识点,你能提前弄明白一个甚至两个,那么就能较快进入课堂,听讲中也有侧重点和针对性。”

“是啊,预习和复习在学习过程中都很重要,一样都不能落下啊……”

教育支招:

孩子进入初中以后,很多家长认为,孩子终于长大了,终于可以不像小学时候那样劳心劳力了,于是,很多家长把孩子全权交给学校管理;也有一些家长完全相反,他们认为初中是孩子的关键时期,所以紧盯着孩子的学习,但却因为方式方法的不正确,效果也不好,因此对于孩子的学习,他们也是束手无策。

其实,要想让孩子高效地学习,学习方法的正确与否至关重要。其中,必不可少的一个环节就是预习和复习。科学的学习,需要遵循课前预习、上课认真听讲、课后复习“三步走”,这是最朴素也是最经典的学习过程。只有提前预习了,上课才能带着目的性去听讲,有的放矢,更高效地去吸收知识,而不会被老师牵着鼻子走;课后一定要及时巩固复习,复习得越及时,知识就掌握得越快、越牢固。那么,家长该怎样帮助孩子做好预习和复习,成为孩子的家庭教师呢?

第一,预习方面。

预习很重要,但前提是必须要有科学的预习方式,如果预习不得法,有时反而会适得其反。有些孩子只抓住一点皮毛、知道点结论,就错误地认为自己都听懂了,上课就不注意听讲,这样就把知识的来龙去脉等重点错过了,显然是捡了芝麻丢了西瓜。父母监督孩子预习,可以运用以下三个方法:

方法一:教导孩子根据老师的教课方式预习。

家长应该告诉孩子,在制订自己的预习方式时,最好先想想老师的教课方式是怎么样的,或索性直接去问一下老师,应该怎么样预习。因为预习的目的是为了在课堂上能听得更好,而课堂计划是由老师制订的,所以孩子的预习要与课堂计划配套起来。

方法二:教导孩子轻重详略的预习方法。

孩子在认真投入预习之前,先把要预习的内容快速浏览一遍,了解学习的大致内容及结构,以便能及时理解和消化学习内容。当然,这要注意轻重详略,在不太重要的地方可以花少点时间,在重要的地方,可以稍微放慢学习进程。

方法三:让孩子与习题配套预习,以便帮助查缺补漏。

父母在孩子预习前,给孩子购买一本与课本配套的练习册。买练习册时特别注意,别买参考答案只有结论的那种,而要选择有详细解答过程的,这样有助于孩子理顺思路,题做错了也能弄明白为什么错,对于不懂的地方就要做出标记。

第二,复习方面。

与预习相对应的,就是复习的话题。很多孩子一听到复习,就会认为是期末大考前的复习,其实这种看法是片面的。还有一项复习工作,那就是平时的日常复习。只有做好这两方面的工作,孩子才会取得一个很好的成绩。父母可以指导孩子掌握以下复习要点:

要点一:多种形式复习。

复习是对信息的重新编码,可采用看、听、记、背、说、写、做等多种形式复习整理知识,不必一味机械重复。复习的效果在于编码的适宜性,而不在次数。

要点二:当天进行复习。

要求孩子听讲之后尽早进行复习,可减少遗忘。同时可使新知识联系起来,搞清楚知识前后的联系和规律。

要点三:单元系统复习。

这一般在测验和考试之前进行，这种复习应重点领会各知识要点之间的联系，要抓重点和难点，并使知识系统化、结构化。对错题进行再次练习的方法，被证明是提高成绩的法宝。

要点四：假期不忘复习。

每年的寒暑假及国庆节学生闲暇时间较多，家长可以督促和提醒孩子，除完成作业外，应适当复习，防止遗忘。在节假日，孩子还可以适当阅读课外书，加深和拓宽对知识的理解、巩固和运用。

知识的积累，就像建造房子，从砖到墙、从墙到梁，是一个循序渐进的过程。家长在督促孩子学习的时候，也一定要让孩子养成预习和复习的好习惯。预习和复习的时间并不需要很长，但效果会很好。磨刀不误砍柴工，就是这个道理！

让孩子学会听课和记笔记

孙玲是周涵涵的同桌，巧的是她们还是邻居。小学的时候，孙玲的学习成绩不怎么样，初中后和学习委员成了同桌后，她也铆足了劲儿学习，但是成绩还是没有预期的理想。学习过程中，她并没有怎么请教周涵涵，只是对周涵涵的听课笔记“研究”得比较透彻，基本上每天晚上回家之后，她都会去周涵涵家借笔记，这已经成了她的一种生活习惯。

“妈，今天该轮到你帮我跟周涵涵借笔记了吧！”孙玲对在厨房炒菜的妈妈说。

“学习的事你怎么老来麻烦我啊？”妈妈开玩笑说。

“我这不是不好意思了嘛，天天跟涵涵借笔记，她会不会烦我了呢？”

“这我可不知道，我看你呀，还是自己上课要好好听，做好自己的笔记，不懂的再去问老师，这样，就不用跟涵涵借笔记了呀。”

“是啊，我也觉得自己的学习方法不对，为什么我花的时间比涵涵多，每天回来研究她的笔记，还考得没她好呢，就是因为我没有利用好课堂时间

吧……”

“是啊,课堂时间才是最有效的学习时间啊。”

教育支招:

无论是家长、孩子还是老师都知道,课堂教学是教学过程中最基本的环节。随着初中生学习科目的增加,单科学习的时间自然减少,学生只有抓住课堂有效的学习时间,才是提高学习效率的关键。

生活中,很多初中生的家长都产生这样的疑惑:为什么孩子每天学习到深夜,甚至挑灯夜战,可是学习成绩就是不见提高呢?这是因为孩子没有利用好最重要的课堂时间。另外,上好课的关键不仅仅在于要认真听,还要做好笔记,做好这两方面的工作,听课才会有效率。

因此,作为父母,一定要告诫孩子,认真听课和做好笔记是培养良好学习习惯的重要手段。对此,父母可以通过以下几个方法来帮助孩子。

方法一:让孩子做好听课前的准备。

听课前的准备包括:

心理准备,使情绪饱满,保持心境轻松和平静;

生理准备,让精力充沛,保持大脑清醒和兴奋;

知识准备,做好预习,熟悉与新课有关的知识;

物质准备,将课堂所需书本和文具准备齐全。

方法二:教会孩子做课堂的主人,而非被动式地接受课堂知识。

最有效的听课方式是积极地、主动地与老师互动,孩子只有发挥在课堂上的主动精神,才会大胆提问,大胆发表看法,积极参加讨论。因此,正确的听课做法是:

首先,让孩子带着问题上课。如果孩子带着未解决的问题进入课堂,就会保持较强烈的求知欲。此时,孩子会集中精力听教师讲重点、难点和要点。

其次,要紧跟老师思路。学生听讲须注意教师讲课中的逻辑性。如果遇到某一问题没听懂,可迅速记下来,此时不必死钻“牛角尖”,还要跟着教师的讲解去听,那个问题可随后思考或通过提问解决。

方法三：让孩子学会做笔记。

人们都说“好记性比不上烂笔头”，足见笔记的重要性。初中生应养成勤记善记的好习惯。笔记中一定要记的内容：老师反复强调的；相似知识的对比；课文内容与现实相联系的时政知识点；分散知识的归纳综合等。

同时，记笔记还要“记得精炼”。所谓“记得精炼”，指的是笔记的内容要有选择，有所取舍。老师讲课内容多，有的知识已经学过，有的是书本提示、注释中明白写着的，这些就不必记了。不熟悉的、重要的，一定要记下来，不好理解的、有疑问的，可以在书上做个记号，便于课后思考或者问老师。

俗话说“温故而知新”。记笔记是为了帮助记忆，便于复习。课后经常看看笔记，对熟练掌握已经学过的知识一定会有帮助的。期末考试的时候，把笔记和课文对照起来复习，互相补充，也是一个好办法。如果有新的体会，还可以把它们补充到笔记里去，知识积多成学问。听课爱思考，笔记记得好，学习效率一定高。

方法四：让孩子处理好记笔记和听课的关系。

有些孩子一门心思记笔记，在上课时，几乎一字不漏地把老师讲的话和黑板上的板书全部都记下来了，应该说他们学习非常认真刻苦，但是学习的效果却不尽如人意。这是为什么呢？因为他们犯了一个最大的错误，那就是没有处理好听课和记笔记的关系。那么，父母应该怎样教孩子处理好记笔记和听课间的关系呢？

事实上，老师在讲课时，一方面是讲授知识，另一方面是讲授思路和方法，如果把精力都放在记笔记上，则无法认真地听老师讲解了，毕竟，一心不能二用。

所以，认真记笔记，不在于把所有的东西全部记下来，而是要先认真听懂老师讲课的内容，把重点记下来就可以了。同时，有自己课上不明白的地方，也要记下来，以便下课后在课本上或课外参考书上找答案，或者去找老师询问。

方法五：教会孩子身心放松地听课。

学习是一项消耗体力和精神的活动,孩子如果不懂得放松地学习,那么,上课的过程肯定是痛苦的。同时,因为一节课始终绷紧了弦是不可能的,所以调节课上不同阶段的紧张程度便很重要。但一堂课的开头结尾常不可忽略,需要认真听讲。

中学时代,听课是获得知识的基本途径。听好课是学习的基础,是取得好成绩的根本。如果孩子能认真听讲,做好笔记,他就能提高学习效率。当然,听课的方法很多,因人而异,只要是有利于提高听课效率的方法,就是最佳方法。

三、帮助孩子提升学习成绩

学好语文靠积累

课间,彤彤趁着休息的时间,拿起当天的《人民日报》看起来。蕾蕾看到后,赶紧说:“语文老师还在班上呢,你怎么就敢看报纸呢?你看我们都在预习下一课呢!”

“下一课我晚上回去预习,前面一课老师今天讲不完,课间休息的时间看看报纸很好啊。”

“我妈妈要是知道我在课间看报纸,那我肯定完蛋了。”

“怎么会呢?其实,要想学好语文,就要靠平时的积累,多摄取一些课外知识,看报纸就是一个很好的途径啊!”

“是啊,彤彤同学说得很对,你们在课间看一些课外书或者报纸,老师是不会反对的,相反,老师还要鼓励呢。因为学习语文要靠平时的积累。拿我小时候来讲,我在父亲的督促下,经常阅读一些关于诗歌欣赏、散文、小说的报纸杂志。就这样日积月累,老师的语文成绩才提高了,后来就选择了语文

教师这一个行业。”这时，语文老师走过来和他们聊了起来。

“可是，我爸妈很少让我看课外书，家里书架上的书，我几乎都没看过，因为爸妈不让。”蕾蕾委屈地说。

教育支招：

语文是一门重要的工具学科，是人类语言的基础，所以学好语文是至关重要的。对于初中生来说，学好语文，不仅仅有利于人际间的交流，还有助于提高对其他学科的理解能力。同时，语文成绩的好坏直接关系到初中的孩子能否进入更高的学府学习。所以，对于孩子来说，学好语文是头等大事。家长不要抱着“学好数理化，走遍天下都不怕”的心态，也不要忽视学好语文的重要性，更不能冷冷相待。

有些家长产生这样的疑惑：“为什么我的孩子总是学不好语文呢？”事实上，学好语文的关键在积累。那么，具体来说，父母应该怎样指导孩子做好积累、学好语文呢？

方法一：教孩子掌握扎实的课本知识。

课本知识是语文的基础，打好基础才能更好地学习。老师的授课是相当关键的，他给予学生的是经过筛选后的精华，并且有着很强的指导和启发意义。有不少孩子认为只要上课时专心听讲，勤记笔记，课后认真完成作业，再加上自觉复习，就能使成绩提高。其实，这还不够。学习的最重要阶段是预习。也就是说在老师上课之前，你先得自己学习一下课文，在预习中要尽量运用你已经获得的知识和方法去主动地解决自己能解决的问题，把不懂的问题记下来，在上课时跟老师、同学一起学习讨论。课本要反复阅读，直到把问题看得透彻了、明白了。为了巩固知识，家长还要监督孩子最好在课下做一定量的练习，这样不仅学习效果好，而且培养了孩子的学习能力。通过听课和一系列同步练习或专题练习，将基础知识和基本阅读及写作技巧牢牢掌握。

方法二：让孩子多渠道掌握课外知识。

知识就像海洋，课本里的知识只是海面上的一个浪花，是远远不能满足

孩子们的需求的,所以适当的课外阅读是很有必要的。进入了紧张的学习阶段,孩子们不可能再有大量的课余时间进行阅读,因此,阅读时要有选择。父母要教育孩子关心社会生活,了解社会动态,使自己的思想同社会发展同步。总之,生活中,"处处留心皆语文",社会这个大课堂里,随处都可以学语文。看报纸,看电视,看电影,看广告,看通知,听广播,听歌词,与人交谈,写书信,写假条等日常应用文字……无处不有语文可学。因此,学习语文的形式多样和不拘一格,相对其他学科,完全占有绝对的优势!

方法三:加强孩子的阅读量。

一般来说,阅读量提高了,语文水平自然也提高了。父母要尽量为孩子创造条件,增加孩子的阅读量。这样,当孩子肯钻进书的海洋游历一番,较长时间后,你会发现孩子居然能出口成章。博览群书确实能快捷有效地积累知识,能在潜移默化中提高阅读能力和语言的综合能力。而看书也有方法可言。应选择优秀的读物,看后不妨做些读书笔记,摘录精彩的词句、语段和有用的材料。

方法四:加强孩子的写作训练。

有时会读书的人不一定能写出好文章,只有通过自己实践练习,学以致用才能真正获得知识,知识积累的过程才算完成。同时,写作是提高语文成绩的一个重要途径。提高写作能力要从点点滴滴做起。课外积累是写作的基础,要学会对文章的细读,精彩的篇章最好能背诵。如果腹内空空,是写不出好文章的。习作形式可以是日记、周记、读后感、命题作文、随笔等。写好的作文要反复修改,也可以请教老师、同学,听取他们的意见,精益求精。

总之,学好语文的关键在于积累。父母要教育孩子把语文学习融入生活中去,把它与生活紧密结合,从生活中来,到生活中去。我们的生活五彩斑斓,一个生活的有心人总能从中发现和获得无限精彩的知识和素材,并且这些都是最有生命力、最富时代感的。当孩子能树立正确的学习目的,掌握基本的学习方法,并从现在开始长期坚持的话,一定能收到成效。

学好数学要细心

林俊小学毕业那年暑假，老师没有布置作业，他妈妈是初一的数学老师，想在这段时间提前让他学点数学知识。下面是林俊妈妈为儿子记的学习日志：

“放假了，我并没有给林俊报学习班，他的主要学习任务要在家里完成。记得一开始做数学题的时候，他最大的缺点就是不细心，自以为很聪明，所以做题随心所欲。特别是在草稿纸上做的题更是乱七八糟，我看了以后很不满意，对他进行了严厉的批评。我严肃地告诉他：‘态度决定一切，态度认真，做题细心是学好数学的关键。书写也特别重要，特别是从草稿本上也能看出人的学习态度怎样。一看你的草稿本就知道你的学习态度不端正，自以为是，希望你好好想一想。’他听了以后，低下了头。但是我从他的表情可以看出，他还是没有完全理解我说的这段话。事实是检验真理的唯一标准。

后来，我就让他做题，从他的书写可以看出，他做题的态度有所转变，但是错题还是比较多。于是我们一起分析原因：是不是不会做？是不是没有细心去做？他承认会做，但就是没有细心。其实，学数学掌握了方法之后，关键就是看做题的时候是不是很细心。如果会做，但是因为不细心而做错题那是真可惜。

原因找到之后，林俊的确认识到了细心是做对数学题的关键，于是态度端正了，做题细心了，因此准确率也就提高了。”后来，在整个初一年级，林俊的数学成绩一直都很不错。

教育支招：

初中孩子一定要把数学学好，打好基础，就像盖房子一样，地基不打好，房子盖不高，也就是这个道理。而在平时的学习生活中，我们经常听到有些孩子抱怨数学学不好：“数学难学死了，听老师讲课就像听天书一样。”事实上，初中的数学也不是那么难的，这些学生之所以学不好数学，有个很重要

的原因就是他们不细心。细心是做好一件事的重要保证,对数学学习有特别意义。孩子在解数学题时粗心的话,那么就有可能无法准确地找出解决方法,很难理清题中的细节,所以对待数学一定要细心。拿数学考试来说,有些同学每次考试总免不了犯"低级错误",丢三落四,粗心大意,离开考场后就后悔。每次都以"粗心"为托词,总是改不了。其实,这些同学只要注意这些问题,在考试中就能发挥实际水平。而从另一个方面说,孩子学好数学,也可以培养他们的细心,"数学使人周密",在观察事物时细心,能很快看到事物的本质。

那么,作为父母,该怎样培养孩子细心学习数学的学习习惯呢?

方法一:寻根究源,找出孩子总是"犯低级错误"的心理原因。

孩子不细心,常犯一些"低级错误",仅仅用"粗心"来概括未免过于含糊。对于孩子的这种粗心的学习习惯,大部分家长的做法是对孩子提出一些原则性的要求。而对于那些经常粗心的孩子来说,他们在具体的做作业或考试的过程中,虽然知道自己要细心,但不知究竟如何能够做到细心,这样,他们的"不细心的毛病"也就难以得到实质性的改变。从心理学的角度来分析,孩子出现诸如不细心的心理原因是分心。所谓分心就是注意力不集中。如果孩子在做作业或考试的过程中解题时,注意力不完全集中在这道题目上,而是想着另外一道题或其他的事情,那么就会产生实际的计算结果与书写的结果不一致的后果。

方法二:对症下药,采取针对性的措施,培养孩子细心学数学的习惯。

根据这种心理原因,采取有针对性的教育措施。首先,家长要设法为孩子提供一个安静的学习环境。孩子的家庭学习环境十分重要。如果,他们在学习过程中,经常受到外界比如电视、家长的吵闹声等的干扰,那么,注意力就会被分散。因此,要使孩子在学习过程中专心致志,家长要为他们提供良好的条件。在孩子有个安静的学习环境的保证下,家长还应该对孩子进行一些针对性的训练:

1. 为孩子拟定一些切实可行的数学学习计划

这份计划的内容可包括：复习当天的数学学习内容，完成老师布置的数学作业和预习明天的数学学习内容；除此之外，家长可以根据孩子的兴趣，和孩子一起探讨一些数学问题。学习数学就要有耐心，要有探索的精神，像探险家的那种勇敢探索的精神。

2. 让孩子养成按照计划进行数学学习的习惯

有了学习计划之后，家长要设法训练孩子严格按照计划进行学习，千万不能让学习计划形同虚设。让孩子在做完一件事后再做另外的事情，这样他们的注意力就会集中到正在做的事情上。

3. 让孩子养成检查数学作业的习惯

孩子完成作业以后，家长应该让他们自己进行复查。家长代他们进行复查的做法对孩子的发展不利。孩子自己复查发现错误，就会真正体验出错的原因。而家长代为复查，孩子虽然也能知道出错的地方和出错的原因，但容易产生复查的依赖性，自己缺乏主动反省的意识。这在考试过程中就要“吃亏”。

4. 结合家庭生活对孩子进行集中注意力的训练

孩子“粗心”的习惯虽然出现在学习上，但家庭生活对此也有相当大的影响。例如，在吃饭的时候要专心，不要多讲话；玩游戏的时候，不要一会儿玩这个，一会儿玩那个；看电视的时候，频道乱换。

当然，让孩子细心学习数学的方法有很多，家长可以根据孩子的个性和生活习惯等采取不同的措施，逐步帮助孩子改正粗心的习惯！

学好英语要敢说

这天周末，彤彤在家做习题，碰巧有个英语句子不会翻译，一时懒得查字典，就喊在厨房做饭的妈妈。妈妈听到女儿喊自己，就顺便说了一句：“你把那句子给我读一下，我听听。”

“可是……”彤彤支支吾吾说不下去了。

“怎么不读啊？”彤彤妈在厨房那头问。

“我不会……”

妈妈就趁这个机会，对彤彤的英语学习提出几点意见：“彤彤啊，妈妈知道你学习很努力，英语成绩也不错，但你发现没有，你好像口语不怎么样，光会考试不会运用，这不成了‘哑巴英语了’吗？”

“其实，我也知道，但每次我想开口说的时候，我都怕别人笑话我说得不好，时间一长，我就再也不敢开口了。”

“其实，你们现在还在初一，谁都不能说出一口很流利和地道的英语，如果这时候你不敢突破自己，不敢大胆地说出来，那么，可能到初二、初三差距就真的拉大了。”彤彤妈妈说。

“我知道了。妈妈，以后我要是发音不准的话，您能帮我纠正吗？”

“当然可以。”

教育支招：

众多老师和家长都知道，英语已经越来越普及了，在日常生活中也有越来越多的人使用英语。英语成绩的好坏也直接影响到孩子的升学，所以英语的学习对于初中的孩子来说相当重要。虽然孩子很小就开始学习英语，但孩子在学校里面学的往往都是哑巴英语，只会课本上的读读背背。孩子这样学英语是学不好的。因为英语是一种拼音文字，拼音文字主要靠发音来记住其拼写。要记住一个英语单词和句子，主要靠记住单词的发音，只要能说出来就能记住，只要能说出来就能写出来。所以想要真正学好英语，必须要从敢开口说开始。

孩子不能开口说英语主要有几个问题：一是因为孩子学了之后，没有相互练习的人，即缺练；二是因为说错了怕被人笑；三是因为开口说会被人说成是卖弄，没有学习的氛围。当然，原因还有很多种，但这些都制约了孩子的英语学习。

那么，作为父母，该怎样帮助孩子走出不敢说的心理误区，并帮助孩子学好英语呢？

方法一：帮助孩子做好心理建设。

孩子这种胆怯的心理是学习外语的一大障碍。究其原因，是对自己语言水平的不自信，怕在表达的时候犯错误，尽管事实并非如此。你可以从以下几个方面帮助孩子克服这种心理障碍。

第一，让孩子学会换位思考。

比如，你可以告诉孩子："如果外教在用中文与你交流，你会对他所犯的错误有什么想法吗？会因为他把句子说得颠三倒四什么就对他的能力等产生质疑吗？答案一定是否定的。那反之亦然。在外教眼中，你是一个正努力学习他们的语言的外国人，他不但不会嘲笑你，反而会更多地想要帮助你。"孩子明白这个道理后，自然能破除心理障碍了。

第二，让孩子明确学习目的。

语言是一门用于交流的工具，在学习初期，说不好、犯错误是在所难免的。只要不影响交流的效果，大可放开胆子开口说。

第三，让孩子敢于正视错误。

怕犯错往往是怕丢脸，可事实上，错误是最好的老师。这次犯了错，就会更清楚地记住正确的用法，大大减小下次再犯同样的错误的可能性。

方法二：找出最适合孩子的练习方法。

第一，主动为孩子创造环境进行口语训练，要让孩子融入真实的语境。

比如，你可以帮孩子找练习英语口语的伙伴，这样，在同等水平的同伴面前，孩子不仅能找到自信，还能接受听力训练，交流英语学习经验，开阔视野，提高学习英语的兴趣。

你可以根据孩子的兴趣，选择参加一些文化活动，不仅可以提高孩子的英语水平，更深入地了解国外的文化，在那样的场合还可以接触到不同的外国人，交更多的朋友。随着时间的推移，他就能越来越自如地跟外国朋友交流互动了。

如果找不到练习伙伴或参加英语活动的机会很少，也没关系，可以与孩子一起练习，当全家都对英语口语的练习产生兴趣，形成一种氛围之后，孩子的胆量和能力都会有所提升。

第二,帮助孩子有意识地克服口语练习过程中常见的不足。

你需要帮助孩子克服下面两个方面的问题:

一是语音、语调。你应该让孩子抓住一切可能的机会模仿正确发音,改掉不良的发音习惯,使自己发音准确,语调自然、流畅。可以通过大声且快速地朗读英文绕口令来加以训练,这样既可以增强学习兴趣,提高自信心,又可以使发音变得清晰、圆润。

二是用词。中国式的英语口语一个很大的缺点就是大词用得多,而真正地道的英语口语却充满着短小、活泼、生动的短语。对此,父母可以带领孩子多学习外国的文化背景知识,让孩子尽量避免出现一些表达错位的问题。

第三,让孩子尽量用英语思维。

英汉两种语言在语法、句式、文化背景等方面存在很大差异。在口语学习的过程中,要多了解外国人的思维方式,尽量使用英英词典而不是英汉词典。学会用英语思维,讲出来的英语才能更地道。

第四,加强孩子的听力训练。

欲将语言知识转化为语言能力,特别是表达能力,首先要强化听力训练。生活中,父母可以让孩子多听英文广播或看英语影视作品等,大量接触生动语言,并通过听来理解语言信息。同时,还要教育孩子充分利用听力课的时机,结合教师传授的一些听力技巧,大力提高听的能力。

做任何事情都一定会有最优的方法,学英语也肯定有方法,如果不得其法,必然事倍功半。但是再好的方法如果没有踏实的努力做基础,那么也只能是纸上谈兵,毫无用处。孩子在练习英语口语的时候,父母一定要起到很好的监督作用,让孩子持之以恒。这样,孩子一定能走出学英语的误区!

学好理化联系实际

这天早上,程伟上学迟到了。原来,事情是这样的:

程伟头天晚上看书看得太晚,但他还是决定按照闹钟调好的时间——

六点准时起床，但不巧的是，他的闹钟居然坏了，睡到“自然醒”的程伟才意识到自己已经迟到了。

“爸，我迟到了，闹钟今天居然不工作了，我不吃早饭了啊。”程伟收拾完自己的书包，就匆匆走了。

下午放学回来后，他放下书包，就开始捯饬自己的闹钟，在厨房做饭的爸爸很奇怪：“你这是干什么呢?”

“修闹钟啊，不然明天早上我又迟到怎么办?”

“我晚上把手机给你当闹钟用，赶紧洗手吃饭吧，别弄了。”爸爸催着程伟。

“没事，您先吃吧，这不是什么大事，我一会儿就能修好，我好歹已经是个初中生了，一会儿修好了给你看看……”

“那我先吃了，这孩子……”

果然，不一会儿，程伟真的修好了自己用了很多年的小闹钟。程伟的理化成绩一直不错的原因，就是他喜欢动脑思考并解决生活中的一些小问题。

教育支招：

孩子进入初中以后，学习的课程会一下子多起来，其中增加的有物理和化学。可能很多孩子在学习理化的时候，还是采用学习其他课程的方法，也就是只重视课堂学习，而这种学习方法导致的直接结果就是失去了理化的实用性，孩子的学习也仅仅流于表面。尽管很多学校都安排了实验课，比如，在义务教育化学教科书中编入了81个演示实验、10个必做的学生实验和9个学生选做实验，还安排了13个家庭小实验。但很多学生只图看热闹，光看现象，不动脑子思考，看完了不知道是怎么回事，这样是无助于学习的提高的。

初中的各科目中，物理科是相对较难学习的一科，很多孩子总有这样的疑问：“上课听得懂，但在课下做题时不会。”这是个普遍的问题，原因之一就在于他们没有将理论联系实际。那些基本概念、规律和一些最基本的结论当然应该熟记，但理化的学习不能停留在这些基础知识的死记硬背上，毕竟理化是实用性强的学科，因此要走出书本，走进生活，才能真正理解、学好书本知识。

作为父母，应该怎样引导孩子学会理化呢？

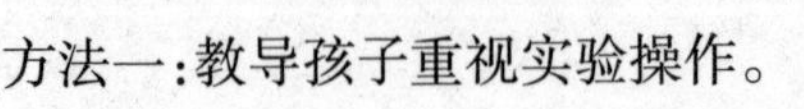

方法一：教导孩子重视实验操作。

通过演示实验和学生实验，学会观察老师演示实验的操作、现象，独立地做好学生实验，上好实验课，是学好理化的基础。课本中的实验是理论知识最好的再现，只有掌握好这些基本的实验，才能将其运用到生活中。

所以，父母应教导孩子要认真观察老师做的每一个演示实验的操作和实验现象。这些实验是很生动、很直观的，实验中千变万化的现象最能激发学生的兴趣。观察实验前，要知道观察的内容是什么？范围是什么？解决什么问题？这就叫做明确观察的目的，目的明确了才能抓住重点进行观察。观察时还要仔细、全面。例如，氢气还原氧化铜的演示实验，实验目的是验证氧化还原反应，氧化铜被氢气还原成铜。观察时先看清反应物是无色的氢气和黑色的氧化铜粉末，反应的条件是加热，生成物是水和亮红色的铜。

同时，要告诉孩子一定要亲自动手，不做旁观者。要上好实验课，课前必须进行预习，明确实验目的、实验原理和操作步骤。进行实验时，自己要亲自动手，不做旁观者，要集中注意力，严格按实验要求操作，认真做好实验内容里所安排的每一个实验，对基本操作要反复进行练习，对实验过程中出现的各种现象，要耐心细致地观察，认真思考，准确如实地记录。

方法二：从生活入手，鼓励孩子运用理化知识解决实际问题。

任何知识都源于生活，并服务于生活。但现实生活中，很多父母认为，孩子就要好好学习，那些与学习无关的事，他们一般都是强烈反对孩子参与的。长此以往，孩子就只会被动接受知识而不会主动思考。事实上，生活中充满了让孩子学好理化知识的素材，比如程伟，当自己的闹钟坏了，他想到的是自己修理，这就是一个充分运用所学知识解决实际问题的好机会。因此，当孩子想解决生活中的问题时，家长一定不要阻拦，而应该鼓励孩子大胆想象。当孩子解决了问题后，必定会对学好理化产生浓厚的欲望和兴趣。

方法三：让孩子多读理化课外读物，开拓孩子的视野。

学好理化，要重视阅读课外读物，例如《中学化学教学参考》、《中学生数

理化》、《课堂内外》等杂志和科普读物，它们的内容紧扣化学教学大纲和教材，其针对性和适用性很强，配合教学进度，指导解析疑难，注意智力开发，重视能力培养；它们的题材广泛新颖，内容丰富多彩，文章短小精悍，通俗易懂，形式生动活泼，图文并茂；它们能帮助孩子开阔视野，扩大知识面，激发学习兴趣，掌握学习方法，透彻理解教材，灵活运用知识，培养探索精神。它们是孩子的好朋友。

物理和化学这两门自然科学课程比较难学，靠死记硬背是学不会的。常言说得好，"理解是最好的记忆"，真正的理解来自于实际。作为家长，不可忽视理化的实用性，要引导孩子从实际出发来学习、理解理化，孩子一定能学好理化！

学会合作，取长补短

周涵涵是班上的学习委员，各科学习成绩都很好，因此，向她求教的人自然不少。刚开始的时候，她并不愿意与同学一起分享那些学习的心得，她认为自己之所以在学习上总是名列前茅，自然在学习方法上比别人好一点。但经过了那次妈妈的教育后，她改变了自己的看法。

那天，孙玲又来找涵涵借笔记，顺便有几个不懂的问题来问她。她看到孙玲上楼了，就对妈妈说："待会儿孙玲要是来了，你就说我不在啊，我都快被她烦死了。"

"你这孩子，怎么能这样，同学来请教你，这是看得起你啊。"妈妈说。

"她学习太勤奋了，照这样下去，我的第一名都不保了……"周涵涵义正言辞地说。

"那是你的想法错了，你是第一名不错，但是难道你的学习方法就是最好的，你就没有可以再进步的地方了吗？你应该和同学们多交流，而不只是把笔记借给他们，合作性学习才能取长补短啊！"妈妈语重心长地说。

"嗯，妈妈说得对，我知道怎么做了。"

教育支招：

当今社会，既是竞争型社会，又是合作型社会，没有谁能单枪匹马取得成功，培养下一代的合作意识和能力已经成为教育者关注的一大问题。《周易·系辞上》中提到了“二人同心，其利断金；同心之言，其臭如兰”，讲的就是合作的优势。初中阶段，是孩子各种能力和行为方式的形成阶段。家长应该在这一阶段让孩子学会在合作中学习，在学习中展开沟通与交流，逐步提高孩子的解题能力和分析能力。让孩子养成独立思考的习惯，养成互帮互助的习惯，营造出和谐融洽的学习氛围，这对于提高孩子的学习成绩是极为有利的。具体来说，它对初中孩子的学习有以下好处：

首先增强孩子的合作意识，提高社交能力。

真正的友谊是在共同完成一件事、攻克难关的过程中培养的。通过孩子之间的交流和互帮互助，能让他们学会以集体利益为重。在不断的讨论交流中，孩子不仅要为自己的学习负责，而且要为本集体的荣誉负责。因此每个同学都会尽自己最大的努力去学习，从而完成学习任务。合作学习是同学之间互教互学、彼此之间交流信息的过程，也是互爱互助、情感交流、心理沟通的过程。

其次，培养孩子的团体精神，锻炼心理素质。

合作学习突出了“集思广益”的思想，让孩子体验合作学习的快乐，提高孩子的实践能力，激发孩子的求知欲望，使孩子对学习充满热情。孩子在合作学习中，能真正启发自己，帮助别人。

总而言之，合作学习是提高成绩的捷径。联合国教科文组织提出的教育四大支柱之一就是“学会共同生活，学会与他人一起生活”。由此看来，合作学习的优点是显而易见的：它不但能激发孩子的潜能，促进同学之间的交流，改进人际关系，还能促进孩子在学习上互相帮助，共同提高。因此，父母要鼓励孩子在学习中一如既往地发扬合作精神，让孩子在合作中成长。父母要想孩子在合作学习中成效显著，需要做到以下三点：

要求一：培养孩子的责任意识。

合作性学习的要求之一就是要有责任意识。父母要教育孩子，一旦与同学合作性学习，无论你分配到的是何种任务，都应该认真完成。因为你不仅要为自己的学习负责，而且还要为你所在小组的其他同伴的学习负责。所以，若想合作学习产生良好的效果，首先要树立“人人为我，我为人人”的责任意识。

要求二：培养孩子的参与意识。

有的孩子虽然愿意与人合作性学习，但一到交流的时候，就敷衍了事或者根本不参与，这样的孩子在完成学习任务的过程中，可能掌握了一定的知识，却没有使自己的表达能力和思维能力得到锻炼。

要求三：培养孩子的协作意识。

实践证明，合作与竞争相结合的学习效果明显高于单纯竞争的学习效果。作为学生个体，要想在竞争中取胜，不仅要完成自己的任务，同时也要与其他同学密切合作。在合作性学习中，有些孩子的确发言踊跃，并且很有责任心，但常常效率欠佳。因为这些孩子的协作意识不够，太注重表现自我，以图展现自己的光彩，在争执过程中降低了合作效率。其实，每个孩子都应该意识到自己在小组中的角色，也要意识到学习任务的完成要集思广益、取长补短，需要依靠全组成员的共同努力。

因此，父母应很好地把握合作学习的培养时机，让孩子在合作学习中摆正心态，眼、耳、手、口、脑都动起来，认真听取他人的意见，不断进行知识的整合，孩子一定会在合作学习中吸收有益的知识和方法！

第五章

提升情商，做初中孩子的辛勤园丁

情商又称情绪智力，是近年来心理学家提出的与智力和智商相对应的概念。它主要是指人在情绪、情感、意志、耐受挫折等方面的品质。过去人们认为，一个人的智商越高，获取成功的机会就越大，即智力水平是第一重要的。但现在心理学家们普遍认为，情商水平的高低，对一个人能否取得成功起着重大的影响作用，有时其作用甚至要超过智力水平的影响。心理学家们还认为，情商水平高的人具有如下的特点：社交能力强，外向而愉快，不易陷入恐惧或伤感，对事业较投入，为人正直，富有同情心，情感生活较丰富但不逾矩，无论是独处还是与许多人在一起时都能怡然自得。所以，初中孩子的家长，在关心孩子学习成绩的同时，还要帮助他们提升情商，做他们成长的辛勤园丁，让他们学会自强、自立、自律，让他们获得通往成功的必备品质！

一、让初中孩子更加自主自强

培养孩子的行动力

周末的早上，彤彤又睡懒觉了。原本她和妈妈约好一起去晨练，这个“重大的决定”是在小学毕业放暑假的时候就定好的。可每到周末的早上，当六点钟的闹钟响起的时候，她还是照样关掉了闹钟，继续睡懒觉。

“彤彤，起来了，妈妈都准备好了。”妈妈催促她道。

“您让我再睡会吧，八点吧，八点我就起床！”彤彤在被窝里恳求着，希望得到妈妈的特许。

“不行，闹钟都响三遍了，我们上个星期都约好了，你不会说话不算数吧！”

“怎么会呢？我立马起床！”彤彤听到妈妈这么说，好像不起床不行了，于是，她立刻穿上衣服，和妈妈一起出门了。

彤彤和妈妈一起锻炼了一会儿后，妈妈对彤彤说：“彤彤啊，虽然你现在的主要任务是学习，但是不管做什么事情，既然决定了，就一定要马上行动，这种行动力是在生活中逐渐培养的。如果我们只说不做，将会一事无成，你明白妈妈说的话吗？”

“我明白了，妈妈，以后不管做什么事，一旦决定了，我一定努力做好！”

“这才是我的好女儿！”

教育支招：

在日常生活中，会有这样的现象：当孩子进入初中以后，他们会给自己设定一个宏伟的目标，刚开始很有干劲地迈出几步，但执行不了几天就又回复到了原状；也有时听一场受启发的知识讲座后非常激动，于是踌躇满志立

下计划，下决心改变自己，然而现实生活中的突发事件往往会中断计划，过些时间再也找不到那股热情了。孩子虎头蛇尾，说话不算数，是因为孩子没有行动力。行动力是指一个人根据自己设定的目标，克服外在一切阻碍，战胜自身惰性等负面心理做出实际行动的能力。说到底，行动力就是心劲，做事情是虎头蛇尾还是有始有终，是苦尽甘来还是虚度年华，体现着一个人内心的力量。

言行一致不仅是做事而且是做人的基本准则。言行一致是现代社会生活中每个人的立身之本，是高尚的人格要求，守信的人也是品德良好的人，他们能在约定好的条件下，做到言必行，行必果。因为他们遵守承诺值得信赖，所以是人们信任和求助的对象。懂得守信的人，也是懂得尊重自己的人。反之，总开“空头支票”的人，再三的失信，必然会引起别人的不满，让别人失去对你的信任。

因此，父母要让孩子明白，失败者往往是语言的巨人，行动的矮子。他们虽然想法很多，但总是不见其行动；或者他们武断地认为某件事根本不可能有结果，或者说行动的时机还没有来临。一张不论多么精确的地图，也不可能带着人在地面上移动半步；任何成功秘诀也无法给人带来真正的成功或是财富。一个人只有行动起来，才能使梦想和目标具有现实意义。正如俄国作家克雷洛夫所说的：“现实是此岸，理想是彼岸，中间有湍急的河水，行动则是架在河上的桥梁。”

孩子虽然进入了初中，但毕竟是孩子，他们的想法很天真，对梦想和计划总是充满着幻想，正因为如此，他们很容易放弃。对此，父母一定要给予鼓励和引导，让孩子具备行动力。作为家长，应该怎么做呢？

方法一：转变观念，孩子的行动力需培养而不能任其自然。

很多家长认为，孩子上了初中，交给学校管理就行，只要孩子好好学习就万事大吉了，树大自然直，将来要是有出息，就有福享，不成器，也随他去，这完全是一种不负责任的态度；也有另外一类家长，认为一巴掌拍下去就能搞定孩子，而通过悉心教诲、循循诱导去教育孩子，太费事了，这更是一种不负责

任的态度。众所周知，没有规矩不成方圆，孩子的行为习惯岂能放任自留？

因此，作为家长，要让孩子具备行动力，拥有高情商，首先要转变观念，不要再对孩子的行为放任不管。从现在起，父母应增强自己的责任心，跟上孩子的成长。

方法二：以身为范，从自我做起，做孩子的行为导师。

马克思说："你可以用各种行之有效的方法去影响孩子，可最好的方式还是你的行动。"所以父母在教育孩子时，不能光靠嘴上说，更重要是的要用实际行动影响孩子。特别对习惯的培养，榜样的力量非常大。有行动力的家长才能培养出有行动力的孩子。如果自己不是一个身体力行的家长，谈何教出一个说到做到的孩子呢？总之，要想让孩子成为怎样的人，父母就必须首先是那样的人。父母就是孩子成长的活教材。父母的信心，会给孩子以自信；父母的乐观，会给孩子以向上；父母的行动，会给孩子以力量！

方法三：将孩子的行动力培养成为一种良好的习惯，这才会产生久远的影响力和教育效果。

行动是成功的阶梯，行动得越多，登得越高。任何一种良好的行为成为一种习惯后，都会让孩子受益终身。行动力的培养同样如此。孩子"三天打鱼两天晒网"，就是因为他没有把坚持到底当成一种习惯。可见，培养孩子的行动力并非一日之功，需要父母长期坚持，从生活中的小事培养，日积月累，一定能达到质的飞跃。

真正的成功人士一般都是行动者，而不是一个空想家。与成功者相比，失败者缺乏的就是行动。因为没有行动，所有的梦想都只能是空想。

总之，作为家长，应该让孩子知道，完美的计划只是一个开始，一切事件的成功最终还是要回到行动上来。只有计划而没有行动，计划就是空想，唯有行动才可以改变命运，一万个空洞的幻想也不如一个实际的行动。

学会合理支配时间

彤彤有个表哥叫王晓峰，虽说是表哥，但和彤彤同岁，和彤彤同一年升入初中。面临小升初，当周围的孩子们还在畅享这个悠长假期时，他已经在当教师的父母的指导下开始新学年的准备工作了。其中，重要的一项就是培养自己支配时间的能力。因为进入初中后，学习任务会加重，只有安排好自己的时间，才能既能学得好，又能学得轻松。下面是他的暑假日记：

“我的理想是和妈妈一样当一个英语老师。于是，我决定要在英语学习上稍微多花些时间。妈妈帮我选报了新初一的英语暑假辅导班，让我提前适应中学英语的教学方式和学习内容。同时我还参加了语文和数学课程的学习，这样对新课程不陌生，能快速适应新初一的生活。进入新初一做到有备无患还是必要的。除了学习外，我还喜欢体育运动，尤其是篮球。放假以后，我每天都利用傍晚的时间，在楼下的训练场里和爸爸对练一下。为了让我有更多的时间锻炼身体，妈妈还安排我每天早上到小区的游泳馆游一个小时。她说，有个好身体，才能应付中学繁重的学习任务。经过一个假期的锻炼，收效不错。最近打篮球，肺活量大增，跟爸爸比赛，总是轻松坚持到最后，那都是游泳的功劳啊！总之呢，我的暑假是充实的，进入初中以后，我也会合理支配自己的时间！”

教育支招：

正如这个男孩所说，他的暑假是充实的。的确，任何人只有在自己的时间被充分利用而不被浪费的情况下，生活才是充实的，做事才是有效率的。对于初中的孩子来说，他们在中学阶段课程比较多，要求也比小学高得多，这个时候孩子面临的学习任务比以前重得多。这就面临一个问题：怎样提高学习效率，这是对中学生的一个基本要求。

其实很多孩子在智力上并没有太大的差别，但是学习方法、学习效率的差异就可能非常大。初中一入学就应该把提高学习效率当做一个非常重要

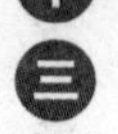

的基本素质、基本能力去重视、发展和培养。而学会支配时间,是提高孩子学习效率的重要保证。孩子只有懂得合理支配时间、利用时间,才会有比较高的学习效率。跟上中学的学习节奏,有意识地、主动地去适应中学的要求,是中学学习的一个重要条件。依赖家长、老师督促被动地学习,收效都会比较低。

事实上,很多初中的孩子仍然和小学时候一样,时间观念比较差,还是希望自己的生活和学习由老师和家长安排得妥妥当当。长此以往,他们会形成一种依赖心理,这对于孩子的成长是极为不利的。因此,家长要着重培养孩子支配时间的能力,孩子自主、自强,才能身心健康地成长。那么,家长该怎样做呢?

方法一:从生活入手,培养孩子的时间意识,让孩子意识到时间的重要性。

"一寸光阴一寸金,寸金难买寸光阴",从小培养孩子的时间意识,使孩子懂得珍惜时间,学会管理时间,成为时间的真正主人,对孩子的成长可谓大有裨益。

培养孩子的时间意识,可以从生活节律着手。可以在孩子的日常生活中,通过睡觉、吃饭等各种活动,利用孩子的生物性节奏,培养良好的生活节律。如可以帮助孩子制订一份家庭作息表,纠正孩子不守时的毛病,如早晨6点半起床,7点半准时出门……晚上10点前上床睡觉,保证孩子晚上有8个小时的睡眠时间并持之以恒,逐渐培养一种守时惜时的习惯,那么时间意识、时间观念的培养就会水到渠成。

方法二:让孩子学会珍惜学习时间。

学习知识的过程本身就是一个领会、巩固、应用的过程。在这个过程中,听课就是领会的过程,不能领会就谈不上巩固和应用,就必须重新学习,白白浪费不应该浪费的时间,往往事倍功半,这种学习是"捡了芝麻丢了西瓜"。这种情况的出现,很多时候是因为孩子认识不到听课的重要性,认识不到课堂时间的宝贵。他们错误地认为课上不上还不都一样,课后或课下可以自学,认识不到上课时间的相对价值。

另外，还有一些孩子虽然形成了认真听课的习惯，但不重视自习课的时间。自习课看小说、玩耍，这样的习惯干扰了对知识的巩固过程。对知识的巩固必须及时，趁热打铁，否则就会大量地忘掉。还有的孩子珍惜上课、自习课时间，却浪费课余、课外时间，不重视知识的应用。知识的应用有作业练习、社会实践等。由于许多课余时间被浪费掉，作业练习达不到熟练的程度，也没能将所学的知识应用于实际生活中，这样的学习兴趣不浓，上进心不强，学习成绩依旧得不到提高。

对于这些方面，家长都必须有针对性地帮助孩子克服；同时，应寻求老师的合作，通过双方的努力，让孩子学会珍惜学习时间。

方法三：让孩子学会根据身心状态调节学习内容。

一些医学专家通过大量观察证明：一个正常人的体温一天中有 3 次变化，因而人在上午和午夜头脑较灵活，下午处于瞌睡状态，下午 6 点到 8 点之间人体温度峰值过后，很多人感到疲劳，学习效率低下。因此，要让孩子学会利用效率高的时间段学习较难的知识，在“低潮”时，用来看看课外书或处理其他事情。

方法四：身体力行，给孩子做遵守时间的好榜样。

生活中，那些做事拖拉、没有效率的父母，是教育不出会合理支配时间的孩子的。为此，家长必须身体力行，在工作、生活、言行等方面都尽量做到遵守时间、充分利用时间，给孩子树立榜样。平时，若答应孩子干什么或到什么地方，都要准时去做，决不拖延或随意改换时间。即使有特殊情况，导致不能遵守时间，一定要向孩子道歉，并说明原因，使孩子知道不是有意的。通过长期的教育和榜样行为的影响，孩子遵守时间的行为习惯不仅能得到发展和巩固，而且也使孩子初步懂得了遵守时间的重要性。

总之，父母首先要让孩子惜时，让孩子珍惜学习时间，从而充分利用时间；然后要教会孩子根据自身情况，合理支配时间，并形成一种能力。这样，孩子才会掌握学习的主动性，从而高效地学习。这一良好的习惯和能力，会让孩子受用一生！

“失败”也是一种人生经历

这些天,彤彤妈遇到一个渴望得到帮助的母亲。她的儿子叫小强,上初中一年级。小强是一个好强的孩子,在学校认真听讲,回到家主动学习,从来不用家长催促,也非常有责任心。

但是最近发生的事,让小强的妈妈很着急。“有一次班里选几个班委,儿子觉得自己不论是能力还是责任心都能胜任,就信心百倍地参加竞选,并且在竞选演讲中充分展示了能力与信心,也获得了同学们的掌声。可是等到投票结果出来,他却没能当选。孩子很失望,放学之后,没理会同学,就一个人回家了。这次的失败对孩子的打击很大,他不知该怎样来应对。无论我们怎样开解,告诉他失败并不代表什么,只要尽力就可以,可是孩子依然背负了沉重的包袱。虽然表面上孩子还是和以前一样上学、放学,但我感到孩子好像变了,他不再那么开朗,开始变得做什么事都畏首畏尾,好像很怕输。我真不知道该怎么办了? 怎样才能帮助孩子走出失败的阴影啊?”这位母亲无奈地陈述着。

教育支招:

小强的这种心态就是“输不起”,这在很多成绩优秀的初中孩子身上都有发生。这些孩子有主动的上进心和要强的性格,但一遇到失败,就很容易产生挫折感而变得一蹶不振。其实,这与家长的教育方式有关。有些家长和小强的父母一样,虽然倾心于为孩子创造宽松、舒适的生活学习环境,但极有可能会适得其反,给孩子造成一种更大的、无形的压力,导致孩子因精神过度紧张而屡屡受挫。孩子学习成绩好,父母就忽略了他们的心理成长,实际上孩子内心的承受力并没有那么强,但是家长无形中所施加的目标又很大很远,所以,他会在一些竞争方面的事情上表现得异常紧张,因为他想通过这些来证明自己的能力。

还有一类家长,他们对于孩子的要求过于严格,不允许孩子犯一点错

误，不允许孩子失败，希望孩子在成长的道路上能少走弯路，或者不走弯路。于是，当孩子自己做出一个决定，而这个决定在父母看来是错误的时候，父母往往接受不了，急于上来阻止孩子走错路或者直接"越俎代庖"。事实上，孩子不走弯路、不经受失败这种愿望是美好的，但也是不可能的。人的一生，不可能一帆风顺，只有经历了挫折与磨难的考验，孩子才能真正地成长。

在这两种教育态度下成长的孩子，哪里经得起风雨。因此，从现在起，家长要改变自己的教育态度和方法，要让孩子明白，"失败"也是一种人生经历，要让孩子经得起失败。为此，家长要掌握以下方法：

方法一：允许孩子失败，失败是孩子的权利。

孩子的成长过程必然会伴随着错误与失败，这个过程是任何人都不能代替的。父母爱孩子，并不是要包办代替、过度保护孩子，因为在爱的旗帜下，孩子们感受失败的权利被剥夺了。鲁迅先生说过：即使天才，在生下来时的第一声啼哭也绝不会就是一首好诗。任何人的成长都要经历一些磕磕碰碰，人无完人，人都是在不完美中逐渐趋于完美和成熟的，对孩子尤其如此。因此父母对孩子的成长过程中的错误与失败要给予理解、给予宽容。只有亲身经历过失败才能使孩子长大成熟，也正是经受失败的一次次洗礼，孩子的羽翼才会逐渐丰满，心智才会逐渐成熟。这一过程，父母可以引导，但决不能代替。

方法二：从生活中入手，培养孩子的耐挫力。

现在的孩子们大多是家庭中的"小皇帝"、"小公主"，每天过着众星捧月般的日子，只要好好学习，要什么，家长都会给什么，他们面对一点小挫折都会一蹶不振。要想改变这种现状，家长不妨也从生活中入手，对孩子大胆放手，让他们通过自己的努力，得到想要的东西，对孩子的不合理要求要给予拒绝，不要让孩子得到的太容易，父母只有对孩子真正地放手，孩子才能获得许多体验的机会。

方法三：鼓励孩子敢于冒险、敢于尝试。

孩子如果总是逃避风险，就会缺乏战胜失败与挫折的信心，因为他不了

解成功的真正含义。不要让孩子认为:“我是一个什么都做不好的失败者。”“如果失败了,我就是个笨蛋。”如果你希望孩子自信,就让他为了成功而锻炼,鼓励他去做他从来没有做过的事,并大加赞扬。应让孩子记住,有缺点是正常的,在一件事情上的失败并不等于是一个失败者。

方法四:提高孩子解决问题的能力,引导孩子在失败中站起来。

做父母的,都希望孩子能在成长的路上少经历失败,这是人之常情,但家长不要刻意地为孩子排除一些在正常环境中可能遭遇到的困难。当孩子遇挫时,家长不要立刻插手,不妨留给孩子自己面对失利的空间和机会。当孩子不能独自解决的时候,你可以和他一起讨论,引导孩子去思考,然后让他自己去解决。孩子克服挫折的能力和动机,常来自于遭遇过的挫折经历。当他的经验足够丰富时,就可以得到更多的成就感和自信心。

身处逆境、遭遇挫折对人来说未必都只是具有消极的意义,适度的挫折是一种挑战和考验,可以帮助人们驱走惰性,促进人们奋进。“失败”也是一种人生经历,孩子正是由一种不完美走向完美,从不成熟走向成熟,这就是一个长大的过程。总之,作为初中孩子的家长,在抓孩子学习的同时,也要注重培养孩子的情商。孩子“输得起”才有更多赢的机会,在孩子稚嫩的心灵埋下百折不挠的种子,帮助孩子树立正确的人生思想,教育孩子坦然面对挫折,指导孩子稳妥地驾驭环境,增强孩子的心理免疫力,才能使孩子健康快乐地走好人生的每一步!

让孩子明白“我要努力”

彤彤班上有个很特殊的同学,要不是那次爱心组织来学校为他捐款,同学们都不知道他的情况,因为他总是那么乐观。

他的名字叫刘小阳,他是奶奶 13 年前在社区门口捡来的。奶奶自己没有孩子,小阳是奶奶唯一的亲人。小阳从小就知道自己的身世,小时候老师教大家唱“世上只有妈妈好”,而小阳唱“世上只有奶奶好”。当大家知道他的身

世和他的家境后，他并不为此自卑或者感到丢人，因为有奶奶的爱，还有大家的关心。“我只想以后能考上大学，考上重点大学，我要努力！”他坚定地说。

小阳不仅学习努力，更是个自强的孩子。小升初的那年暑假，他帮人补习，做了4天，挣了30元钱。

虽然打工时间很短，可是他觉得“思想上得到了很大的锻炼”。“以前在家里有奶奶照顾，感觉生活很轻松，出去见了世面才知道生活这般艰辛。现在，我明白了奶奶把我带这么大很不容易，以后真的要好好努力。”小阳对老师和同学说。

听了小阳的故事后，班上很多同学也暗暗下决心，要和小阳一样努力。

教育支招：

刘小阳是个自强、努力的孩子。但现实生活中，大部分的孩子都被父母宠着，衣食无忧不说，孩子要什么，父母给什么，孩子就是家庭的中心，到了初中，还是衣来伸手、饭来张口。这种家庭教育方式，滋长了孩子的懒惰心理，使他们习惯于无论遇到什么事情都交给父母处理。这种懒惰心理不仅不利于孩子的身心健康，更不利于孩子未来的发展。郑板桥教子说，“自己的事情自己干，靠天、靠地、靠祖宗，不算是好汉”。孩子的人生终究还要孩子自己来走，谁也代替不了他。初中的孩子，已经具备了一定的自我意识。初中阶段是培养孩子各种品质的重要时期，孩子是否能成为一个自强不息的人，父母在这个阶段给予正确的教育至关重要。因此，父母要改变观念，要让孩子明白成功要靠自己的努力来实现。那父母该怎样做才能让孩子明白“我要努力”呢？

方法一：讲道理，启发孩子，让孩子明白只有自己奋斗和努力，才能获得成功。

我们来看下面一则寓言：

从前，有个懒汉，他什么都不想做，只想着能不劳而获。有一天，他听说有一种摇钱树，只要摇一摇就能从树上掉钱。于是，他开始到处寻找摇钱树。一连找了好几个月，摇了上万棵树，可掉下的都是树叶。一天，他向一

位正在田里干活的上了年纪的农夫询问："老人家，您知道哪儿有摇钱树啊？摇钱树长什么样子啊？"老农告诉他："摇钱树两个杈，每个杈上五个芽。"懒汉听后欣喜若狂，终于找到一棵两个杈五个芽的树，便迫不及待地摇起来。可摇了半天，摇下来的只有十片树叶。他认为老农骗他，怒气冲冲地去找老农算账，经过老农的再次指点，他才明白，老农指的是双手。唯有凭借自己勤劳的双手才可能让自己成为一棵摇钱树。

这则寓言很简单，却告诉我们一个很深刻的道理：成功终须靠自己的努力。家长可以用类似的故事启发孩子，让孩子明白，只有靠自己的双手，才是获得成功的保证，任何捷径或者依靠他人都将是徒劳。同时，父母也可以引入生活中真实的奋斗案例，这样对孩子更有教育意义。

方法二：让孩子明白知识的重要性，从而让他爱上学习。

这是一个老生常谈的话题。很多孩子，到了初中后，从生活到学习，条件都是无可挑剔的，可是，总有一些孩子不愿意学习。孩子不爱学习，是家长缺乏教育智慧的结果。究竟怎样才能让孩子有优异的学习成绩？只有一点，那就是让孩子爱上学习。而让孩子爱上学习的前提无非是要让他认识到知识的重要性。怎样向孩子表述知识的重要性呢？对于学英语，可以这样举例：学了英语可以上网冲浪，可以与国外的友人聊天交流，更重要的是，未来社会，英语会广泛运用到生活和工作中。对于其他学科的知识，家长们可以利用生活中的实例去引导孩子，激发孩子学习各种知识的兴趣；同时，要学会按"深入浅出"的原则阐释学科知识的魅力，把孩子吸引到知识的海洋里。

方法三：让孩子明确学习是他应尽的义务。

孩子小学的时候所学的知识大部分是建立在快乐的原则上的，但升入了初中后，随着课程的增加和学习的紧张，他们就会产生"学习的内容没有用"的看法。为什么呢？任何提高学习兴趣的手段，它的效用都是短暂的，长期起作用的在于孩子树立把学习当做自身应尽义务的观念。家长要帮助孩子树立这种观念，告诉孩子学习知识同以后个人的前途和职业是有密切关系的。做父母的还可以向孩子讲述自己的经验，讲述自己在课堂上学到的东西怎样在自己的生活中发挥作用。这样，孩子对学习的愿望就会增强而且持久。

对于父母来说，必须培养孩子“我要努力”的意识。大千世界，芸芸众生，每个人都有属于自己的位置和角色，不可能在每一个位置和角色上都做得出类拔萃。父母要让孩子明白，没有人可以替自己成功，任何成功都得经过自己的努力来实现。尽管父母可以帮助孩子做很多事情，但等到孩子长大了，还是得依靠自己的力量。孩子的人生才刚刚开始，前面的路还很长，不论在学习上还是生活中，他们都会遇到不平等的事情或者更加优秀的人。要让孩子明白，不要去抱怨别人得天独厚，也不要忌妒他人近水楼台，只要把握好自己，就有成功的希望，要让孩子从小就学会依靠自己的力量获得成功。

二、让初中孩子学会自立

教孩子树立正确的金钱观

彤彤的表姐考上省重点高中了，彤彤全家人高兴的同时又犯起了愁，尤其是彤彤妈，因为不知道送什么贺礼。

“要不随便送点什么吧。”彤彤随便说了句。

“那怎么行呢，这孩子好歹是我的侄女呢。”

“妈，那我考上高中的时候，是不是大家也要给我送礼啊，那我不是要小发一笔横财了。那我要先买个手机，然后买个笔记本。”彤彤开着玩笑说。

“你这孩子，什么叫发财啊，瞧你这话说的，你这么小，就想着买这些了？”

“那怎么了？我们班的同学都有这些，他们每月的零用钱都很多，我都羡慕死了。”彤彤继续说着。而说完，彤彤妈就意识到，现在问题的中心不是给侄女送什么礼物了，而是要教育女儿该怎样看待金钱。

“彤彤啊，你知道吗？你这种想法是不对的……”

教育支招：

现在人们的生活水平越来越好，给孩子的零花钱也越来越多，从最初的几元到现在的几十、上百元。到了初中以后，家长怕孩子在学校吃不饱、吃不好，零花钱更是有增无减。他们在家长的“默认”和“纵容”下养成了不良的消费习惯：花钱大手大脚，没有节制，想买什么就买什么，只知道有钱就花，花完了再向父母要，久而久之让孩子养成了大手大脚花钱的习惯，个人的金钱观偏离了正常的轨道。

家长们的钱袋渐鼓，本不是什么坏事，问题是金钱多了，物质丰富了，对孩子的理财教育却没有跟上。社会学者调查表明，家庭的经济付出与孩子的学业成绩、心理素质、身体健康和社会适应能力之间并未呈现显著的“正相关”。换句话说，并非在子女身上投入的经济成本越高，对子女健康成长和全面发展越有利。

曾经有篇晚报报道过这样两个孩子：一个16岁的孩子，偷拿了父亲朋友的钱包上网吧，钱包里有不少钱，包括人民币1000元、美元100元、港币2000元、日元20000元……而另一个才12岁的孩子偷拿了家里一万多元钱后离家出走。很明显，这两个孩子的金钱观是歪曲的，他们可以随手“拿走”巨额的现金，可见他们对金钱根本没有什么概念，或者对他们而言，钱就是拿来花的，他们不会想到父母挣钱的艰辛与不易。具有这样金钱观的孩子是可怕的，在幼年时他们可以伸手向父母索取，但长大成年之后，对金钱的欲望自然会更加膨胀，当父母不能满足时，他们会怎么做呢？

一位学者说，金钱是把双刃剑，关键就在于用它去做有益的事情还是有害的事情。这提醒我们，指望用金钱堆砌出一个好孩子是不切实际的空想。实际上，给孩子金钱容易，但培养一个好孩子却很难。用金钱毁掉一个孩子容易，在金钱充斥的世界里塑造孩子不为金钱所动的性格则要难上加难。而这，更需要家长有正确的金钱观和科学教育孩子的技巧与方法。

因此，从现在起，作为初中生的家长，对孩子金钱观的教育不容忽视，一

定要引起重视。那么，父母该怎么做呢？

方法一：告知孩子什么是正确的金钱观。

对成长于物质相对丰富环境中的孩子来说，比给金钱更重要的是给孩子正确的金钱价值观念。这种价值观应包括：要让孩子认识金钱是来之不易的，要让孩子明白只有通过艰辛的劳动才能换来收获；金钱能让人拥有物质财富，但换不来美好的精神财富，幸福不是金钱可以买到的。父母要用金钱去培养孩子的责任感，学会帮助需要帮助的人，获得精神快乐；学会合理支配金钱，让金钱在孩子的生活中处于合适的位置。

方法二：视孩子需求的必要性给予零用钱。

初中孩子的零用钱会比小学时候多，尤其是那些住校的孩子。父母生怕孩子在学校受了委屈，对于零用钱更是有求必应。长此以往，孩子会认为父母给零用钱是天经地义的事，很容易让孩子养成好逸恶劳的个性。所以最好不要孩子一伸手就给零用钱，应该视需求的必要性而定。当他们有花费需求时，一定要了解这些需求的原因，衡量有必要性后再给。同时，家长还可以让孩子参加体验活动，让孩子通过参加一些力所能及的劳动来换取零用钱，让孩子从小就懂得珍惜生活。

方法三：让孩子学习节约用钱、珍惜物品。

从小培养孩子树立正确的金钱观，要让孩子养成勤俭节约的习惯。中华民族历来就有勤俭节约的传统美德，只是在人们的物质生活水平提高之后，勤俭节约渐渐被人们淡忘。勤俭节约就是要让孩子在生活中学会不铺张浪费，从身边的小事做起，节约用水用电，不爱慕虚荣，从小养成不盲目追求名牌、不与同学攀比的生活作风。同时，要教育他们好好爱惜物品或保管金钱，若物品是因为孩子的疏忽而损坏，不小心弄丢了钱或是恣意浪费时，要让他们对这些失去或损坏的金钱物品负责，这样才会让孩子更珍惜他所拥有的金钱或物品。

方法四：教孩子学会理财。

从小培养孩子树立正确的金钱观，还要培养孩子自主理财的能力。既

然要教孩子理财,就要相信他们可以自己处理金钱,父母只能起一些指导作用。例如:父母可以和孩子一起先制订一个“消费计划”。也可以试试让他简单地记一下账,一来可以养成节俭的习惯,学会安排自己的生活;二来可以养成细心的习惯,初步培养理财能力。当孩子具备一定的理财能力后,可以给他一定的可支配金额,让他用自己的方式去管理,重点是要他学习如何让每一分钱可以发挥效用。

方法五:父母应以身作则。

虽然初中的孩子自我意识很强,但很多外在行为仍会受父母的影响。所以当要求孩子应该怎么做或不能做什么时,要先想想自己的行为是不是影响到孩子的价值判断。要求孩子做到的事情,自己首先要做到才有说服力。在孩子面前以身作则,才可能正确引导孩子的价值观。

古人说:爱子女则为之长远计。作为家长,为孩子的健康成长负责,给孩子金钱时,别忘了同时给孩子正确的金钱观。树立正确的金钱观会让孩子终身受益!

培养孩子的责任感

有位大学毕业生被安排在一所初中实习,在他的实习日记中有这样一篇:

“9月,我回到母校实习,教初三数学。在和这帮孩子相处前,我曾很担心,生怕学生不听话、难管理,但一直到实习结束,我和同学们相处都很融洽,而且在很多方面他们的做法改变了我的看法。我印象最深的是搬运桶装水。当时,因为天气炎热,人又多,全班每天要喝两桶水。我们班又在六楼,平日爬上去都很累人,何况还要搬几十斤重的桶装水。这事班主任老师也没有提醒过,但班上的男生很主动地承担了每天搬水这一任务,几个高个子男同学尤其积极。我那天看见了,还为他们搭了把手。这虽然是一件小事,但改变了我对这些‘00后’孩子的一些看法。其实,这些孩子们也乐于为

大家服务，有很强的集体荣誉感。即使班上有个别同学责任感差，我相信在周围环境的感染和带动下，那些同学也一定会被感化的。”

教育支招：

这位实习老师看到的就是一些有责任感的初中孩子，的确让人欣慰。但现实生活中，是不是所有的初中生都是如此呢？答案肯定是否定的。有些初中生对自己身上肩负的责任并没有明确的意识，他们不知道父母养育自己的辛苦，没有集体荣誉感，凡事以自我为中心，这对于孩子的成长是极为不利的。一个缺乏责任感的人不能称之为成熟的人。对孩子来说，责任感不是大而空的东西，培养责任感要从对自己负责、对他人负责做起。责任感作为一种道德情感，是一切美德的基础和出发点，是人类理性与良知的集中表现，是社会得以存继的基石。责任心是指个人对自己和他人、对家庭和集体、对国家和社会所负责任的认识、情感和信念，以及与之相应的遵守规范、承担责任和履行义务的自觉态度。责任心是孩子健全人格的基础，是能力发展的催化剂。

责任感属于道德感的范畴。道德感、理智感、美感又均统属于人类的社会情感。初中生属于青少年，他们的情感往往受外界的影响较大，自控能力较弱。如果引导得好，他们将会为祖国、为社会作出很大的贡献；反之，有些人将会饮恨终身。情感在促进人品德完善上有很重要的作用。道德情感是道德认识转化为道德信念和道德行为的必要条件。当代著名教育家苏霍姆林斯基曾说过，情感是道德信念、原则性以及精神力量的核心和血肉；没有情感，道德会变成枯燥无味的空话，只能培养伪君子。但在孩子责任感的培养上，很多父母存在一些教育上的误区，主要有以下三个误区：

误区一，是只重视孩子的学习成绩，忽视孩子的责任心培养；

误区二，是将情感教育作为促进孩子认识发展的手段与工具，并没有把它作为实现理想教育目标的一个有机组成部分；

误区三，是将孩子的责任感教育与现实生活脱离。

大科学家爱因斯坦在总结自己一生的成就时说过，他没有特别的天赋，只有强烈的好奇心。他强调指出，只用专业知识教育人是不够的。通过专业教

育，一个人可以成为一种有用的机器，但是不能成为一个和谐发展的人。

因此，对家长来说，培养孩子的责任感，正确的教育方法很重要。从现在起，作为父母，一定要摒弃那些教育孩子的误区。具体来说，家长可以从以下方法入手：

方法一：让孩子自己的事自己做，使孩子对自己负责。

孩子的事情家长不应大包大揽。中国式家长，对孩子的事往往是“帮你没商量”，主观地为孩子做决定，结果往往事与愿违。如果父母把选择的权利交给孩子，孩子就会对自己负责，就会做出让你感到吃惊的成绩来。

对自己负责就要自己的事情自己做。比如，父母要让孩子做到这些：每天早晨闹钟一响，就应该马上起床，再困也要起来，准时去上学。遇到刮风或雨雪天气，就应该提早起床，坐不上车，走也要走到学校，绝不能迟到。自己的书包、书籍、衣物等物品自己整理，自己的房间自己打扫。父母要让孩子明白，以上这些事情，不能依赖父母，要让他记住“这是我的责任”。

方法二：培养孩子的孝心，让孩子对家庭负责。

作为家长，可适当地让孩子了解一些父母的忧虑和难处，提出一些问题，引导孩子独立思考和选择，大胆发表自己的见解。也可以让孩子表达自己的孝心，比如，当家里的长辈过生日时，你可以要求孩子自己动手制作一份生日礼物，并让他写上一句知心的话，让孩子感到家庭的美满幸福，需要靠爸爸妈妈和自己的共同参与，进而增强孩子对家庭的责任心。让孩子关心父母，主动帮父母做些力所能及的事，从而让其记住“这是我的责任”。

方法三：鼓励孩子大胆参加集体活动，让孩子对集体负责。

集体责任感的树立还是要回到集体中。如果孩子性格内向，不愿意参加一些集体活动，你一定要给予鼓励：“我相信你一定可以表现得很好！”父母的鼓励是对孩子最大的肯定。同时，当孩子在集体中犯了错误时，也要鼓励孩子敢于承担责任，并知错就改。例如，孩子跟着爸爸妈妈到朋友家做客，不小心损坏了物品。这时应该让孩子知道，是由于自己的过错，才造成了这种后果，应当给予赔偿。之后一定要带孩子一起买东西去朋友家道歉。

方法四：适当放手，让孩子体验社会生活，让孩子对社会负责。

孩子毕竟是要经历社会洗礼的。初中阶段，他们已经具备一定的社交能力和参与社会活动的能力，父母不要还是把孩子拴在身边，这样对孩子有害无利。孩子就是一张白纸，你把他描成什么样，他将来可能就是什么样。从小让孩子学做高山，孩子就会长成山；让孩子从小学当大伞，孩子长大了就能顶天立地！

方法五：父母要对自己的言行负责，为孩子做出榜样。

作为家长，无论做出什么许诺，都要尽可能地实现。如果不能实现，一定要向孩子说明原因。告诫孩子不要轻许诺言，一旦许诺，就必须遵守。家长自身对家庭、对社会的责任心如何，对孩子来说是一面镜子，父母的责任心水平可以折射出孩子的责任心。一个对家庭、对社会毫无责任感的父母，不可能培养出有责任心的孩子。

总之，父母对初中孩子的责任心的培养应遵循这样一个规律：从孩子自己到他人，从家庭到学校，从小事到大事，从具体到抽象！

引导孩子多读书，多行路

周末的上午，彤彤在家写作文。作文一直是彤彤的弱项，面对老师布置的作文题目——我的一次旅行经历，彤彤半天想不出一句话来。看着孩子咬着笔头、歪着脑袋、皱着眉头，半天写不出一个字来的样子，彤彤妈真是又着急又无奈！

“彤彤，你怎么不写呢？”妈妈问。

“您看这题目——旅行，我好像从来没有旅行过呢？我这是巧妇难为无米之炊啊！”彤彤说完，妈妈才意识到原来自己一直忙于工作而忽视了孩子的生活积累，尤其是孩子大了以后，很少带彤彤去公园、广场，那些全国各地的风景名胜就更是没闲情逸致去了。

“彤彤啊，是妈妈不对。妈妈保证，以后不管多忙，一定经常带你出去走走，无论是近处的公园、广场，还是远一点的风景胜地。春天的时候，妈妈带你去踏青、放风筝；夏天陪你去游泳；秋天带你去欣赏菊展；冬天和你一起打

打雪仗。妈妈觉得，这样能让你多亲近大自然，陶冶情操。更重要的是，这也能帮助你积累生活素材啊，以后你就不愁作文写不好了。”

“嗯，是啊，谢谢妈妈。”

“不用谢啊，但是呢，我觉得，从生活中找素材仅仅是一个方面而已，你还是要多看书。你看，家里这些名著，你好像都没怎么看，是不是？”

“是啊，妈妈说得对，这大概就是‘读万卷书，行万里路’的道理吧。”

教育支招：

彤彤的这种情况，恐怕很多初中的孩子都遇到过，尤其是在习作的时候，他们更是江郎才尽。其实，这主要就是因为孩子的阅历太浅。“读书破万卷，下笔如有神”，我们都知道这个道理，但面对孩子的教育问题，我们却常常犯了糊涂，我们比孩子更看重分数。当孩子伸手去翻阅课外书籍时，我们予以阻挠；当孩子想出去走走时，我们却要求孩子“两耳不闻窗外事，一心只读圣贤书”。诚然，孩子升入初中后，学习任务加重，要想让孩子在学业上有所进步，就必须教导孩子努力学习，但培养孩子丰富的阅历同样重要。20世纪70～80年代，许多国家都处在学历社会中，学历甚至可以影响人的一辈子，名牌大学的学历更是人们梦寐以求、趋之若鹜的“稀世珍品”。可是，经过20多年的实践，人们意识到，学历和智商水平并不能决定一个人的成功，成功更需要的是代表实践经验的阅历和能力。为突出阅历的重要性，有人甚至喊出了一个口号：“让学历见鬼去吧！”还有人为对应智商（IQ）、情商（EQ）的概念，创设了历商（RQ）的概念。

所谓阅历，顾名思义，就是走路、读书、知人等的体验和经历。阅历对于孩子掌握知识、提高能力、培育品德和形成人格都起着至关重要的作用。“时势造英雄”，“经风雨，见世面”，“百炼成钢”，“自古雄才多磨难”，“温室里长不出栋梁之材”等格言、诤言都说明了阅历制约甚至决定人才的成长。可见，阅历对于成长中的初中孩子的重要性。

因此，作为父母，一定要带动孩子多读书，多走路，以增强孩子的阅历。对此，父母可以这样做：

方法一：培养孩子爱读书、读好书、多读有用书的习惯。

广泛的阅读不仅能丰富人的知识，开阔人的视野，而且可以开启人的智慧，陶冶人的情操，净化人的心灵，培养人的审美品质。因此，广泛阅读会对处于人生观和世界观形成阶段的初中孩子产生重大影响。孩子在成长的过程中，不能没有书的陪伴。书籍是最好的营养品。如果孩子的成长过程中没有了书籍，就好像生活没有了阳光。事实上，很多父母始终关心的仅仅是孩子的学习成绩，他们不愿意与父母交流，而更愿意通过电视和网络获取信息、愉悦身心。

不知道父母有没有发现，孩子上了初中以后，书包里会多一本课外书，只是通常情况下都会被你没收。其实，父母应该鼓励孩子在不耽误学习的情况下多读一些课外书。父母如果发现孩子在读书的时候方法不对，比如“饥不择食”、“走马观花”、“寻章抄句”等，就需要告诉孩子这些读书方法都是不妥的，并且要教给孩子好的读书方法。总之，父母要给孩子一个更好的空间，鼓励孩子多读书、读好书。

方法二：带孩子多出去走走，让其接触社会和大自然。

提高孩子的阅历，仅仅靠读万卷书是不够的，尤其是在现代社会。这里还有一个极其重要的方面，那就是“行万里路”。古人曾以“十年读书、十年游山、十年检藏”处之，想来是有道理的。“行路”有别于“读书”，它是指走出书斋与斗室，步入丰富多彩的大自然，接触社会，亲身体验，感受书外之书。

因此，父母无论多忙，也要带孩子走出去，投入到大自然的怀抱，欣赏美景，让孩子走进多彩的现实世界，感受大自然，感受生活，让孩子发现他们感兴趣的东西，让孩子在自然和社会的怀抱中成长。

总之，父母要明白，多读书，多行路，才是生活的硬道理。因此，从现在起，开始带动你的孩子多读书，多行路，让其平静地顺流而游，游到现实的河岸，融入社会的大潮吧！

让孩子适当做些家务活

周末的一天，蕾蕾在家做作业，妈妈准备对家里进行一次大扫除，她让蕾蕾撤下自己的床单，没想到蕾蕾却说："妈妈，你自己撤吧，我正忙着呢！"

听到女儿这么说，妈妈不怎么高兴，她心想，这孩子，都这么大了，什么事情都不做，这样下去，高中住校了可怎么办？于是她说："蕾蕾，你都14岁了，是个大女孩了，该做些家务来锻炼自己了。"

"妈妈，你今天可真是奇怪，平时我主动要求做家务，你都不让。我说买菜，你说怕人家坑了我；我说刷碗，你怕我把碗打碎了；我洗衣服，你又说我洗不干净。"

"以前是妈妈不对，现在妈妈觉得错了，要是再不培养你的自理能力，妈妈怕你适应不了以后的生活啊。"

"嗯，妈妈说得对，那从今天开始，我就当妈妈的小帮手吧。"

"女儿真乖，呵呵。"

教育支招：

和蕾蕾一样对家务丝毫不插手的初中生在现代家庭中为数不少，这不仅与孩子自己的惰性有关，更重要的是父母不恰当的教育方式造成的。常见的不恰当教育方式：一是家长喜欢大包大揽，不懂得让孩子从小养成爱劳动的好处；二是有的家长一开始也想让孩子干一些力所能及的家务活，但几次孩子做不好，就不让他们做了；三是在"万般皆下品，唯有读书高"这种传统观念的影响下，不少家长忽视了对孩子的劳动教育。父母大多数是不让孩子做家务事的，甚至孩子自己该做的事如收拾书包、叠被子等家长都要代劳。90%以上的家长要求孩子就只管弄好自己的学习。如此种种想法，都是不对的。这样做是剥夺了孩子的成长舞台，把孩子管成了事事依赖父母的精神残疾。

适当让孩子干点家务活不仅影响不了孩子的学习，而且还有助于培养他的意志和品质，养成爱劳动的好习惯。初中的孩子已经具备了干家务的能力，

让孩子做家务，不仅仅是为了减轻父母的负担，还可以促进孩子的全面发展。通过承担一定的家务责任，孩子能够形成自我意识，建立起自信心，更有助于孩子形成独立的人格，学到很多日常生活中的科学知识等，这些都为孩子以后的成长打下基础。因此，承担家务劳动，对孩子的全面发展有着重要作用。

生活即教育，哈佛大学曾经对456名孩子跟踪研究20年，这些孩子被分为两类：爱做家务的和不爱做家务的。20年后，他们的失业比例是1∶15，犯罪比例是1∶10，收入也是爱做家务的孩子比不爱做的高20%。而且，爱做家务的孩子离婚率低，心理比较健康。由此可见，参加家务劳动不仅仅是孩子为父母分忧的权宜之计，更重要的是它关系到孩子今后的就业成才和生活幸福。

有些父母会发出疑问：对于这些已经懒惰成性的初中孩子来说，怎样才能让他们做家务活呢？确实，现在的独生子女能做到这一点是很不容易的。放手让孩子干一些家务活，这话说起来容易做起来难。那么，有什么好方法让孩子们“动”起来呢？对此，父母可以采取以下招数：

招数一：让孩子尝尝懒惰的“苦头”，逼其“出手”。

我们来看看这位母亲的训女经历：

“女儿今年初一，别说让她做家务，就连自己的袜子她都不洗，不过这也是我惯的。现在，她升入初中后，学习用具、课本的增多让孩子的房间一团糟，写字台上、床上到处都是书、纸。没办法，我看不下去了只好帮她打扫。有一天早晨要上学了，她还在房间里急急忙忙地找自己的数学课本，还一边向我大发牢骚：‘跟您说了多少遍了，您就让我的房间乱着，我的东西您别动，您别收拾，现在好了，我的东西都找不到啦！’帮她找出数学课本后，我故意打击她：‘今后看你还要不要我收拾。’吃过几回‘苦头’后，女儿一看到我拿着抹布进她的房间，就赶紧说‘我自己来’。此后，女儿似乎喜欢上了收拾自己的小屋子，没事的时候，她还会采些花儿回来摆在房间里。每当周末家里大扫除的时候，她也加入到我们的劳动队伍中。看来，我的办法奏效了。”

招数二：多鼓励，让孩子尝尝劳动的“甜头”，使其爱“出手”。

要提高孩子的劳动积极性，少不了鼓励和表扬。

“儿子从小就爱劳动，这是因为我经常夸他。记得儿子三岁半时，我用破衣服给他做了一个小拖把，每天让他学习拖地。虽然他那架势像是在写大字，但我仍高兴地夸他‘是个爱劳动的好孩子’。有时，邻居们看见了，也忍不住表扬他几句。得到肯定后，儿子的干劲更大了，不但要争着拖地，还抢着擦窗户、洗碗。后来，儿子上了初中后，好像变懒了，我还是使出了旧招数。那天，我很忙，很晚才回家，已经过了做饭的时间，等我到家准备做饭，一揭锅，才发现饭菜都做好了，虽然很难吃，但我还是进房间对儿子说：‘你做的饭菜味道不错哦，不过如果少放点盐会更好吃。’儿子高兴地答应了，下回做饭味道真的好多了。”有位妈妈提到自己爱劳动的儿子的时候满脸笑容。

招数三：适当给孩子点“好处”，诱其“出手”。

宋佳佳同学搬新家了。刚搬进新房时，妈妈本想请个钟点工打扫卫生。宋佳佳知道做钟点工每小时有10元后，就主动请缨：“妈，您就请我吧，质量三包，而且肥水不流外人田嘛。”想想这不仅能调动她的劳动积极性，又能让她明白赚钱的辛苦，妈妈就爽快地答应了。果然，孩子干活很卖力，卫生也做得很好，特别是她还能用赚来的钱买些参考资料和学习用品，这让她很有成就感。

不过将孩子的零用钱和家务挂钩只是一种战略技巧，还要从根本上培养孩子的家庭责任感。家长要告诉孩子：“家务并不是只有爸爸妈妈做的，你也是家庭的一分子，也有做家务的责任和义务。”

事实上，孩子并不是不愿做家务，关键在于家长要善于引导，使其保持对劳动的积极性。所以，作为初中孩子的父母，要适当超脱一些，尽早放手让孩子成长，让孩子在做好他们自己事情的同时，也多做些家务，从而培养他们的自理能力！

三、帮助初中孩子提升自律能力

做事前文明礼貌要先行

初中校园里，正是午饭时间，漫画迷王亮一边走路一边看着漫画书，而陈丁耳朵里塞着耳机，一边哼着歌一边摇着头。就这样，两人撞到一起了。

王亮斜睨了陈丁一眼，怪声怪气地说："好狗不挡道。"

陈丁瞪大眼睛，气愤地回应："你！没长眼啊？"

王亮嗓门也很高："你才没长眼呢！"

陈丁更是扯着嗓子喊："你长眼瞎了啊！"

王亮向前一步嚷："你才瞎了呢！"

两个人脸红脖子粗，谁也不肯道歉，最终动起手来，王亮冲动地把陈丁打伤了。看着受伤的陈丁，王亮后悔不已，吓得不知道该怎么办才好。

"爸妈，我该怎么办呢？帮帮我吧！"

妈妈问王亮："孩子，你真的知道自己错了吗？以后再发生这样的事情你知道该怎么做吗？"王亮忙不迭地点头。

"那你跟妈妈说说你该怎么做？"妈妈问王亮。

"要注意礼貌，撞到别人，要说'对不起'，而不是出口成'脏'。"王亮对妈妈说，妈妈听完，高兴地点点头。

教育支招：

王亮和陈丁之间引起矛盾并且最终大打出手，主要就是因为几句不文明的话。可见，是否能文明礼貌直接关系到初中生的人际关系。可能在孩子还小的时候，无论是老师还是父母都嘱咐孩子要文明礼貌，但是随着孩子年纪的增长，逐渐忽视了孩子的这一教育，转而把眼光都放在了孩子的学习

上。事实上，孩子是需要全面发展的，这也是素质教育的宗旨。要知道，一个没有礼貌、举止粗俗、不尊重他人的人，无论是生活、工作还是学习，是无法获得他人的尊重和友好协作的，也不易获得友谊和自信，由此孩子也往往缺乏幸福感。要想使孩子成长为有所作为、拥有幸福人生的人，父母就应教孩子从小懂礼貌、讲文明，特别是孩子升入初中后，这一教育更不能忽视和怠慢。

初中的孩子逐步进入青春期，这是生理、心理发育的特殊时期。一方面，孩子渴望与他人交往，希望自己被他人接纳，获得更多朋友；另一方面，却不知道如何跟他人相处，在人际交往方面遇到不少障碍。其中重要的一个原因就是他们在日常人际交往中，许多行为举止不得当，或者过分以自我为中心，或者嘲笑、讽刺、挖苦同学，顶撞师长，或者待人冷漠，有的学生甚至与人稍有不和就大打出手等，这严重影响了孩子的人际关系，影响着孩子的身心健康和个性发展，给这些孩子造成一定的困扰。

每一个家长都希望自己的儿女能知礼节，懂礼仪，能文明礼貌。那么，父母该怎样教育初中的孩子做事前文明礼貌要先行呢？在日常生活中，无论是探亲访友，还是在家中款待亲朋好友，这都是让孩子接受锻炼、提高交往能力的好机会。具体方法有以下几个：

方法一：在生活中有意识地培养孩子的礼貌言行。

孩子的任何行为习惯都是在生活中逐渐养成的。初中的孩子已经具备了待客的能力，而父母此时应着力培养孩子如何礼貌地待人接物。比如，如果孩子和长辈说话时没有使用敬语“您”，要言语恳切地教导孩子，这样做的目的是为了让孩子意识到和长辈说话应该讲礼貌、有礼节。当家中来了客人，告诉孩子见了客人应面带微笑，要主动和客人打招呼，对客人的提问，必须认真回答。要求孩子以小主人的身份热情招待客人，为客人端茶送水。客人告辞时要求孩子把客人送到门口或电梯口，并说：“再见，下次再来！”等礼貌用语。

方法二：父母的言行举止是孩子学会文明礼貌的最好榜样。

父母的言行不仅会对年幼的孩子产生影响，对已经初具自我意识的初中孩子同样如此。因此，父母一定要以身作则，给孩子好的影响。平时，父母就应创造机会让孩子多实践，鼓励孩子参加各种人际交往活动，然后充分利用这样的有利时机提醒孩子，给孩子做示范，使孩子在亲身体验和实践中理解文明、礼貌、热情的含义，潜移默化地影响孩子，使孩子在耳濡目染中，逐步形成礼貌待人的品德，并对孩子的礼貌行为及时肯定赞扬，让孩子体验到礼貌行为带来的愉悦，以利于巩固、重复这种行为，逐渐养成良好的习惯。

彤彤就是这样的好女孩，小区里没有人不夸她懂礼貌，她总是把“您好”、“谢谢”、“请”、“对不起”等礼貌用语挂在嘴边。彤彤之所以如此懂文明礼貌，跟妈妈的教育是分不开的。妈妈从事教育心理咨询的工作，自身的文明素质比较高，所以从小对彤彤文明礼貌方面的要求也十分严格。在妈妈的影响下，彤彤才成了一个人见人夸的讲文明的姑娘。

方法三：教会孩子一些初步的礼仪知识。

孩子进入初中以后，就应该接受一些初步的礼仪知识，包括见面或分手时打招呼、握手，与人交谈时眼神、体态和表情要体现出对对方的尊重；与别人说话的时候要看着对方，否则是一种不礼貌的行为。

总之，良好的礼貌习惯是人际关系的起点，不懂得以礼待人的人，别人就不会尊重他，在人际交往之中就会产生许多摩擦，也会失去许多朋友和机会。父母在关心孩子成绩的同时，决不可忽视这一点。

让网络成为有用的工具

程伟最近在网上发现了一个很好玩的游戏，孩子毕竟是孩子，对什么产生兴趣之后，就一门心思扑在上面。这不，爸爸在厨房喊着吃饭，他都没听见，直到爸爸生气地走进他的房间。

“我还以为你在看书、做作业呢，没想到你在玩游戏，还这么起劲，真是气死我了。”爸爸真的生气了，而程伟似乎没听见，还在玩他的游戏。

“我这一局马上就玩完了，您先吃啊！”程伟应着。

爸爸一听儿子这么说，更是生气了，但转念一想，要是和孩子硬来，肯定不仅起不到作用，还会适得其反。孩子生活在单亲家庭里，更要特殊对待。于是，他压住了怒火，说了句："儿子，你先玩着，爸爸吃饭去了，吃完饭，爸爸有话跟你说。"

晚上，程伟吃完饭，自己收拾了碗筷，坐到爸爸身边。

"儿子啊，你这个年纪，的确爱玩，这当然没错，但是你发现没，你最近玩游戏已经有点影响学习了。"

"是吗？"

"是啊，你看，你以前十点之前就能上床睡觉，可是现在要熬到十二点才能完成作业，上次测验成绩也是大幅度下滑啊！"

"是啊，这倒是。可是，这个游戏是新出来的，很多人都在玩，我也想玩啊。"

"你看这样好不好，以后每天晚上你回来，吃饭前的时间电脑归你玩，可以玩游戏；饭后，我就把笔记本电脑搬到我的卧室。我们父子俩先后玩，以后我们还可以交流游戏心得，这就不耽误你的学习了。另外，我觉得以后上网呢，还是尽量多以学习为主，你说对吗？"

"爸爸，您真是太厉害了，好，我答应您。另外，这次期中考试您就看好吧，我一定考个好成绩给您看看！"

教育支招：

程伟的爸爸是教育的有心人，面对沉迷于网络游戏的儿子，他并没有采取很多父母常用的禁止措施，而是和孩子促膝长谈，帮助孩子认识到迷恋网络的危害，并为孩子指出了解决办法。这样，不仅加深了亲子关系，还让孩子学会了正确地上网。这一方法值得很多父母借鉴。

网络是个大家关心的话题，孩子作为家庭的一员肯定要参加到这个问题里面来。尤其是进入初中的孩子，他们在网上相当活跃。他们能在网上查询自己感兴趣的信息，喜欢浏览网页，并敢于向权威人士提问。除此之外，他们也开始进入聊天室，与其他人分享经验和兴趣。是否能让孩子上

网？答案应该是肯定的。网络有许多的功能，可以丰富初中孩子的知识，扩展他们的视野，最重要的是，网络可以帮助孩子获取最新的信息，获得交流学习经验的机会。但网络也有许多的安全隐患和问题。在目前的小网迷群体中，有15%的人曾主动访问过不良网站，10%的人曾被动地收到过不良信息。全球75%的家长明确表示，担心不良信息对孩子的负面影响。孩子上网必须在家长的指导下。但是有时家长也并不是对互联网完全了解。在如今宽带已实现村村通的前提下，许多文化基础不是很好的家长，如何利用互联网学习，或是说如何指导孩子上网呢？针对这种情况，我们对家长提出以下建议：

建议一：给自己充电，多学习网络知识，同时，父母也要健康上网。

为什么国外青少年上网成瘾的现象没有我国严重，因为国外都是父母首先学会健康运用电脑和网络。如果家长自己沉迷于网络游戏、网络聊天等活动，孩子必然“看在眼里、记在心上”，一旦有机会便会效仿。同样，如果家长抵制网络，不愿意学习网络技术，不利用网络学习新知识，那孩子也会反感新技术，不愿意接触新事物。

因此，作为家长，首先应当及时学习充电，了解计算机、网络的一般常识。只有这样，才能有效地起到监督孩子的作用。如果你什么都不懂的话，小心了，你很有可能会受到孩子的欺骗。当你懂得一些网络知识后，可以和孩子一起感受网络所带来的便利与快捷。必要的时候，甚至可以向孩子学习。

建议二：不要杜绝孩子上网，网络并不是洪水猛兽。

让孩子“远离网吧”、“远离网络”，也只是让孩子远离网瘾毒害的权宜之计。长此以往，若几代人都要18岁后才接触网络，网上信息资源的浪费是其次的，主要的是远离信息时代最重要工具的青少年素质及心理健康会大受影响。文明上网以预防为主，家长不要把网络视为洪水猛兽。网络是不能抗拒的发展方向，父母要主动迎接这一挑战。

建议三：运用多种措施对孩子加以引导。

(1)要严格控制孩子的上网时间。长时间凝视电脑屏幕会导致视力下

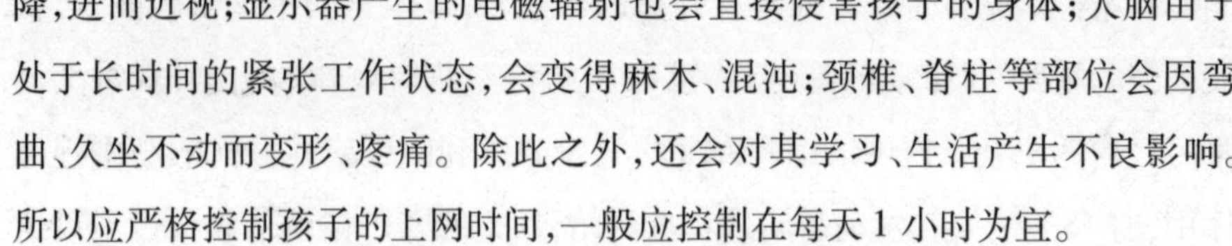

降，进而近视；显示器产生的电磁辐射也会直接侵害孩子的身体；大脑由于处于长时间的紧张工作状态，会变得麻木、混沌；颈椎、脊柱等部位会因弯曲、久坐不动而变形、疼痛。除此之外，还会对其学习、生活产生不良影响。所以应严格控制孩子的上网时间，一般应控制在每天1小时为宜。

（2）要严格控制孩子的上网内容。网络上黄色、反动、黑客等站点会对自制能力较差的孩子产生误导作用，家长在电脑上要安装网络过滤软件，并经常查看孩子上网的历史记录及收藏信息，发现问题要及时采取对策。

（3）教育孩子要安全上网，不要透露个人信息。家长要时常教育孩子绝不能把个人及家庭信息暴露在网络上，绝不能被别人诱导，将个人账号、生日、住址、工作单位等信息暴露出去。

（4）要引导孩子去上一些启发性强、有关自然科学文化知识的网站，并引导孩子学会利用网络查找信息。

初中阶段的孩子自制力有限，面对网络的各种诱惑，很多成人都难以抵制，更何况孩子。对此，家长只有加以监督和引导，才能让网络成为孩子获取知识和信息的有用工具！

引导孩子树立正确的道德观

周末的早上，妈妈带蕾蕾去新华书店买练习资料。在过马路的时候，蕾蕾和妈妈看见一个老爷爷颤颤巍巍地拄着拐杖，好像要过马路的样子。妈妈说："蕾蕾，你去扶一下老爷爷吧。"

"我才不去呢，你看他那么脏。再说，马路上这么多人，会有人帮忙的……"蕾蕾很不情愿地说着。

"你这孩子，怎么会有这种想法呢？助人为乐是中华民族的传统美德，而且，帮助一个年迈的老爷爷更是理所应当，这也关系到一个人的道德问题。"蕾蕾被妈妈说了一通后，有点不好意思了，赶紧拉着妈妈跑过去把老爷爷扶过了马路。

过了一会儿，妈妈又对蕾蕾说："蕾蕾，看来妈妈平时只顾关心你的学习而忽视对你思想品质上的教育了……"

教育支招：

古人云："听其言，观其行。"就是说，通过一个人的言行，可以对他的思想道德和价值取向做出基本的评价和判别。我们的一言一行在某种程度上体现了我们自身的文化素养和道德准则。可能很多家长会感叹：孩子进了初中以后，本以为会长大、会懂事，却没料到孩子变得冷漠、没有爱心了呢？就和事例中的蕾蕾一样，面对过马路的老人，他们居然漠不关心。其实，这并不是孩子的错，而是作为家长的我们，忽视了对孩子的道德观的教育。初中阶段，是一个人世界观、人生观形成的关键时期，如何让正确的价值观、荣辱观、道德观真正融入孩子的心灵，做一个对社会负责、对国家有用的人，是当前摆在家庭和学校面前的重要课题。

初中阶段的孩子，在生活中会面临道德选择问题。由于孩子的道德认识还很肤浅和表面，因此，他们在道德选择的过程中会产生各种困难。孩子在遇到这些困惑后所寻求的帮助和做出的选择，将对他今后做什么样的人，怎么处理各种社会关系有着十分重要的影响。因为品德作为人的一种内心自觉，是人才成长的内在动力，直接影响着其如何做人。一些教育家发现，不少人的智力只是中等，但他们的聪明才智却能够充分发挥，做出一般人做不出的成绩。其原因就是他们从小受过良好的品德教育。

由此可见，良好的品德对孩子能否成才的重要性。教子一定要以德为先。作为父母，切不可忽视帮助孩子处理这些道德观的困惑。

那么，父母应该如何教育孩子呢？

方法一：让孩子体验道德冲突，教会孩子明辨是非善恶。

父母与孩子朝夕相处，了解自己的孩子，能觉察出孩子的思想动态。如果父母能及时帮助孩子正确认识生活中的各种社会现象，就能提高孩子辨别是非善恶的能力，减少各种不正之风对孩子的影响。帮助孩子树立正确的道德观，大到面对社会，小到走人行道、看信号灯过马路、不乱扔垃圾等，这些事

虽然看起来微不足道,但正是涓涓细流汇成江河的道理所在。

父母教孩子学会区分“好”与“坏”,但最后的选择还应该让他们自己来做。不要怕他们遇到困惑,困惑越多,孩子可以选择道德准则的机会越多,所形成的道德认识也就越全面和深入,应该让孩子在自己动脑选择的过程中逐渐成长。

方法二:告诉孩子最基本的道德准则。

要在孩子很小的时候就告知基本的道德规范,等孩子到了初中后,父母要做的是把这些道德规范和生活中的现象结合起来,让孩子分辨最基本的对与错,让他们知道什么事该做,什么事不该做。事实上,一个人在成长的过程中,许多道德规范都是先做后懂的。

方法三:父母要以身作则,为孩子做个好榜样。

上一代人是下一代人的教育模范,所谓上梁不正下梁歪。那些从小就被父母用行为教授“顺手牵羊”、“恃强凌弱”、“欺软怕硬”的孩子,长大了又怎么会有正确的道德观?道德源于家庭。一般来说,子女会传承上一代的优良传统,也会继承上一代的恶劣行为。可见,父母自身的言行对孩子道德观形成的重要性。

方法四:在孩子做出对道德信条的选择后,及时给予评价。

如果孩子的选择符合社会的道德准则,那么家长应给予表扬和鼓励。反之,则应及时地提醒孩子纠正,必要时给予一定惩罚与警戒,绝不可放任。在家长长期的训练与指导下,孩子就能把正确的道德观念作为行为准则。

如果父母能从以上几个方面努力,一定能帮助孩子形成正确的道德认知和道德行为!

诚实守信是处世的根本

彤彤有个邻居叫刘小东,大家都叫他小东。小东一直是个乖巧的孩子,可是,升入初中后的他居然挨了爸爸的一次打,这是怎么一回事呢?

那天下午,他的父母在观看画展时,巧遇小东的班主任江老师,和他谈起小东的学习,自然涉及刚刚考过的期中考试。江老师说:“小东这次成绩不太理想,只考了第九名。”他爸爸说:“听小东说,好像是第三名,从成绩上推算也应是第三名。”江老师肯定地说是第九名。

看完画展回家,他们问小东这是怎么回事,小东觉得纸包不住火,便把实情告诉了父母。

小东升入初中,升学成绩名列班内第十九名,初一上学期期中考试跃为第三名,期末名列全班第一;下学期期末成绩仍为班内第一。升入初二后,由于小东学习有些松懈,参加活动过多,成绩有些下滑,期中考试仅名列班内第九。可能是由于虚荣心太强,或者怕爸爸、妈妈责怪,于是涂改了物理、地理、生物三科成绩,使总分列班内第三。听到这些,小东的爸爸非常生气,狠狠打了小东,对他说:“不管考第几名,爸爸、妈妈都不会责怪你,关键是你不诚实,用假成绩哄骗家长,实际上也是自欺欺人,这样的孩子将来怎么能有所成就?”

教育支招:

可能涂改成绩对于一个初中孩子来说,并不算什么,但这涉及孩子人格的塑造。在中国伦理的范畴中,诚,本义为诚实不欺,真实无妄,它包含着对己、对他人都要忠诚的双重内涵。诚信作为中华民族几千年积淀下来的传统美德,历来为人们所崇尚。“因为做人最要紧的是诚实,一个人不诚实,人家就不相信你,失信于人,就不会有威信,也就什么事情都干不成了。”这是我国伟大的历史学家司马光的父亲司马池从小对孩子的谆谆教导。影响孩子诚信品质发展的因素主要有家庭、学校和社会三个方面,其中影响最大、持续时间最长的当属家庭教育。可见,如何教育孩子做诚实的人,是值得家长们共同去探讨的问题。

那么,作为父母,该怎样教育初中阶段的孩子诚实守信呢?

方法一:父母要以身作则,做孩子的诚信表率。

有这样一个笑话:一位爸爸教育孩子:“孩子,千万别撒谎,撒谎最可耻。”“好的,爸爸,我一定听您的。”“哎哟,有人敲门,快说爸爸不在家。”试

想，这样教育孩子，孩子能诚实吗？

美国著名心理学家大卫·艾尔金德认为：要想让孩子有教养、守道德，父母首先必须是一个品德高尚的人。如果你是一个诚实、正直、守信、正派、富有爱心的人，那么你的孩子也同样会具有这些品质。这道出了父母对孩子言传身教潜移默化的作用。要想教育子女诚实守信，父母必须率先做到。不要以为在孩子面前灌输一些关于诚信的大道理，孩子就学会了诚实、守信；不要以为在孩子面前说的是一套，自己做的又是另外一套，而没有被孩子识破，孩子就会表现出诚信的行为。孩子的眼睛是雪亮的，他们往往会以实际为取舍。因此，家长应时刻检点自己的言行，从日常生活中点点滴滴的小事做起，为孩子树立诚实、守信的正面榜样。只有这样，对孩子的诚信教育才会有实效。

方法二：父母要及时地肯定和鼓励孩子诚信的表现。

孩子虽然上了初中，但毕竟还小，思想和品德都未定型，父母应该抓紧实施诚信教育，时时事事处处都不放过，让他们从小获得一张人生的通行证——诚信。

人人都渴望被肯定，初中阶段的孩子也是这样。为了满足这种需要，他们在与他人交往的时候，一般都会勇于自我表现，善于自我表现。父母在这方面应该创造条件，给予他们积极的诱导。当孩子有了诚信表现之后，父母应及时给予肯定，强化诚信的行为效果，不断加深诚信在孩子头脑中的印象。日久天长，诚信习惯自然而然就会形成。

方法三：掌握批评的艺术，及时纠正孩子不诚实的行为。

孩子的不诚实行为主要指说谎和私拿他人或集体的东西。对这些行为要及时纠正。

孩子说谎，家长往往非常生气：“小小年纪，怎么学会了说谎？长大成人后岂不成了骗子！”家长为孩子的不诚实担心是有道理的，但在批评孩子的时候，是要讲究方法的，这才会行之有效。首先不要损伤孩子的自尊心。家长先要弄清楚孩子不讲诚信的深层次原因，千万不可盲目地批评。在此基础上，还要及时对他进行单独的批评以便抑制不诚信行为的继续发生。其次，要让孩子心服口服。不要用粗暴的方式来对待孩子，这无异于把他们推向不诚信的深渊，下次就会编出更大的谎言来骗你。

方法四：与孩子建立真诚和相互信任的关系。

我国古代有个“曾参杀猪”的故事：一天曾参的妻子去赶集，他的小儿子哭闹着要跟着去，曾参的妻子被纠缠得无奈，便对孩子说：“你要听话，留在家里，妈妈回来杀猪给你吃。”孩子被哄住了。曾参妻子从集上回来时，见曾参正准备杀猪，就上前阻止说：“不过是哄孩子玩的，怎么真的要杀猪呢？”曾参说：“孩子是不能欺骗的，今天你说话不算数欺骗孩子，就是教孩子说假话。”于是，曾参杀掉正养着的猪，兑现了妻子随口许下的诺言。

你要求孩子说话算数，你对孩子首先要说话算数。如果确实无法实现对孩子的承诺，一定要向孩子解释原因。这样，在孩子心里才能对诚信的重要性有一个深刻的印象和理解，也才会信任家长，有什么事、有什么想法才会愿意告诉家长。

由此看来，要孩子诚实守信、身心健康、积极向上，家长首先要做到诚实守信。言传身教、耳濡目染就是家庭教育最直接、最简单又是最重要的方法。

第六章

决胜中考，做初中孩子的学习参谋

每年的六月份无论对初三学生还是对他们的家长来说，都是一个极不平常的月份，因为这些初三的孩子要经历人生中的一次重大事件——中考：考前有焦虑，考中有焦急，考后又是几家欢乐几家愁，“重点高中”四个字对不少初中学生来说是竞争拼搏的目标。有专家介绍说，在面对中考时，家庭因素对考生成绩的影响是一个复杂而不稳定的因素，而父母的情绪以及他们对待孩子的方式，会直接影响考生的考试状况。面对中考，似乎家长显得比学生更为重视，真是可怜天下父母心，很多家长会放下手头所有的工作来陪伴孩子度过这紧张的六月。但作为家长，无论是考前还是考后，都要做孩子的精神战友，尽量做到以平常心对待，把主动权交给孩子，让孩子如愿以偿地踏入理想中的校园！

一、考前注意事项记心头

注意精神状态，为孩子“调心解压”

时间过得真快，一转眼，彤彤这一帮孩子都上初三了。而且，马上他们就要中考了。彤彤很明白，考前一定要调整好心态，但是她还是莫名的紧张。随着中考时间的推进，她这种紧张的情绪也越来越明显。她开始看不进书，晚上开始失眠，有时候连饭都不想吃……

这些情况彤彤妈都看在眼里，急在心里。她知道，彤彤一直想考进市里最好的那所高中，可是，依彤彤的实力，要实现这个目标的确有点难。彤彤树立这样高的目标，更容易心情紧张、压力大。

于是，有一次当彤彤看书的时候，妈妈敲开了彤彤卧室的门，准备和孩子进行一次倾心的交谈：“彤彤，妈妈没打扰你吧？”

“当然没有，反正我也看不进书……”

“你知道你为什么看不进去吗？”

“不知道，但我知道，我很害怕自己考不好，一想到自己考不好，我就紧张。”

“这就是你看不进去书的根源，如果你抱着‘尽最大努力，考不好也无所谓’的态度的话，估计，你的心态会好很多。”

“嗯，我知道了，妈妈，谢谢你。”

教育支招：

孩子在中考前看不进书是常见的现象，其主要原因是孩子较长时间苦读，导致心理和生理上的紧张与疲倦而造成的。

我们深知，好心态是成功的一半。可随着中考的临近，很多孩子会产生

严重的焦虑情绪，他们因感到压力过重而紧张、焦虑不安，觉得心烦，看不进书，甚至出现失眠。而有些家长，却比孩子更紧张。为了让孩子考上理想的学校，他们会帮孩子进补，无形地施加压力……其实，他们这样做是错误的。孩子只有以平常心面临中考，才能正常甚至超常地发挥出自己的水平。

事实上，每个人都有心理问题。心理问题就像头疼感冒一样，人人都可能遇到。临近中考，孩子的心理问题会变得更加复杂，如果不及时加以调解，将导致心理障碍甚至心理疾病，会直接干扰中考，对孩子未来将造成不可估量的损失。所以，家长应该及时帮助孩子调解心理问题，让他们以一种平常的、良好的心理状态，直面中考。那么，家长应该如何帮助孩子调整好心态，使之有一个良好的状态迎接考试呢？

方法一：多给孩子一些安慰和鼓励。

作为家长，都希望孩子在中考中取得一个好成绩。有些学习方法掌握得不是很好，怎么努力成绩提高也不是很明显的孩子，或是成绩起伏比较大而心理承受能力相对差一点的孩子，很有可能就会情绪波动，甚至产生畏难厌学的情绪。碰到自己的孩子恰好是这样，家长的焦急是不难想见的。其实，焦急起不到任何作用。这种情况下，父母必须保持理智与冷静，并尽量站在孩子的角度，去看待他所承受的这份压力，去感受他内心的紧张与不安，多给他一些安慰与鼓励，想办法让他放松一下心情，比如带他出去散散步，陪他看一场他喜欢看的电影，或是一起去打打球，等等。

方法二：让孩子认识到压力存在的普遍性。

现实生活中，每个人都要承受或大或小的压力，孩子升学的压力只是其中的一种而已。这个阶段的孩子，一般都会放大自己不幸的感受，认为全世界就自己不幸福、不快乐。对此，家长要告诉他，人只要生活在社会上，都要承受压力，只是所承受压力的形式和内容不同而已。要不然，他总以为大家都活得很轻松，就他一个人过得如此沉重、如此紧张。比如，父母可以把自己曾经遇到的升学压力告诉他，感同身受地与之聊天。这样，不仅能拉近你们之间的关系，还能让孩子释然。

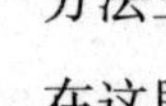

方法三:传授给孩子正确的复习三原则。

在这段时间,家长应该告诉孩子复习可以根据三原则来合理安排自己的复习时间。首先是分数原则,在中考科目中,语文、数学和外语三门学科的卷面分数均为150分,比其他学科高,那花的时间也要相应多些;其次是强弱原则,就是针对自己的强科和弱科来合理统筹安排复习时间;最后是可争分原则,就是看看自己哪一门学科还有可争取到的分数。当孩子能掌握这些在临战前的复习原则,心中有底后,压力自然也就减少了很多。

方法四:引导孩子朝着希望的目标迈进。

家长要始终相信:你希望你的孩子成为一个什么样的人,他就能成为一个什么样的人。只是要记住,千万别把这份希望藏在心底不说,也千万不要因为孩子一时达不到你的期望值就轻言放弃甚至打击挖苦,而是要相信孩子,鼓励孩子,并懂得用正确的方法引导孩子朝着你所希望的目标迈进。

对此,在孩子面临中考前,父母要帮助孩子树立信心,只要有自信什么事情都能做到。比如,孩子在中考前的某次月考中,只考了50分,那么下次,只要他及格了,或者哪怕他依旧不及格,但只要没有退步,父母应该感到很欣慰,并且要毫不吝啬你的表扬与鼓励。成绩的提高不是一蹴而就的事,而信心的重建也需要从点点滴滴开始。但只要你愿意尝试一下,就会发现,表扬和鼓励对于孩子真的有着神奇的力量。

方法五:要教会孩子一些自我调节的方法。

解决孩子心理问题最有效的方法是靠自己调节,家长只能及时做一些积极的引导,因为这些心理问题基本上任何即将中考的孩子都会遇到,属于一般心理问题,家长没有必要放大问题。家长可以告诉即将中考的孩子,可以通过自我心理调节来解决;同时,可以引导孩子学习一些简单有效的心理学常识,并结合生活实际总结出一套切实可行的自我调节法。父母没有必要在孩子有一点心理问题时就紧张得不得了,带孩子去看心理医生。只要让孩子把闷在心里的话说出来,孩子进行自我心理调节就成功了一半。所以,家长以平等的身份尊重孩子、经常和孩子交流是很重要的。

孩子即将中考，出现一些心理问题是正常现象。但如果不及时采取减压的措施，极有可能影响到孩子水平的发挥、升学甚至今后的人生。因此，作为家长，千万不可忽视这些问题。陪孩子在初三做好冲刺，是家长义不容辞的责任。

注意饮食起居，让孩子无后顾之忧

为了让女儿能高效率地复习，以最佳的状态面对中考，蕾蕾妈四处“求经”。这不，她单位王大姐的儿子去年就是以第一名的成绩考进全市最好的市一中的。这段时间，只要不在上班时间，她就追问王大姐那段时间是怎么照顾儿子的，不过王大姐的回答还真是让她受益匪浅：

“当初，我儿子得知自己是全校状元的时候很意外，因为，他平时并不是死啃书本的那一类学生。我儿子并不是学习上的天才，只是一个按照计划跟着老师复习的乖学生。但我平时经常教导他要劳逸结合，所以即便他那时已经是初三的学生了，他仍然是看电视、上网、听歌样样不落，还经常打篮球，看看电影什么的。但他的自制力很好，总能很好地控制自己玩的时间，掌握住分寸，在学习与玩乐之间找到平衡点。还有一点，即使孩子初三了，我也没有和其他家长一样，买什么大补的食品或者补脑的药物。我觉得作为家长，孩子面临大考，我们要做的就是为孩子提供一个良好的学习和生活环境，让孩子无后顾之忧，而不必神经兮兮的。”

“是啊，您儿子能考上状元，估计也是和你这种教育方式有很大的关系。”

教育支招：

很多家长误以为孩子要参加中考了，无论是在饮食上还是学习上，都必须进补。只有加大复习的量，才能让孩子巩固所学的知识；孩子学习压力、强度都很大，营养一定要跟上。家长抱着这样的心理，对考前的孩子进行“恶补”，结果孩子不仅身体上吃不消，心理上也吃不消。

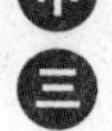

事实上，蕾蕾妈的同事王大姐说得对，"孩子面临大考，我们要做的就是为孩子提供一个良好的学习和生活环境，让孩子无后顾之忧，而不必神经兮兮的。"让孩子做到劳逸结合和饮食均衡，才是家长的工作。

那么，具体来说，父母该怎么做呢？

方法一：教育孩子劳逸结合。

不管是孩子还是家长，都深深明白，要想在中考中取得好成绩，就必须要努力付出。但是，劳逸结合、注意休息仍然非常重要。作为父母，也要有一个正确对待孩子学习的观念，不要孩子一进入初三，就把中考的紧箍咒套在孩子的脑袋上，让孩子一天到晚把眼睛都盯在书本上，让孩子天天坐在书桌前。这样做的结果只能让孩子身心俱疲，收到的是事倍功半的效果。其实，当孩子经过前段时间的循环复习，基础已经得到了强化，但人也有些疲倦，在离考试没几天的时间里，家长该让孩子养养精神。家长一定要引导孩子做到以下几点：

第一，一定要让孩子保证充足的睡眠。

初三即使是紧张的复习阶段，也要保证孩子有充足的睡眠。家长要督促孩子早睡早起，尽量和考试时间合拍，以便在考试时保持最佳状态。孩子每晚10点30分睡觉，最晚不要到11点，早上6点30分起床。睡眠有了保证，上课时就能全神贯注。这样就有事半功倍的效果。

第二，考前复习时间不延长。

中考时间安排在六月份，而孩子的功课早在四五月份就复习得差不多了。在考前一周多延长时间复习，就多增加一分焦虑，这是非常不利的。家长要知道，对付一场考试，其实多复习对提高成绩并没有什么帮助。应该在孩子复习之余，快快乐乐地放松一下，让其尽可能保持一个稳定、良好的心态进考场。

第三，要让孩子多进行体育锻炼。

进行有氧锻炼对提高免疫力是有一定作用的。注重劳逸结合，还要让孩子多进行体育锻炼，而且，适当运动还能调节孩子的考试心态。有些家长不知道这个道理，以为孩子只有安安分分地坐在书桌前，才能认真看书，因

此不准孩子出门活动，甚至连基本运动的时间都没有安排。孩子的大脑一直处于压抑状态，无法做到高效地学习。

那么，怎样让孩子调节好学习和运动呢？家长可以让孩子利用课余时间，或者学习累了的时候，出去运动一下，如打打篮球或跑跑步。当孩子大汗淋漓的时候，也是最舒服的时候，因为身体的运动使得习惯于紧张学习的大脑放松下来，而且使大脑处于另一种兴奋之中。这样运动过后，孩子的大脑会特别清晰，记起东西来很快，学习的效率也很高。

第四，要让孩子学会协调使用左右脑。

因为人的左右大脑的分工不同，孩子学习需要左右脑协调配合。现在孩子的学习，使用左脑比右脑多，右脑用得少。为了提高右脑的活力，可以多鼓励孩子进行体育锻炼。也可以做做单侧体操，有意识地增加左手、左腿、左脚的运动机会，来刺激右脑，使之得到锻炼。

方法二：为孩子提供合理的膳食。

营养专家指出，面临大考的孩子，不用刻意地吃得特别好，如果肠胃不适应的话，反而会收到负效果。考试前既不可空腹，也不可过饱，忌暴饮暴食，要注意饮食卫生。对此，家长要谨记以下几点：

一忌急速的进补。有些家长想让孩子多增加点营养，贸然去吃以前从未吃过的食物或营养品、保健品，这种做法是不可取的。家长过度关注孩子，反而会无形中给孩子增加一些压力，会适得其反。另外，学习和记忆，很难通过短期补充营养保健品得到迅速提高。

二忌进补量过大。考前大量进食大鱼、大肉等，孩子不但吸收不好，还容易引起腹泻或增加胃肠道血流供应，使脑内供血供氧相对减少，导致大脑迟钝。

三忌饮食不卫生。饮食不卫生，会导致腹胀、腹泻，甚至严重脱水引起休克。

因此，建议父母为孩子提供清淡、少油腻、卫生的饮食，不要进食太甜、太咸或刺激性太强的菜肴。

中考对每个初中的孩子来说,都是非常重要的。但作为家长,不要给孩子施加任何压力,无论是身体上的还是心理上的,做好孩子的后备军,孩子才能轻装上阵。

注意行为,给孩子一个轻松的环境

临近中考了,程伟的家里却发生了一件不幸的事,他在老家的爷爷突然犯了心脏病,被送到医院抢救,情况很危急,不久,爷爷就去世了。虽然程伟一再追问爷爷的病情,但每次爸爸都佯装轻松地告诉孩子:“病情很稳定,有那么多人照顾着呢。”但到了夜里,爸爸都会默默流泪,一人承受着亲人离别的痛苦,他害怕在这个关键时刻,孩子因此功亏一篑。直到孩子考试后估分回来,爸爸才告诉孩子爷爷因病去世的消息。

另外,那段时间,程伟的爸爸还“饱受”了孩子突变的古怪脾气。在临近中考的一个多月里,原本性格开朗的程伟变得沉默了许多,总是为了一点点小事而大动肝火,有时甚至几天不理爸爸。刚开始,他也挺为孩子的表现生气,“哪有孩子这样对家长的?”但私下想想,孩子的如此举动并不是针对谁,只是太紧张了,但又无处释放,于是才变得如此烦躁。想到这,程伟的爸爸气消了,他没有和儿子太过计较,该干什么还是干什么,给儿子做饭、洗衣,简直是又当爹又当妈,儿子脸色不好就不多说话。没两天,儿子的心情好些了,对爸爸也流露出了歉意。

最终程伟取得了优异的成绩,他对爸爸说:“谢谢您,老爸!”

教育支招:

程伟的爸爸是个有心的家长。在孩子即将中考时,他遭遇到了亲人离去的不幸,但他还是忍住了,没有将这一消息告诉孩子;面对脾气暴躁的孩子,他也善于忍耐,从而让孩子顺利度过了中考前的“危险期”。

家长们无不对自己的孩子寄予着厚望,都希望孩子在中考中能够发挥出高水平,考上一所理想的高中。不少初中生感叹:成也中考,败也中考。

正因为中考的重要，不少家长放弃自己休息的时间，一门心思扑在孩子身上，有些家长甚至请假全程监督孩子学习。平心而论，家长的心情是可以理解的，但家长这样的做法和情绪也会给孩子带来过大的心理压力，很多考生甚至因此产生了严重的焦虑情绪，反而会对孩子的复习和考试产生不利影响。那么，家有即将迎考的孩子，家长应该怎么做呢？总的原则是“无为而治”。

心理医生说，马上就要中考了，孩子是个什么水平、什么样子等已基本“定型”，指望这几天有突破是不可能的。所以，在中考前的几天时间里，家长应采用“无为而治”的方法对待孩子，为孩子营造一个缓解精神压力的家庭环境。

下面提供几种方法，供家长参考。

方法一：与孩子达成协议，互不干扰。

对此，家长要做到：尽量不去问有关学习、中考的问题，学习的事让孩子自己去处理，也不要因为中考而刻意改变家庭原有的生活习惯、作息时间等，该干什么干什么，该看电视时照常看电视，该玩时照常玩，让孩子觉得这个家并没有因为自己要参加中考而发生变化，因而自己的中考成绩也不会对这个家产生多大的影响，孩子反而能放松。

程伟的爸爸就是这么做的：“孩子在家复习时，我就和孩子商量好，我们该干吗干吗，谁也不干扰谁。孩子在家复习，我没有刻意地做过什么。每天下班我照常做卫生、洗衣服、买菜做饭，闲下来时看电视、看书报。中午时，我还会将孩子拉到电视前看看新闻。”

方法二：无论遇到什么事，家长都要情绪稳定，尽量为孩子提供一个温馨的家庭环境。

居家过日子，家庭矛盾在所难免，人际交往中也可能出现矛盾，但不可把不良的情绪带回家。中考前后毕竟是一段特殊的时期，作为家长要营造一个安静温馨的环境，给孩子一个宽松和谐的氛围。家长有空闲时还可以陪孩子一起玩耍、散步，在家里多谈些轻松愉快的轶事趣闻，说些孩子感兴趣的影视剧、体育等话题。

方法三:不要给孩子施加压力,告诉孩子只要尽力就行。

每年中考题目难易程度都是不一样的,家长不要硬性地给孩子制订一个分数目标并让孩子去完成,应让孩子在一种良好的心态下学习。要保证孩子走上考场时,状态是非常良好的。

一名考生说,当我爸爸对我说"不要太在意考试结果,只要你尽力了就行"时,我心里一下子踏实了,像吃了"定心丸"一样,学习效率也明显提高。可见家长对孩子的期望值不要太高。

方法四:适当监督,不可唠叨。

家长的唠叨是每一个临近中考的孩子最惧怕的。孩子临考,需要安静和理解。家长要对孩子监督,但说话要少而精,要有分量,不要一句话说多次,否则孩子就会反感。

决定孩子中考成功与否的主要因素不外乎两个:一个是硬件,即孩子的基本知识掌握状况;另一个是软件,即孩子的心理素质。孩子在考试前和考试中能否拥有健康的心理状态,直接关系到孩子水平的发挥。让孩子拥有健康的心态,家长自己也一定要注意自己的行为和心态,越是临近中考,家长越要保持一颗平常心。因为只有这样,才不会干扰孩子的心境。家长的这份平常心还有利于缓解孩子的紧张情绪,让孩子在中考中能正常发挥!

二、正确关注学习成绩

家长应正确看待孩子的考试成绩

彤彤进入初三后,大大小小的考试总是不断。但总的来说,彤彤的学习成绩还比较稳定,虽然不是很出色,但考上一个比较好的高中还是没问题的。

但那天月考成绩出来后,彤彤一回到家就低着头钻到自己的房间去了。

彤彤爸妈看到后，心想，孩子一定是因为考分不理想，心里难受，如果我们现在说她，就如同雪上加霜。于是两口子商量好，站到彤彤房间门口对话。

彤彤爸爸说："今天孩子没考好，我们今天说的话可别让孩子听见。"其实声音正好让彤彤听见。彤彤在房里想，越不让我听我越听。

爸爸接着说："孩子心里难受，咱们今天别批评他了。"彤彤心想我爸不批评我了，听得更认真了。

这时彤彤妈妈说："别看这次彤彤没考好，平时她都考得不错的，这仅仅是一次失误而已，胜败乃兵家常事嘛。另外，我们彤彤很有志气呢，肯定能吸取教训！"

彤彤爸爸又说："孩子没考好，也不全怨孩子，我们也有责任，我们俩得先做检查。"

妈妈接着说："我们的孩子听话，她会努力的，她不会让我们俩担心。"彤彤听到这儿，眼泪不觉地流出来，冲出房间扑到妈妈怀里说："妈，您放心吧，这次我让你们失望了，下次我一定努力，决不让您担心……"

看到女儿懂事的样子，爸爸妈妈都欣慰地笑了。

教育支招：

彤彤的爸妈是教育的有心人。面对即将中考的孩子考试失利，他们并没有对孩子进行语言上的训斥，而是理解孩子，让孩子感受到父母的爱。孩子被亲情感化后，就会产生主动努力学习的愿望，发自孩子内心的力量是巨大的。

孩子进入初三，即将面临中考，大考小考不断。一般来说，分数能反映孩子的一些情况，父母关心孩子的分数也是应该的。但是，某次成绩不能证明孩子真正学到了多少知识，也不能证明一个孩子的品格与才能如何，这些考试都只是检验孩子学习状况的一种手段，并不代表最后的中考成绩，也一定不能决定孩子未来的命运。有的父母望子成才，用心良苦，把学习成绩看得太重，殊不知这样会带来以下不良的后果。

第一，会造成孩子惧怕考试而可能影响中考。

家长太过注重孩子的分数，无论对学习成绩好还是差的学生，都会造成

精神负担,诱发心理障碍。有的孩子平时学习成绩很好,但一临近考试就紧张,担心考不好。越害怕越容易出错,也就越考不好。这种心理要素延续到中考中,势必会影响到孩子水平的发挥。

第二,会损伤孩子的自尊心。

无论是学习成绩好或者差的学生,都有积极向上的愿望。即使那些成绩优异的孩子,也有失误的时候。这时如果父母只关心孩子的考试成绩,不问青红皂白,轻则训斥一番,重则采取一些过激行为,结果会使孩子感到委屈,自尊心受到伤害。长此以往,会使孩子自暴自弃。孩子有这样的心态,还怎样面临中考呢?

第三,容易造成孩子与家长的对立。

很多家长喜欢将自己的孩子与别人的孩子比较,以证明自己有面子,一旦孩子考不好,就大加训斥。这样,一方面导致孩子失去自信,进而失去学习兴趣和热情;另一方面,家长的心态如果不平衡,态度就会变得粗暴,教育方法就会不当,容易造成与孩子间的感情对立。

当然,我们并不一概反对看重分数,因为分数在一定意义上也能反映出孩子掌握知识的程度,反映出孩子运用知识解决问题的能力。那么,父母应该如何正确对待孩子的分数呢?

方法一:宽容鼓励,卸掉孩子身上的包袱。

首先,父母得承认差异的存在,不可能每个孩子都能考第一名,总有孩子会落在后面。当孩子在考试中没有得到预期的好成绩时,自己已经非常难过了。这时候,父母更不要刺激孩子,一定不要在孩子的伤口上再撒上一把盐,而要拿出自己的宽容和安慰,同时也要不忘对孩子说“下次努力”,使孩子把目光转向下一次机会。有了父母的鼓励,他们才会卸掉身上的包袱,重新振作,以饱满的情绪面对下一次考试。

方法二:查缺补漏,帮助孩子分析丢分原因。

孩子没考好,父母应与孩子一起探查某些科目成绩欠佳的原因,是没掌握课堂知识还是考试时发挥不好等。一般来说,孩子丢分主要有三类原因:

其一是马虎。题目不难，但由于考试紧张或者掉以轻心而出现一些小错误导致整道题的错误。其二是没记住。这主要是一些概念类题目。这类题，只要孩子下工夫，都能记住。三是不理解。这才是真正不会做的题。这与孩子以前的学习基础、理解能力有关。这样仔细一分析，纯属于不理解的题就很少了。如果把前两类丢分加上去，孩子的总分和名次都会大大提高。引导孩子这样分析，孩子的信心就会大增。

方法三：帮助孩子制订提高分数的具体措施。

每个孩子都有自己擅长或感兴趣的学科，家长可以让孩子看到自己擅长的学科，找到自己的特长。看到自己的优势，孩子才有了前进的基础。针对孩子的优势学科，父母要鼓励孩子继续努力；而对于弱势学科，父母应重点制订计划帮助孩子提高。

美国教育家斯宾塞曾经说过："身为父母，千万不能太看重孩子的考试分数，而应该注重孩子思维能力、学习方法的培养，尽量留住孩子最宝贵的兴趣与好奇心。绝对不能用考试分数去判断一个孩子的优劣，更不能让孩子有以此为荣辱的意识。"

面对孩子的成绩，家长要以平常心对待，要引导孩子正确地对待分数，孩子就会从不良情绪中解脱出来，把心思用到该用的地方，孩子和家长都免除了不应有的苦恼，孩子的成绩也许会有所提高，面对中考，孩子也会多一份成功的希望！

给孩子监理考试问题，做好总结

小磊是彤彤妈正在做心理咨询的一个初三孩子，他成绩一向平平，喜欢偶尔上网打打游戏，但最近孩子的成绩下滑得越来越快。为此，他的父母很担心，孩子中考怎么办？听了小磊爸妈的叙述后，彤彤妈为小磊父母介绍了曾经向她咨询过的另外一位孩子的爸爸，他向小磊爸妈传授了一些教子经历：

"我的孩子上学期考试成绩也很不理想。我心里特别着急，很想发火，

我甚至想好好揍他一顿。可是，我知道孩子心里也不好受，尤其是看到孩子那惧怕的眼神，我的心就软下来了。冷静之后，我让孩子把几次考试的卷子找出来，认真地帮他分析考试失利的原因。通过对考卷的分析，我发现孩子做不对的地方，并不是孩子不会做，而是马虎、不认真造成的。问题找出来后，我严厉地指出了他的错误，并且还给他讲了因为马虎造成重大损失的一些例子，使他明白粗心会带来怎样的后果。在后来的学习中，孩子学得很踏实、很认真，没有感到一点压力，成绩也一次比一次好。回想起来，孩子的进步不是因为我有多大能耐，而实在是归功于自己在孩子失利的情况下，没有大加责备，并且帮助他总结了考试的经验教训。"

小磊的爸妈听完后，若有所思，好像明白了该怎样教育成绩下滑的孩子。

教育支招：

这个案例充分说明，家长的态度在孩子成长中是何等的重要。的确，家庭应成为孩子幸福安宁的港湾，而不是一个惩罚站。所以当孩子拿着成绩单的时候，特别是孩子考砸了的时候，家长不应紧盯着分数甚至指责孩子，而是应该对孩子进行心理疏导，然后帮助孩子做好总结，才能避免孩子在以后的考试中出现类似错误。

初三的孩子面临中考，中考前的每一次考试都理应成为增加他们中考成功的砝码，这也是考试的真正意义所在。考试失利，是每一个孩子都可能遇到的，做家长的大多不高兴，觉得孩子很不争气，于是，指责、挖苦、讽刺的话便冲口而出。或许有人会说，那样做是恨铁不成钢，无可厚非。可是，你想过孩子的感受吗？失利只是一时的，只要孩子努力，就会获得成功。即便一次不行，只要孩子还有信心……家长如果态度生硬甚至打骂孩子，只能使孩子更加惧怕考试，从而对自己失去信心。正确的做法，是理解孩子、鼓励孩子，帮助孩子分析没有考好的原因，引导孩子正确面对，并帮助孩子缓解心理压力，消除孩子的心理阴影，唤回孩子曾经成功的心理体验，从而使孩子树立起坚强、奋发的信心，迎接人生路上的种种挑战。

那么，家长该怎样帮助孩子做好考试总结、让孩子重拾信心呢？

方法一：对于已经有自责心理的孩子，家长无需重复指责。

每个初三的孩子都希望自己能考上理想的高中，考试失利，他们会感到自责。这时候，他们需要的是理解，需要家长来分担他们心中的苦闷。对这些孩子，家长温暖的安慰会比批评好得多。如果这时家长将失望情绪发泄给孩子，只会使孩子陷入更深的自责和消极的沮丧之中，会严重地打击他们的自信。

方法二：每次考试后不要关心孩子失了多少分，而是关心得了多少分。

有人会说这不是一回事吗？其实不是，这是两种看问题的态度，但结果则大相径庭。关心得了多少分注重的是成绩，关心丢了多少分注重的是失利。对待孩子的考试失利，第一种态度的家长采取的往往是埋怨、训斥，第二种态度的家长采取的往往是帮助孩子总结失利的原因，对孩子给以鼓励，以利于孩子以后取得好的成绩。

方法三：帮助孩子分析考试失利的原因。

成功有经验，失败也肯定有原因。有时候，失败的经验比成功的喜悦更加宝贵。在孩子情绪低落的日子里，家长不但要鼓励他们，还要帮助他们找出考试失利的原因。对孩子考试失分的地方，家长要帮助孩子分析原因。如果是考试时答题方法的问题，就教会孩子答题方法，如先易后难，不会的就先放下答会的，再返回来答不会的，仔细审题，提高准确率等；如果是马虎，就告诫下次注意；如果是不会，就说明孩子平时掌握的知识有问题，应是下次或以后注意和努力的方向。

方法四：鼓励孩子重新分析试卷，“消灭”试卷上的错题。

圣人孔子说过：知错能改，善莫大焉。如果轻易地放过那些曾经绊倒我们的错误，那无异于恣意纵容惨败的历史重演。家长需要提醒孩子，从头再来看考试的试题，将那些错题、难题一一解决，并将这些题摘记下来，以后起警示和巩固知识的作用。

方法五：让孩子准备专用笔记本，记录对每一次考试失分的分析。

在孩子进入初三的时候，家长就让孩子准备专用的笔记本，记录每一次考试失分的原因和分析，让孩子明白“我”是如何答的？错在了哪里？正确

的答案是什么？让孩子在平时多看看这些记录，对于中考将会大有裨益。

大哲学家苏格拉底说，如果万能之神的右手拿着已经取得的成功，左手拿着成功所需的不懈的奋斗要我选择的话，我将选择左手。面对孩子的考试失利，对家长来说，就是面临一种态度的选择。

考试失利、丢分，是家长和孩子所不期望的，但谁都会有考试失利的时候。正确面对考试失利，准确分析失利的原因并做好详细的记录，以后“引以为戒”，这样“孩子才能成为失马的塞翁”，“失败才能成为成功的妈妈”！

家长会是家与校很好沟通的平台

初中三年转眼就要结束了。四月底，学校准备为初三年级的所有学生召开最后一次家长会。当然，这次家长会的主题是学生的学习成绩。这天，彤彤的爸爸妈妈推掉了手上的所有工作，一同去参加家长会，而且，彤彤妈将作为学生的家长代表发言。家长会上，彤彤妈将自己准备已久的发言稿念了出来：

“各位家长，你们带着对子女成长的殷切关怀，对学校工作的极大支持，和我一样，来参加孩子在初中三年的最后一次家长会，我们的心情都是激动的。作为家长，我们深知，要把孩子教育好，仅仅依靠学校的力量远远不够，家长的积极配合对教育好孩子起着举足轻重的作用，因此学校的工作也需要我们家长的支持与配合。现在距中考只有几十天，初三对我们的每一位孩子来说处在人生的十字路口，至关重要。面对今年6月份的中考，孩子们现在正处在爬山的艰苦困难时期，在这个关键的时候，我们要做好和老师的配合工作，共同关心、了解和分析孩子的学习和生活状况，只有家校共同努力，形成合力，才能给孩子以适当的帮助和推动，让孩子在中考中最大限度地发挥水平，升入理想的高中，给初中学习生活画上圆满的句号。”彤彤妈说完，所有家长都热烈地鼓起了掌。

教育支招：

孩子从小学到初中，作为家长的我们，可能参加了无数次家长会，内容

无非是围绕孩子的成长状况展开的。其中，一个重要的部分就是讨论和分析孩子的学习成绩。一旦到了孩子的升学考试时，学习成绩更是家长会上必不可少的讨论内容。

事实上，老师最怕两种家长：一种是从不来学校，对孩子的事不闻不问；另一种是三天两头来学校，一点鸡毛蒜皮的事都来找老师理论。当然，大多数的家长是关心孩子的教育，也经常参与学校为家长举办的活动，而且是明理好沟通的。但是话说回来，怎样才是"从不来"和"三天两头来"之间的折中平衡点，似乎变成家长难以取舍的困境。其实，家长会才是家与学校很好沟通的平台。

召开家长会，是加强学校与家庭联系的最好方式之一。开好家长会，利用家长会与家长集中讨论一些共同关心的问题，能增进老师与家长、学生之间的相互沟通、了解和信任，使家长对学校、老师和自己的孩子有一个重新的了解与认识，使学校的教育教学工作更具有针对性、艺术性，更富有成效。因此，召开成功的家长会是每一位班主任心目中追求的目标。作为家长，尤其是孩子进入初三后，一定要参加学校召开的家长会，这是了解孩子在学校状况的重要渠道，也是和老师探讨如何帮助孩子提升学习成绩的良好机会，切不可错过。

人际沟通本来就是一门大学问，更何况为了孩子的教育着想，父母和老师的沟通更显得重要。常听到老师说，家长很难沟通；也常听到父母说，老师很难沟通。如果只是彼此抱怨对方，而未思考如何谋求沟通之道，双方很难搭起沟通的桥梁。

在此，我们不妨从家长的角度出发，来探讨如何通过家长会与老师沟通的态度与技巧。家长要做到以下几点：

方法一：家长会后，家长要认真扮演学生与老师之间沟通者的角色。

有这样一个教育案例：

有一个平时十分活跃的孩子在期中考试中外语取得了最高成绩，班主任在班上表扬了他，可家长回家却对孩子说："你可别骄傲，班主任说你的成绩是蒙的。"孩子无法容忍老师前后两种矛盾的说法，对老师有了误解，认为

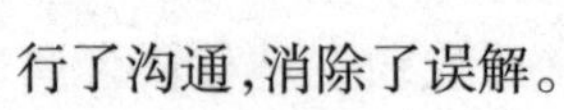

老师不近人情。幸好这位老师很快发觉了孩子情绪的波动,及时与孩子进行了沟通,消除了误解。

其实,家长这么说是为了鞭策孩子继续努力,作为成人,我们都能理解,而家长却忽略了师生关系的协调在孩子心理发育中的重要作用。如果家长没有做好这一沟通的桥梁工作,而使孩子不再信任老师,进而不与老师配合,那对孩子的学习就会产生严重的负面影响。因此,家长会后,家长与孩子交流一定要注意方法,不能让孩子感到老师就会告状,而应让孩子感到老师是真心关心自己。

方法二:尊重老师。

在开家长会时,家长应该将自己的手机关闭。因为这段时间是属于你的孩子的,家长应该全心全意地开会,而不应常常被干扰,更不能分散老师的精力。此时离场接电话更是你与老师沟通中的败笔。

方法三:在充分尊重老师的前提下,选择最佳的沟通时机。

许多家长为了能够掌握孩子在学校的所有情况,确保孩子在中考前"万无一失",就在开会前抓紧一切机会与老师单独交谈,这种心情老师能够理解。但家长要考虑到老师的工作状况,尤其是初三年级的老师,除了要管理班级以外,还要在中考来临之际对每个学生进行全面、科学地分析,要将本班与年级其他班情况横向比较;与本班的历史情况进行纵向分析等;所以老师此时很忙碌,不可能和每个家长都一一交谈。对此,家长可以在会后一周内与老师预约面谈,那时老师会有充分的时间帮家长分析孩子的情况,而家长也会有机会看到比较完整的统计数据,准确掌握孩子的情况。

苏霍姆林斯基说过:"如果没有整个社会首先是家庭的高度素养,那么不管老师付出多大的努力,都收不到完美的效果。学校里的一切问题都会在家庭里折射出来,而学校复杂的教育过程产生的一切困难的根源也都可以追溯到家长。"因此,教育孩子仅凭学校单方面的力量是不够的,必须把家庭、学校结合起来,形成相互协作的局面,从而共同寻找最佳教育方法,以达到育人的目的。家长会是教师和家长平等交流的平台,同时也是家长和教

师进行沟通、相互了解学生情况的好机会。初三年级孩子的家长，如果你们能做到以上几点的话，就能成功地开好每一个家长会，与老师、孩子之间建立良好的沟通关系，从而让你的孩子在中考中全力以赴！

三、中考填报志愿知识

了解中等学校的分类及特点

苗苗在市里的小提琴大赛上获奖后，更加确信了自己以后要走“艺术人生”这条路，她的目标就是成为一个小提琴演奏家。她知道自己的这个目标很难达成，而且，她的文化成绩似乎不怎么好，但她还是努力练琴、努力学习，果然，中考中她取得了一个令人满意的成绩。

全家人在高兴之余，又心生了一些担忧，原来苗苗的爸爸妈妈不知道怎么帮孩子填报志愿。毕竟，苗苗的成绩虽然不错，但要上市里最好的高中还是很有难度的。这天，正当夫妻俩为填报志愿头疼时，彤彤妈来串门。

“你来得正好，你们家彤彤报志愿的事情落实了吗？”

“她自己拿主意了，填了二中，不是最好的学校，但我觉得，彤彤能考上，已经超常发挥了呀，我真替她高兴。”

“我们家苗苗考得也不错，可是，她的兴趣是小提琴啊，这该怎么报考志愿呢？”

“其实，每个学校的分类及特点都是不同的，你们应该先对市里的各个学校进行一番了解，然后看哪所学校在艺术方面更具实力。而且，我听说，有些学校对于苗苗这类拿过奖的学生还有政策优惠呢！”

“是吗？那我们得好好查查，不能让孩子选错了学校啊！”苗苗的爸爸妈妈一致感叹道。

教育支招:

在中考中取得一个良好的成绩无论对于家长还是孩子来说,都是一件梦寐以求的事,但这并不是他们最终的愿望,只有进入理想的高中,才能将孩子的初中三年生活画上圆满的句号,这其中就涉及填报志愿的问题。

正确填写报名表是整个升学过程顺利、圆满的前提。报名表的每一栏目中所承载的信息都会在考试、投档、录取、报到中发生作用。孩子如果在填写报名表的时候发生了差错,就有可能在其后的考试、投档、录取等某一环节上反映出来,轻则造成麻烦,须补救纠正,重则影响录取结果。而对于孩子来说,毕竟升学是从未遇到过的,填报志愿对于他们来说是完全陌生的,因此,更需要家长的帮助。事实上,家长的决策也不一定是英明的,因为他们本身对摆在面前的学校可能也并没有多少认识,就和案例中的苗苗父母一样,孩子要进艺术班,而他们并不了解孩子该报考哪一所学校。可见,了解中等学校的分类和特点,是家长必学的一门功课。

对此,家长可以从以下两个方面进行了解:

第一,中等学校的分类。

我国中学分为初级中学与高级中学,属于中等教育的范畴。高中是我国九年义务教育结束后更高等的教育机构,上接初中,下启大学,一般为三年制。中国的高中教育指初中以后高中阶段的教育,包括普通高中、综合高中、职业高中、中等专业学校等,属于中等教育的范畴。

普通高中:目前我国普通高中的教育体系日益完善。由最初的全国各地大统一发展到文理科的出现,接着给予部分省市自主开展高中课程改革,给予有能力的出版社出版高质量的高中教材,打破了曾经人教版教材一枝独秀的局面,后来选修课的出现使高中展现出新的活力。

综合高中:综合高中是一种为学生提供升学为主、就业为辅的教学模式,培养既有扎实的文化基础知识,又达到一定的专业技能标准的综合性人才。其主要特点是按专业大类招生,文化课采用普高教材,允许一年或两年后分流到职业中专,学生实习在寒暑假完成。学生在学校组织下可参加省

普通高中或综合高中会考，成绩合格者发给普通高中或综合高中会考证书，毕业生可报考高等职业院校或普通高校，也可由毕业学校择优推荐，双向选择，自主就业。

职业高中：职业高中主要是针对专业技术性的高中，在职业高中里不但要学习高中的基本课程（包括数学、语文、英语、物理等），还要学习一些专业知识（和所在专业有关）。因为职业高中重点培养技术性人才，所以职业高中证书比普通高中和综合高中的毕业证书更有竞争力。

中等专业学校：简称“中专”，也有人叫“中职”，即中等职业学校。目前一般包括技术学校、师范学校以及医药、财贸、体育、艺术等学校。一般招收应届初中毕业生或有同等学历者。学制一般都为3年(2年学习+1年实习)。

第二，中等学校的特点。

家长除了要了解高中的分类外，还要了解每一所高中的特点，比如，这所高中是重文科还是重理科？在哪一科的实力更强一点？对特长类的学生有没有优惠政策等。只有了解这些，才能根据孩子的具体情况填报志愿。并且，在填报前，还必须对所能报考的学校有所了解，包括学校往年的录取分数线、办学特色、离家距离远近等。特别要提醒的是，重点与非重点公办高中的收费标准有差异，综合高中、民办学校、转制学校收费也不同，择校生还需交纳择校费，填报前必须弄清楚。

虽然填报志愿是有一定的风险，但填报志愿绝不是碰运气的“赌博”，事先考虑得越周全，就越能让孩子把握自己的未来。对此，家长一定要做好事先的了解工作，了解中等学校的分类及特点，然后让孩子结合自己的实力、喜好、特长等各方面因素综合考虑，再填报志愿，让孩子进入适合自己的高中，学习更高阶段的知识！

中考志愿填报有技巧

中考后，彤彤班上的同学商量好在一起聚会。当然，谈到中考，是有人

欢喜有人忧。而对于程伟来说，是高兴至极，他进了他梦寐以求的重点中学，这主要还是因为他在爸爸的帮助下，填对了志愿。

“整个初三年级，我的成绩在年级都位居中游，老师都认为我考市重点中学有一定难度，建议我在第一志愿填报普通高中。我回家和爸爸讨论后，我在第一志愿填了一所重点中学，随后依次选填了普通高中、民办高中等。我原来准备把‘零志愿’空着不填，因为我知道以我的水平‘零志愿’基本上是没有希望的，后来老师建议我‘不填白不填’，爸爸根据历年的材料，发现长明中学分数比本市的其他重点中学都要低，于是我就在零志愿一栏上填上了‘长明中学’。没想到我中考超水平发挥，考到了五百多分，终于进了市重点！”。

教育支招：

初三学生即将面临人生的第一次重要选择，这也是一次重要的“分水岭”。因此，中考志愿的填报就显得意义不同寻常。程伟能跨入自己梦想中的重点中学，是因为他在爸爸的帮助下巧填了“零志愿”。可能很多学生在感觉自己实力不足时，都会放弃填报零志愿，事实上，填满志愿是一种保险措施。因为考试的不确定因素很多，还是应该留有后路，万一“失手”还能有更多的选择机会。当然，如果你对自己把握很大，可以只填少数几个最想去的学校。而从家长的角度来说，指导孩子填志愿，也是有技巧可言的。就拿“零志愿”来说，很多学生“零志愿”填报往往不慎重，心想自己不大会考得上，或有侥幸心理，结果没录取。而程伟的爸爸则事先为孩子查明了该学校，得知该学校录取线相对较低，从而让孩子多了一分被录取的胜算。

那么，作为中考学生的家长，该掌握哪些填报志愿的技巧呢？

技巧一：准确把握规定，做到知己知彼。

首先家长带领孩子必须仔细阅读、准确把握所在地区教育局和考生志愿填报有关的规定。尤其是要让孩子端正对填报中考志愿的认识，选择填报志愿是孩子自己的事情，家长只能起提供信息和参考意见的作用。

同时，父母在孩子估好分数以后，要做的事情则是了解孩子想要选报的录取学校的情况，这就是“知彼”。比如该校近几年的中考录取分数线，近几年的高考升学情况,该校的师资情况和实际教学情况,该校的教育管理和整体学风情况等,并要做到充分了解各方面信息,广泛听取各方面意见,但切忌人云亦云,最好通过身边已经进入该校学习的高中生获取这些消息。在掌握可靠真实的材料后,再选择填报志愿,以免将来被录取后后悔。

还应注意一些细节问题,比如有的地区对15个常规志愿中的市重点中学有限制,只能填报一所,有的则没有要求;有的规定选报的择校学校必须与填报的市区重点一致,有的不作限制。这些情况家长一定要事先弄清楚并提醒孩子,否则可能造成无效志愿,浪费录取机会。

当然,家长和孩子都别忘了给自己的实力"打打分",这就是"知己"。只有知己知彼,才能让孩子多一分把握。

技巧二:巧填"零志愿"。

"零志愿"给考生增加了一次录取机会,但用不好,也会带来遗憾。由于零志愿的市重点中学招生名额较少,有的考生把自己最中意的市重点中学"押"在15个常规志愿里的一志愿,但又舍不得放弃零志愿的机会,填报了一所其他学校,结果被零志愿提前录取,而与心仪的第一志愿失之交臂。因此,家长不可对孩子填报志愿不管不顾,必须做好为孩子提供信息和参考工作,让孩子慎重把握"零志愿"和第一志愿的填写。

技巧三:"多条腿走路"。

有些家长喜欢要求孩子只填那些热门的高中,但一旦失手,孩子就有"落榜"之虞。因为考试、录取存在着很大的不确定性。作为家长,千万不要"在一棵树上吊死"。填报志愿应该留有余地,应尽量让孩子把自己能接受的学校都填进去,而且可以安排1~2所文化水准要求低于自己实际水平的学校,这样万一发挥不理想,也有"后路"可退。

技巧四:遵循就近上学原则。

三年的高中生活,说来还是很长的、很重要的阶段,是学生处在世界观、意志力培养的最重要的阶段。选择离家较近的学校,既便于和学校的老师沟通了解孩子的情况,也便于直接有效地投入对孩子的监督管理。

技巧五:遵循保守原则。

无论是家长还是孩子,都要宁可相信保守的成绩,不可依靠未到手的成绩。父母指导孩子填志愿的时候,要根据孩子的估分成绩、模拟考试成绩以及平日成绩,把这些因素综合起来作为填报志愿的依据。毕竟,中考填报志愿有一定的风险,事先考虑得越周全,越多一分把握。

技巧六:从长远考虑,“退一步海阔天空”。

每一个孩子,在考试中都有失误的时候,对于中考这样一次大考更不例外。当然,每位家长都希望自己的孩子能考上理想的高中,但即使失误了,并不代表孩子的前途一片黑暗。这次没有发挥好,那么就不妨退一步打算,选择录取线低一点的学校。要知道,每个学校,都有其办学特色,也都有着一定的师资,每年更是有很多学生进入了自己梦寐以求的大学。所以根据估分实事求是地选报适合自己学习发展的学校,才是最明智的举措。我们不应该太计较眼前的得失,而应讲求实效,放眼未来。无论在什么样的学校读书,只要你明确目标,笃学奋进,你的未来就一定充满光明,你就一定能取得最后的成功。

总之,中考填报志愿有“技巧”,掌握这些技巧,能有效帮助孩子避免填报志愿的“硬伤”,让孩子进入适合自己的高中就读,从而进一步为孩子的梦想插上翅膀!

根据孩子的实际情况填报志愿

中考估分后的几天,彤彤班上有个叫张楠的女孩子,一天愁眉苦脸的,班主任老师看出了她的不对劲,就对张楠同学进行了一次家访。但不巧的是,那天,张楠的爸妈都不在家,只有张楠一个人在家看电视。看见老师来了,张楠赶紧从沙发上站起来,然后给老师沏茶倒水,“果然是个懂事的孩子!”班主任老师心想。

老师坐下不久后,就直入主题:“张楠同学,老师一直觉得你是个乖巧的

孩子，中考考得也不错，你的估分成绩老师也看了，那为什么这些天你一直不高兴呢？”

“老师，我不敢说。”

“你说吧，没事的。”

“那好吧，我就说了。老师，您也知道，我虽然考得不错，但是要想进一中那样的省重点，是有难度的。”

“你这话倒不假。”

“是啊，但是我那些表哥表姐都进了一中，妈妈说要是我不能进一中，去其他高中也没什么用，太没面子了。于是，她非逼着我填一中。您说，我这不是明摆着要‘撞车’吗？我现在很烦恼，老师，我该怎么办？”

“我能明白你的心情，这样吧，我这个周末把你的父母约出来，我会好好和他们谈谈的。这事关你以后的学业问题，老师不会不管的，你放心吧。”老师语重心长地对张楠说。

“谢谢老师了！”

教育支招：

常听到一些孩子抱怨：“家长们根本不管我们是否快乐，是否愿意或者是否有能力，一味地要我们考进重点高中，上名牌大学，完全剥夺了我们选择学校的权利，主观地安排我们的前途”。生活中，面对孩子的志愿问题，和张楠父母一样的家长恐怕并不少。他们不根据孩子的实际情况，而是好高骛远、冒险填报，结果导致志愿失误，影响了孩子的前程。

中考填报志愿是中考生面临的第一次人生选择，而面对这样的选择，孩子年龄尚小，家长又往往缺乏经验。一些家长盲目跟风，没有冷静地分析自己孩子的实力、兴趣、爱好等，非重点高中不上，即便今年考不上，明年还要考；也有一些家长，把主要的精力放在对普通高中学校的研究上，关注这类学校的历年录取分数线、高考升学率；更有些家长全凭自己的主观愿望或社会功利取向，认为孩子上了中专、职校、技校根本没有用，因而对这些学校根本一概不予考虑，这些不切实际的做法都是填报志愿的误区。

生活中,我们也经常可以看到一些孩子虽然进了父母理想中的学校,比如重点高中,但由于成绩基础差、学习方法和周围生活环境的不适应等,最终非但学习没跟上去,还产生了心理问题,不得不退学。我们可能也听过这样一句话:“十个博士生好找,一个八级技工难觅”,这更证明了当今社会高级技工的需求量大,这些技术人员都是从技术学校毕业的。所以,作为家长要多听听孩子的意见,而不要盲目跟风挤进高中。

填报志愿时,最紧张的可能不是孩子,而是家长。事实上,中考孩子填报志愿的问题,掌握主动权的应该是孩子,没有人会比自己更了解自己的喜好、能力等。作为父母,最好只是起提供信息和意见的作用,而不能越俎代庖。

那么,家长该怎么做呢?

方法一:多和孩子沟通,了解孩子的兴趣和爱好。

现在的家庭,基本上是独生子女,父母最关心的也主要是孩子的学习成绩,尤其是对初三的孩子,他们更是一门心思都扑在孩子的学习上,希望孩子能考个好高中,以后进入好大学。但是,他们忽视了与初三孩子的沟通,对孩子的内心世界都不怎么了解。可以说,他们只是想当然地要求孩子上重点高中,千军万马走独木桥。结果要么撞车,要么跌得头破血流,最终影响孩子的身心健康。

选填中考志愿,事关孩子未来的幸福,是孩子人生的重要选择。明智的家长,应该尊重和支持孩子对未来的选择,尊重孩子的意愿,千万不要喧宾夺主,以父母的爱好和兴趣代替孩子的兴趣和爱好,要求孩子填报父母所喜欢的而孩子根本不愿意进的学校和专业。当然,作为子女,也应该重视父母的意见,毕竟父母是过来人,有着丰富的阅历。

方法二:做好孩子的“军师”,帮助孩子自我定位。

那么,家长该怎样帮助孩子确定好自己的位置呢?这包括以下几个步骤:

(1)家长应先让孩子了解自己的家庭状况,毕竟,不同的学校收费标准是不同的。

(2)家长还应帮助孩子了解自己的个人学习成绩、兴趣爱好、发展志向等，再确定志愿填报的方向：到底是选择报考普通高中，将来考大学；还是先选择进一个适合自己发展的职业类学校，将来就业后再考虑进修高等职业教育。

(3)如果孩子想要报考普通高中，就要告知孩子先要了解目前自己在就读地区所处的位置，或是说自己就读的初中近年来考取普通高中的情况，如考进市重点、省重点的人数等。

(4)让孩子再缩小范围，让其确定自己的学习成绩在学校所处的位置，对照往年像自己这种情况的考生，可以考进什么样的学校，大致确定自己要报考哪一类学校或专业。

(5)让孩子综合考虑平时的成绩，而不是以某一次的考试为基点。

方法三：在中考前不要过多地讨论孩子的志愿，更不能强制性地帮孩子决定。

有相当一部分家庭，家长的意愿与学生的意愿分歧较大，部分家长不断地做学生的思想工作，他们采取的是强制性政策，不理会学生本人的意见。这些做法是不可取的。因为如果家长万一不能与孩子协商好，会中考前的最后阶段令孩子对中考产生抵触情绪。一旦这种情绪调整不过来，就会直接影响孩子中考时的状态和成绩。因为毕竟参加考试的是孩子本人，而不是家长。在此，建议家长在这一关键环节再三考虑，尽量在中考前不要与孩子过多谈论志愿的事，等到孩子估完分，在充分了解孩子成绩的情况下，再做决定也不迟。

总之，家长帮助孩子填中考志愿，一定要充分尊重孩子的意愿，把决定权交给孩子，让孩子给自己合理定位。父母要帮助孩子全面权衡自己的学业水平和各方面条件，恰如其分地确定自己所能报考的学校和专业，孩子才会如愿以偿踏进理想的校园！

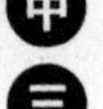
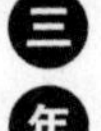

参考文献

[1]迟志臣.1—2 年级,决定孩子一生的 100 个关键细节[M].北京:中国纺织出版社,2010.

[2]顾新佳.优秀小学生成长的 100 个教育细节[M].北京:中国纺织出版社,2010.

[3]刘称莲陪孩子走过初中三年[M].北京:北京联合出版公司,2014.